xueer

学而书坊 ― 学而时习之 不亦说乎

基于问题的视角
教师如何做课题研究

吴伟强 著

宁波出版社
NINGBO PUBLISHING HOUSE

图书在版编目（CIP）数据

基于问题的视角：教师如何做课题研究/吴伟强著
.—宁波：宁波出版社，2020.4（2023.12重印）
ISBN 978-7-5526-3788-5

Ⅰ.①基… Ⅱ.①吴… Ⅲ.①教育研究 Ⅳ.
① G40-03

中国版本图书馆 CIP 数据核字（2019）第 291221 号

基于问题的视角：教师如何做课题研究
JIYU WENTI DE SHIJIAO JIAOSHI RUHE ZUO KETI YANJIU

作　　者	吴伟强
出版发行	宁波出版社
地址邮编	宁波市甬江大道 1 号宁波书城 8 号楼 6 楼　315040
责任编辑	陈　静　邵晶晶
责任校对	叶呈圆
内文排版	金字斋
印　　刷	宁波白云印刷有限公司
开　　本	787 毫米 ×1092 毫米　1/16
印　　张	19.5
字　　数	320 千
版　　次	2020 年 4 月第 1 版
印　　次	2023 年 12 月第 4 次印刷
标准书号	ISBN 978-7-5526-3788-5
定　　价	58.00 元

如发现缺页或倒装，影响阅读，请与出版社联系调换　电话：0574-87248279

前言
Preface

如果问中小学教师在自己的职业生涯中最怕做的事是什么，做课题研究可能是一个主要选项。每次中小学校长们请我去基层学校指导教育科研工作，很多教师表面上欢迎，内心其实是有抵触的：吴老师他们一下来，我们就有压力，就要受累了。他们之所以会有这样的情绪与态度，一是对教育科研未知的恐惧，不知道怎么写，怎么做；二是缺乏深刻的教育反思与提炼能力，即感觉自己没有什么东西可以写，可以做；三是没有形成教育科研的自我效能感。很多教师在教育教学实践中积累了丰富的经验，但是由于没有经历过课题研究，没有相关的体验，更没有成功的经验，身边也没有可效仿的榜样，所以缺乏足够的、由投身教育科研带来的专业发展成就感。

《易经》云："形而上者谓之道，形而下者谓之器。"我们从形而上的角度去认识教育科研的存在意义，应该理解为：教育科研是促进教师个人专业发展的最佳路径，同时也是提升学校教育质量的最好方式。

就教师个人的专业发展而言，通过教育科研所取得的最大收益就是提升自己的思维品质。在研究、实践中，教师不但要去发现问题和分析问题，更要去思考如何突破常规，采用什么样的策略去解决问题,等等。思维的缜密性、灵活性、批判性、深刻性、变通性及独立性等通过不断训练得以提升,简练、准确、有力的表达能力也得到了锻炼。从许多名教师、特级教师发展的轨迹中,我们可以清晰地看到教育科研的力量。

对学校教育工作来说,教育科研是提升教育生产力的重要表征,这体现在教育科研通过研究教育的规律,能有效地解决教育中的具体问题,更科学、有效地发展学生的核心素养,并通过提高单位时间内教育与教学效率,减轻学生的学业负担。不能否认,一所学校的办学质量和社会影响力,与其教育科研所取得的成就有着显著的正相关。

应该认识到,教育科研能力是一种实践性知识,必须在亲身实践中获得。就笔者而言,本科与硕士所读专业都是与教育学、心理学相关的,毕业后在中等师范学校工作的十多年中,所教的学科也是普通教育学与教育心理学。在教育科研领域,真正积累起经验是在一所省一级重点中学担任教科室主任期间。当时我亲自主持了学校所有重大的课题,其中有两个课题获得宁波市基础教育教学成果一等奖,两个课题获得浙江省基础教育教学成果二等奖。这些下水实践的经历,让我对教师参与教育科研有了更加深入的了解与体会,并从中管窥到了一些教育科研的方法与路径。调到区进修学校主持科研部工作后,与教师教育科研的联系就更紧密、更频繁了。我有了大量的时间深入各幼儿园、中小学,听校长、教师们介绍他们的所思所想、教育科研进展情况。从选题,到开题、中期检查,再到结题论证,从听课评课到研讨交流,从文本修改到成果评比……在这样周而复始的过程中,我不断发现教师身上一些我似曾相识的影子,逐渐感受到教育科研中真正存在的一些共性问题或者典型的困扰。正是这些共性问题与典型的困扰,不断制约着教师在教育科研中深入与前行,阻碍着他们取得更好的研究成果。如果能够对这些共性问题或者典型的困扰给予较好的揭示与解剖,能够形成一个相对有参考价值的教育科研方法指南,使一线教师通过简单的阅读与模仿,就能迅速入门,掌握教育科研的基本方法,并内化为自己的关于教育科研的程序性知识,相信手握教学第一手资料的教师们会对教育科研有更多尝试的勇气——这便成了本书写作的缘起。

本书并不想系统地介绍教育科研理论与方法。所能做到的,仅仅是从教师做课题研究时出现的问题和现象出发,从他们做课题时的成败经验出发,根据笔者个人切身的经验、心得与教训,向教师提供一些做课题研究常常需要的常识性方法与道理,主要目的是降低他们对做课题的恐惧感、无助感与压力,促进中小学教师养成良好的观察、思考习惯和客观的研究态度,并由此激起他们的研究兴趣,激发他们的研究创意,在自觉投身教育科研的历程中提升专业,成就事业。如果能在某些方面为他们提供一点点帮助,就是本书出版最大的收获了。当然,由于笔者的学识与研究能力有限,书中的一些观点肯定存在着不足,甚至可能会出现错误,所以读者们带着批判的眼光来进行阅读是非常必要的。

需要声明的是,书中被引用、分析的一些局部或者片段的例子,很多都是笔者在指导或者评选一线教师的课题中积累起来的。有些引用的材料之所以没有标明出处,一是由于当时保存材料片段的时候没有标注作者的相关信息,且由于年久,无法回忆;二是一些案例属于反例,需要为作者讳;三是一些成果评选材料往往都是匿名的,所以在保留时没有留下作者的相关信息。在此,谨向那些作者致歉并表达感谢。

此外,本书基本上是按照课题研究的一般规范与顺序、格式叙述的,所以中小学教师在进行课题研究过程中,可以随时根据自己的研究进度或者研究需要来参阅本书的有关内容,无须通读全文,甚至可以无须通读整章。相信这样能为教师提供更多的便捷。

吴伟强

2019 年 12 月

目录 Contents

第一章　做"课堂在场"的研究：教育研究的生命力 ……… **001**

　　第一节　教育研究对教师的实践意义 ……… 002
　　　　　一、教育研究是开展教育深层改革的需要 ………002
　　　　　二、教育研究是现代教师的必备素养 ………003
　　　　　三、教育研究能促进教育质量的不断提升 ………006
　　第二节　基于问题的解决：教师教育科研的目标定位 ……… 007
　　　　　一、从问题中来，到问题中去 ………007
　　　　　二、从课堂中来，到课堂中去 ………008
　　　　　三、从学生中来，到学生中去 ………009
　　第三节　研究作业、提升专业、成就事业
　　　　　案例：通过课题研究成长起来的一位特级教师 ………010

第二章　从"问题"到"课题"：课题研究的起点 ……… **019**

　　第一节　问题从哪儿来——课题研究中问题的确定 ……… 020
　　　　　一、发现问题的基本条件 ………020
　　　　　二、发现问题的思维策略 ………022

　　　　　　三、发现问题的基本路径 ································ 023
　第二节　问题到哪儿去——把问题转化为研究课题 ············ 028
　　　　　　一、课题选择的基本原则 ································ 028
　　　　　　二、问题如何转化成课题 ································ 031
　第三节　哪些问题不能转化为课题 ································ 035
　　　　　　一、非教育科学研究领域的问题 ························ 035
　　　　　　二、已经被公认解决了的教育问题 ···················· 035
　　　　　　三、不具有广泛性和普适性的问题 ···················· 036
　　　　　　四、任务不明确、范围不集中的问题 ·················· 036
　第四节　把问题转化为课题：选题的过程 ······················· 037
　　　　　　一、聚焦问题，明确方向 ································ 037
　　　　　　二、小处着手，细化分解 ································ 037
　　　　　　三、研究文献，分析背景 ································ 038
　　　　　　四、基于成效，明确目标 ································ 038
　第五节　选题的常见问题与分析 ···································· 039
　　　　　　一、切口过大，力不能及 ································ 039
　　　　　　二、陈述不清，对象不明 ································ 039
　　　　　　三、内容陈旧，不够新颖 ································ 040
　　　　　　四、变量不准，科学性差 ································ 040
　　　　　　五、实用性小，价值不大 ································ 040
　第六节　课题名称的表述 ··· 041
　　　　　　一、课题名称表述的基本要求 ·························· 041
　　　　　　二、课题名称表述的注意事项 ·························· 043
　第七节　从基础教育国家级教学成果奖获奖课题看选题方向 ··· 043

第三章　磨刀不误砍柴工：课题研究方案的设计　　049

　第一节　研究背景的撰写 ··· 050

    一、研究背景撰写的基本要领······050
    二、研究背景撰写的常见问题与分析······052
  第二节 研究意义的撰写 055
    一、研究意义撰写的基本要领······055
    二、研究意义撰写的常见问题与分析······059
  第三节 研究综述的撰写 062
    一、研究综述撰写的基本要求······062
    二、研究综述撰写的常见问题与分析······065
  第四节 研究目标的确定 068
    一、研究目标撰写的构成要素······068
    二、研究目标撰写的常见问题与分析······070
  第五节 研究对象的设定 074
    一、研究对象与研究内容的区别······074
    二、确定研究对象的要素······075
    三、研究对象撰写的常见问题与分析······076
  第六节 研究方法的选择 077
    一、课题研究的基本方法······078
    二、研究方法选择的常见问题与分析······078
  第七节 研究内容的分解 080
    一、研究内容分解与细化的目的······081
    二、研究内容表述的常见问题与分析······082
  第八节 研究步骤的安排 084
    一、要按研究的时间顺序写······085
    二、要体现研究内容的相互关系······085
  第九节 课题成员组成及分工 086
    一、明确研究任务······086
    二、合理分配工作······086
    三、人数适宜······086

第十节　课题研究的可行性分析 …………………………… 087

第十一节　预期研究成果 …………………………………… 088

第十二节　优秀课题研究方案例选 ………………………… 089

第四章　良好的开端是成功的一半：课题的立项申报与开题论证　097

第一节　课题的申报 …………………………………… 098

一、课题申报人的基本条件 ……………………………098

二、课题申报的办法和程序 ……………………………099

三、课题申报表的填写 …………………………………099

第二节　课题的立项 …………………………………… 100

一、课题立项的类型与层级 ……………………………100

二、课题立项的评审原则 ………………………………102

三、课题立项的基本要求 ………………………………102

四、课题立项的评审程序 ………………………………103

第三节　课题的开题 …………………………………… 104

一、表述要准确、规范、扼要 …………………………104

二、框架结构要完整 ……………………………………105

三、开题报告例选 ………………………………………107

第五章　好猎手要配好的猎枪：课题研究的常用方法　115

第一节　观察研究法 …………………………………… 116

一、观察研究的主要步骤 ………………………………117

二、观察研究的注意事项 ………………………………122

第二节　调查研究法 …………………………………… 124

一、调查研究的主要步骤 ………………………………124

二、调查研究的常用方法 ………………………………127

第三节　文献研究法 ·· 134
　　一、文献研究的主要步骤 ································· 134
　　二、文献研究的注意事项 ································· 136
第四节　个案研究法 ·· 137
　　一、个案研究的主要步骤 ································· 138
　　二、个案研究的具体方法 ································· 141
第五节　叙事研究法 ·· 144
　　一、叙事研究的主要步骤 ································· 144
　　二、教育叙事研究的基本类型 ·························· 146

第六章　咬定课堂不放松：教师行动研究的认识与应用 ········ 151

第一节　行动研究的前世今生 ································ 152
第二节　行动研究的基本特征 ································ 153
　　一、为行动而研究 ·· 154
　　二、对行动的研究 ·· 154
　　三、在行动中研究 ·· 155
第三节　行动研究的基本过程 ································ 155
　　一、行动研究的计划 ··· 156
　　二、行动研究的实施 ··· 158
　　三、行动研究的反思 ··· 161
第四节　行动研究的反思和认识 ····························· 162
　　一、选好研究的课题 ··· 162
　　二、把握好研究的逻辑起点 ······························ 163
　　三、厘清研究的基本思路 ·································· 163
　　四、客观分析和组织论据 ·································· 164
第五节　寻找识字教学的正确坐标——教师行动研究案例 ······ 164

第七章 研究无难事，只怕有心人：研究资料的收集与分析 ……… 171

- 第一节 课题研究资料的收集 …………………………… 172
  - 一、研究资料收集的路径 ……………………………… 172
  - 二、研究资料的分类 …………………………………… 176
- 第二节 课题研究资料的整理与汇总 …………………… 178
  - 一、文本资料的整理与汇总 …………………………… 178
  - 二、数据资料的整理与汇总 …………………………… 179
- 第三节 课题研究资料的分析与处理 …………………… 180
  - 一、研究资料的定性分析与处理 ……………………… 181
  - 二、研究资料的定量分析与处理 ……………………… 184

第八章 风姿花传：课题研究总结报告的撰写 …………………… 199

- 第一节 撰写课题研究总结报告的意义 ………………… 200
- 第二节 课题研究总结报告撰写的基本要求 …………… 201
  - 一、要有求实的科学态度 ……………………………… 201
  - 二、要有严密的逻辑思维 ……………………………… 201
  - 三、要有严格的语言规范 ……………………………… 202
- 第三节 课题研究总结报告的撰写要领 ………………… 202
  - 一、结题报告的撰写 …………………………………… 202
  - 二、调查报告的撰写 …………………………………… 252
  - 三、教育案例的撰写 …………………………………… 266
  - 四、成果推广报告的撰写 ……………………………… 271

参考文献 …………………………………………………………… 293
后记 ………………………………………………………………… 295

第一章

做"课堂在场"的研究

教育研究的生命力

第一节 教育研究对教师的实践意义

一、教育研究是开展教育深层改革的需要

一般而言，人的社会性实践活动可以分成三种：一是本能性活动，二是经验性活动，三是反思性活动。本能性活动是维持人类生存的基本活动，如饿了就想找食物吃，渴了就要喝水，它是不学而会的，属于遗传性质；经验性活动是人类将自己千百年来所累积的经验通过直接与间接的形式传递给下一代，如教小学生学习汉字的拼读与书写，是一种机械性的活动，属于模仿性质；而反思性活动则是人类在意识的支配下，将活动的主体与客体相分离，对所从事的活动，如内容、形式、特点、过程与规律等因素，进行理性的分析与探索，它属于研究性质。"当一种活动进入研究水平，也就意味着我们从事这项活动的自主性达到了一个新的境界，具备了从自然王国向自由王国飞跃的可能性。"[1]

教育研究正是属于这样一种由主观意识支配的反思性活动。世界上第一部教学论专著《学记》，就是对人类教学活动的一种反思性认识与总结。比如，文中对机械学习进行了反思性批判："记问之学，不足以为人师。必也其听语乎！力不能问，然后语之。语之而不知，虽舍之可也。"这是在对当时教育现象深入分析的基础上提出的认识与反思。所以，《学记》认为，要胜任教师的工作，就需要深入地研究教育教学的现象与规律，"君子既知教之所由兴，又知教之所由废，然后可以为师也。"我国几千年的教育活动涌现出诸如孔子、陶行知、蔡元培、陈鹤琴等一大批教育改革与研究大师。可以这样说，中国的教育发展史，就是一部教育研究与变革的历史。

---

[1] 袁振国.教育研究方法[M].北京:高等教育出版社,2000：1.

随着社会的快速发展，人们从事的各项社会活动都在不断发生着急剧的变革。习近平总书记在十九大报告中指出："中国特色社会主义进入新时代，我国社会主要矛盾已经转化为人民日益增长的美好生活需要和不平衡不充分的发展之间的矛盾。"这一重要论断反映在教育活动中，就是对我们教育工作者提出了新要求与新的研究课题。教育部部长陈宝生在2019年全国教育工作会议上的讲话指出："随着我国由生存型社会步入发展型社会，'满意'的维度、心理预期、目标参照等已经并且还在发生深刻变化，和40年前全然不同，甚至和5年前、1年前都不一样。现在，办学短视、功利问题比较突出，中小学生太苦太累，评价弊端根深蒂固，这些问题桩桩件件都要打硬仗、打持久战。……我们要高高举起改革的旗帜，对教育改革再认识、再设计、再深化、再冲锋。"可以这样说，社会改革发展到深水区，社会对教育变革的要求更加迫切，教育研究的任务更加艰巨。

二、教育研究是现代教师的必备素养

1. 教育研究是教师专业化的表征

社会上衡量一种职业是不是专业的一个基本评价标准，就是"不可替代性"。从客观方面而言，人们不会对工程师、医生、律师等职业的专业性产生怀疑，更不会有缺乏相关专业知识的人直接去从事这些职业，就是因为它们在专业上的"不可替代性"。但是教师这个职业，社会上对它的专业性有异议，不少人认为无须经过专业培训便可从事教师工作，其原因就是教师这一职业的专业性还没有被社会所普遍认可。

其实对教师职业的专业性认定，1966年国际劳工组织（ILO）和联合国教科文组织（UNESCO）联合发表的《关于教师地位的建议》就明确指出："教育工作应被视为一种专门职业。这种专业是一种要求教师具备经过严格而持续不断的研究才能获得并维持专业知识及专门技能的公共业务，它要求对所辖学生的教育和福利拥有个人的及共同的责任感。"

尽管半个世纪前就提出了教师要参与研究的观点，但是长期以来，我们似乎已经习惯了这样一种对研究的理解：研究是专家学者们的事，一线的普通教师只要接受与实施专家们的研究成果就可以了。这种对教育科研的认知,导致教育活动与科研活动相分离,教师自我弱化了既是教育工作者,同时也是研究者的角色意识。当这样的理解成为一种强大的传统力量支配了人们对教育研究的认识时,社会上就产生了教师不是研究者的观念,甚至许多中小学教师也由此认为自己开展教育研究是不可能的、不适当的,或者认为是强加给教师的额外负担[1]。

事实上,我们应该从更深层的意义去理解教师的教育研究。开展教育研究是我们对待教育科学未知的一种态度。布科海姆曾有过这样的表述:"教育研究不应该是专业人员专有的领域,它没有不同于教育自身的界限。实际上,研究不是一个领域,而是一种态度。"而研究态度与能力又是教师教育工作创造性的集中体现,是教师主体性发挥的能动体现,更是教师专业发展的基本途径。对教师而言,当他日复一日地走进教室,他将要传授的知识是他早已熟知的,但是他的学生将会如何吸收、如何理解与掌握,却是因人、因时、因境而不同。因此,教师的教育教学工作永远充满着不确定性,永远需要教师充满研究的激情。这正是教师开展教育研究的根本原因之所在。

2. 教育研究是教师提升教育质量、形成个性化教育教学风格的方式

苏霍姆林斯基曾说:"如果你想让教师的劳动能够给教师带来一些乐趣,使每天上课不至于变成一种单调乏味的义务,那你应当引导每一位教师走上从事研究这条幸福的道路上来。"教育科研是促进教师个人专业发展的最佳路径,同时也是提升教育质量、形成个性化教育教学风格的最好方式。

就教师个人的专业发展而言,通过教育科研而取得的最大收益是提升自己的思维品质。在研究实践中,教师不但要去发现问题和分析问题,更要去思考如何突破常规,采用什么样的策略去解决问题,等等。这样,思维的灵活性、批判性、深刻性、变通性及独立性等,通过不断训练得以提升。

随着社会的进步,人们对幸福生活的要求不断变化,社会对教育质量的要求

---

[1] 宁虹."教师成为研究者"的理解与可行途径[J]. 比较教育研究,2002(1):48-52.

也在不断发生变化。这就带来了一个新的问题：如何不断提高学校的教育教学质量与水平？这是没有现成的经验可以借鉴与模仿的。所以，如何根据社会对教育提出的新要求，如何根据教育对象的不同、教育内容的不同和教师自身的特点，形成独特的教学风格，是每一位教育工作者都需要深入思考的问题，需要我们在实践中去研究、去探索。

教育的对象是人，这一对象的规定性决定了教育工作内涵的丰富性与程序的复杂性。从教育历史看，每一位教育名家的经验获得都受许多条件的制约，都是根据特定的历史时期、教育对象、教育要求、教育内容、教育手段与技术，以及特定的自身条件综合而成的。所以教师如果只是一味地模仿，不加比较与区别，即使模仿得再到位，大概也只能做到形似而神不似。如果一位教育工作者没有对教育现象形成从表及里的认识，没有对教育的本质进行深入的思考与分析，没有对改进教育教学工作、努力提升教育教学质量的不断追求，最终没有形成独一无二的教学风格，最多只能成为一名教书匠，无法发展为一名教育家。

所以，如果每一位教育工作者都能将强烈的研究意识和自觉的研究活动作为教育工作的基础，并在此基础上掌握科学的研究方法，就能少走弯路，更快地进入研究者的角色。

正如一位基层学校的教育者在教育科研工作总结中所写的：

教育科研的持续深入，不断改变着教师的工作状态。打开学校的博客，一篇篇博文记录着教师的课堂心得、教学思考、观点碰撞等，以约每天五篇的速度不断递增着。有些教师已经养成了每天写博客的习惯，记录着课堂的点点滴滴，为教学研究提供了源源不断的生命活水。

学校科研从唤醒到卷入，留下了一串串坚实而美丽的脚印。草根科研塑造了学校质朴无华、生动活泼的科研文化，拉近了教师与科研的距离，迎来了一线教师的科研春天！

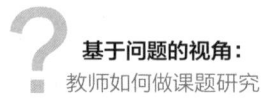

三、教育研究能促进教育质量的不断提升

1. 教育研究能促进教师教育观念的转变

中小学教师在教育研究的过程中,通过学习理论、调查研究、实践反思等活动,能够加深对教育本质、教育目标和教育方针的理解,形成正确的教育教学理念。在研究过程中,他们能够从自身不同的实践角度去研究教育教学中存在的问题,能够提出多样化的教学设想和计划方案,并主动积极地尝试实践与探究。所以,教师在参与教育研究过程中,通过实践反思与思维碰撞,能够促进他们的教育教学思想发生深层次的变革。

2. 教育研究能改进教育教学行为,提高教育教学效益

通过开展教育教学课题的研究,一方面,教师能够有效地解决自身教育教学中的问题,从而科学地改进自身的教学行为,提升教学水平与质量;另一方面,通过课题研究,课题组成员之间能形成积极向上的群体研究氛围,从而进一步激发教师开展业务学习的积极性,在研究中相互合作,形成教学合力,极大地提高学校的教育教学效益。

一所城乡接合部的学校,民工子弟占了90%多,学生成绩分化相当严重。如数学学科,学生的成绩在几分、十几分、几十分不等。针对这一情况,该学校进行了"三段推进,分层优先 —— 农村小学数学分层教学研究与实践"课题研究。通过三年的实践研究,学校探索出了适合本校学生学情的教学规律,使学生的数学成绩有了明显的进步,成绩分化现象得以有效改善。

3. 教育研究能推动学校管理工作走向科学化与规范化

学校的管理工作既有常规性,又有挑战性。学校组织层级的设置、管理人员的配备、管理的分工、绩效的考核与评定、校本课程的开发与实施等一系列问题,在新的情境中,不能再按照传统的经验进行管理。所以,通过开展教育研究,学校能够根据自己的实际情况,探索新的科学管理办法,从而有效提高学校的科学管理水平。曾经有一所学校,针对一成不变的学校例会,进行了创新研究与改革,使

学校的管理面貌焕然一新。

4. 教师进行教育研究能有效提高自身素质，提高教育教学业务水平，促进专业成长

要成为一名研究者，首先必须是一名学习者。教育研究对教师来说，意味着必须不断学习与自我更新。教育课题研究"强迫"教师重新学习相关的教育心理学理论与学科教学理论，学习国内外最新的研究成果，学习他人先进的经验，去探索、解决自身遇到的教学问题，并在教学实践中验证自己的改革举措。这一过程实际上就是一个生动鲜活的学习过程。通过这一系列的学习与研究，能有效提升教师的专业能力。如笔者主持的"高中地理开展学习策略教学的实践研究"课题，通过三年的研究，不但课题成果获得宁波市基础教育教学成果一等奖，且五名课题组成员中，一名教师获得全国优质课特等奖，两名教师获评宁波名师。

基于问题的解决：教师教育科研的目标定位

一、从问题中来，到问题中去

从问题中来，是指教师要研究解决的对象与内容，一定是来自教育实践中的困惑与问题。这些问题的存在，不仅制约着教师自身的专业发展，更影响着教育质量的提升。

随着教育改革的深入，当前教育中存在许多需要去解决的问题，如：校园文化建设，特色项目建设，课程改革，课堂教学，作业设计，课外辅导，等等，而且各种问题也在不断地发生着变化。所以教师在开展课题研究时，一定要有问题意识。在教学工作中遇到的问题，必然是值得我们去研究的课题！

比如，教育均衡化发展，给义务教育带来的一个问题是班内学生学习成绩的分化严重。我们要思考的是：小学起始年级为什么过早出现学生成绩分化的现象？初中学生成绩分化的不断加深，除了小学带上来的原因，初中教学造成的因素有多少？对于这些问题，我们应该去解决的对策是什么？等等。

到问题中去，指要求教师在做研究时，要带着问题去研究，为了问题的解决去研究。要具体、深入分析所研究的问题，探索解决问题的方法、途径、策略等，从而实现研究的目标。

二、从课堂中来，到课堂中去

之所以提出教师的研究要"课堂在场"，是因为很多中小学一线教师做课题研究的地点，是在书房，或者是在办公室。进行的是一种所谓"书斋式"的研究。这样的研究，是一种"目中无人"的研究，也是"课堂缺席"的研究。

英国课程论专家斯坦豪斯认为："教师是教室的负责人，而从实验主义者的角度来看，教室正好是检验教育理论的理想的实验室。对那些钟情于自然观察的研究者而言，教师是当之无愧的有效的实际观察者。无论从何种角度来理解教育研究，都不得不承认教师充满了丰富的研究机会。"在他看来，"教育科学的理想是，每一个课堂都是实验室，每一名教师都是科学共同体的成员。"

所以说，教师的研究场所应该就是他们的工作场所，即课堂。这是因为，教师的课题研究必然是在具体的教育教学过程中进行的。教师最重要的角色是育人者，因此他们的研究不可能脱离育人活动。他们的研究对象就是他们教育工作的对象——学生。所以，让教师脱离具体教育教学实践去做"专门研究"是不现实的。试想，一位每周承担二十多节课的教学任务，同时还要承担其他教育工作任务的教师，究竟能有多少时间可以用来进行"专门研究"呢？实际上，教师所进行的研究是一种特定的教育教学研究，是对他们自己的教育教学实践进行思考和探究。这种研究，依赖课堂为其提供具体的观察情境，一旦离开了这种观察情境，就失去了研究的条件。因此，教师所进行的研究不存在于教育教学活动之外，而是在教育实践活动中，为改进教育教学行为而研究。一句话，教师在教育实践中开展研究,在研究中进行教育实践活动。所以,我们一定要把对问题的破解与研究放在课堂上,做"课堂在场"的行动研究,切忌做脱离课堂实践的书斋式研究。

三、从学生中来,到学生中去

学生永远是一切教育活动的出发点,也是教师开展教育研究的归宿。

从学生中来,是指教育研究的问题来自学生。处于身心急剧变化发展时期的学生,时刻会有新的问题、新的挑战。所以教师要有一双慧眼,及时发现学生出现的新情况、新问题,并作为研究课题去关注,去寻找解决的对策。

到学生中去,就是要明确教育研究的根本主旨是为了改进教育教学,从而更好地让学生获得发展。所以,"一切为了学生"是教育研究的宗旨所在。

到学生中去的另一层含义是,开展教育研究的场景一定是有学生"在场"的。学生在哪儿,教育的现场就在哪儿,研究的阵地也就在哪儿。即教育研究的主客体始终是结合在一起的。

正如一位小学教师在自己的科研经验分享中所说:

> 教育科研只有贴地而行,方成姿态。这里的"地",就是学生。
>
> 如在运算定律单元教学过程中,我发现学生出现了大量的计算错误,主要有以下两种类型:一是相似题型干扰。如"$(8\times4)\times125=(8\times125)\times(4\times125)$",把"$(8\times4)\times125$"与"$(8+4)\times125$"混淆在了一起。原先应用乘法结合律就能够轻而易举解决的简便计算题在学生学习了乘法分配律后,反而频频出现错误。
>
> 二是凑整意识混乱。个别学生盲目凑整,造成知识学习的机械性,导致形成混乱的简便意识,如"$378-36+64=378-(36+64)=378-100=278$"。学生看见"36"和"64",几乎条件反射式地予以"结合",没有真正理解简算的法则。
>
> 学生出错的原因看似多种多样,但都有一个共同的引发源,那就是"相似",在教育心理学中称为"相似材料干扰"。要弱化干扰,就要尽量减弱学习

材料之间的相似性,尽量控制同一学习材料的学习时间,尽量间隔式安排相似的学习材料。

于是我开始研究教材序列的调整策略。将这一单元的学习材料划分成新的三个层次,每一层都较为完整,旨在让每一个层次都有自己的"首"和"尾",从而降低中间部分材料的难度,并且分割了形式上最为接近的知识点,从而使学习内容之间的相互抑制大大减少。

序列调整策略使简算单元呈现了新的编排,分散了学习的难点,隔开了相似的材料,大幅减少了材料间的相互干扰。在教学中实践后,通过数据分析对比,发现学生简算的正确率真的大大提升了。

第二节 研究作业、提升专业、成就事业
案例:通过课题研究成长起来的一位特级教师

刘善娜,一位普通的一线小学教师,十余年来潜心教育科研,迅速成长为浙江省最年轻的小学数学特级教师。在这儿摘录她一本书稿的前言,与一个她在2016年写的课题研究故事,透过这些字里行间流露出的成长足迹,足以看到教育科研散发出的力量。

看到的,没看到的,俱是风景

2012年9月到2018年8月,这六年,岁月流影,每一帧截图都透着努力的气息。

当我静静浏览这些日志的时候,恰似时光穿越,不由自主发出一阵阵幸福的感慨。

我看到了奔跑的自己。看过去苦得不像话,看过去有着"无时无刻不感到艰难"的辛酸,但当时,沉浸其间的自己,并不觉得苦累。精神上,是一直

自我愉悦着的，这种愉悦来自细细碎碎的"小领悟""小幸福"，来自孩子们身上的"小成长""小惊喜"，来自或长或短、或喜或悲的一段段文字……它们支撑起了自己的精神世界。

我看到了师傅们、导师们的教诲。经典精彩的教学片段，鞭辟入里的讲座引领，即便相隔着几年的时光，依然言之凿凿诲之切切，让我受益匪浅。

我看到了一群群的孩子。2012年刚好一届学生毕业，2012年到2016年又是一届学生，2016年到2019年是现在带着的这群孩子。看见一个名字，眼前就会不自觉地浮现孩子的小脸。课堂上的争论，课间的调皮……啊，都是我们的芳华。

日志里，岁月蹁跹，时光流转，能看见的是我的斗志，我的心绪，我的成长，但看不见那些随之而来的"附属品"。

2012年7月，一届学生毕业。9月，记录了这一届三年时光的《爱上我的课堂——一位小学数学教师的教学反思日志》一书成稿。整理、修改、投稿、再整理、再修改，于2014年5月由宁波出版社出版。同年6月，该书入选"2014年度中国影响力图书推展·第贰季"，成为上榜的20本教育类书籍之一。这一年，我评上高级教师、奉化区学科骨干。

2016年3月，《这样的数学作业有意思——小学数学探究性作业设计与实施》由教育科学出版社出版。11月，课题"小学数学探究性作业的实践研究"荣获浙江省教育规划课题一等奖。12月，该书入选2016年度"影响教师的100本书"。这一年，又一届学生毕业，我获评宁波市学科骨干。

2017年，接手新一届学生，探究性作业研究却未曾停歇。我把"教书的日子to刘善娜"微信公众号打造成孩子们成长的平台。一日一日，小幸福小进步。这一年，我获评宁波市名教师。

2018年，探究性作业研究成果继续推广。《小学数学教师》封面人物专栏《研究作业　发展专业》刊发。我获评第十二批浙江省特级教师。

做好每一件小事，时光就会馈赠你太多的礼物。

棘手，熟悉，有趣——我的课题研究故事

有很长一段时间，我觉得自己的"灵感小爆发"才是真实的研究，才是快乐而有意义的小研究。比如我会给孩子们设计"每日一算"，我会让孩子们制作数学绘本，我会和孩子们一起读《算得快》……而课题研究则是一种文字的堆砌，是一种负担。

在工作的第四年，我几乎是被"逼迫"着立了一个课题。自己也解释不清到底要研究什么，只好把一篇论文改成了开题报告去立个项。随着9月份工作单位调动，我"顺利"地让这个课题胎死腹中，心里还乐开了花。调入了奉化区实验小学，我发现课题研究几乎是人人参与，于是硬着头皮又把一篇论文改了改，递了开题报告。可是，开题之后，我还是觉得做不下去，于是默不作声地让课题只开题未结题，敷衍了事。

"课题太虚于表面，也太有难度了"——正是这样的意识导致我做不下去。

但是，环境影响人，岗位磨炼人。在实验小学工作了几年后，我担任了数学教研组组长。身为教研组长，把握着数学大组课题的方向，科研能力的提升迫在眉睫。我很清楚，再也不可能像以前那样蒙混过关。于是，就想选择一个切入口极小的研究点认真地试一试。正是这试一试，让我触碰到了课题研究的那扇门，品尝到了研究助力教学的醇香滋味。

将棘手的事情做得轻明：从数学错题困惑转化成简算单元教学研究

教过四年级下册《运算定律与简便计算》的老师都知道，这一单元出错率极高。我在教学这一单元时，发现孩子们总是呈现一个特点——那就是上新课的时候，掌握得很好，一旦综合测练，就出错率极高。届届如此，班班相似。这一状况能否改变？我接下来正好教四年级，正好借着一年的课题研究时间把这一单元好好琢磨琢磨。

因为有了这样一种研究的心态，我教学这一单元之前就做了很多准备工作。

首先，是教材分析。原本按着教材的编排也教了很多届学生，对于出错率只是一次抱怨接着再一次抱怨，就是没去想过教材、教法会有什么不妥之处。现在各个版本教材一对比，就发现问题了。

人教版数学四年级下册第三单元《运算定律与简便计算》内容编排

层次	第一课时	第二课时	第三课时	第四课时
第一层： 加法运算定律	加法交换律	加法结合律	加法运算定律应用	
第二层： 乘法运算定律	乘法交换律	乘法结合律	乘法分配律	
第三层： 简便计算的应用	连减简便计算	加减灵活应用	连除简便计算	乘除、乘加灵活应用

  反观其他版本的教材，北师大版将简算的五大运算律教学安排在四年级上册，运算律学习的顺序是乘法结合律 — 乘法交换律 — 加法交换律和结合律 — 乘法分配律；苏教版数学四年级上册学习加法交换律和结合律，乘法交换律和结合律，四年级下册学习乘法分配律；浙教版将运算律的学习安排得更为分散。乘法、加法的交换律和结合律穿插在两位数乘一位数与三位数乘一位数之间，乘法分配律则是与长方形的周长、两位数乘两位数的笔算教学整合在一个单元内学习。也就是说，只有人教版教材是将容易混淆的乘法结合律与乘法分配律紧紧挨着教学的。而且，人教版乘法分配律重点学练的地位不突出，教材仅第36页归纳出乘法分配律，配一道"做一做"判断练习，自第37页开始就是第一、二层乘法与加法的交换律和结合律以及乘法分配律的混合练习。甚至解决问题的题量以乘法结合律的应用居多。这与北师大版的两页针对性练习、苏教版的5页针对性练习、浙教版的一个单元只渗透、强化乘法分配律完全不可相提并论。人教版教材的编排无疑大大提升了学生掌握乘法分配律的难度。

  心理学系列位置效应理论指出："学习材料性质越相似，抑制越严重，不同性质的材料之间，抑制就会减少。"乘法分配律与乘法结合律在形式上较相似。人教版将乘法分配律与乘法结合律前后编排，两个例题引入的材料和方式也类似，学生出现混淆也就在情理之中了。系列位置效应还指出，"如果学习材料中各部分的位置不同，学习效果也会不同，且中间部分学习效果最差。"但人教版教材中,乘法分配律的学习正好处在该单元教学的中间,也就是处于学习效果最差的位置。

有了这些认识之后,我就对这一单元的课时内容进行了调整,将这一单元的学习材料划分成新的三个层次,每一层都较为完整,旨在让每一个层次都有自己的"首"和"尾",从而降低中间部分材料的难度,并且分割了形式上最为接近的知识点,并按照新的学习序列,撰写了11课时的教学设计,提出了"跨域沟通、迁移还原"的教学策略。

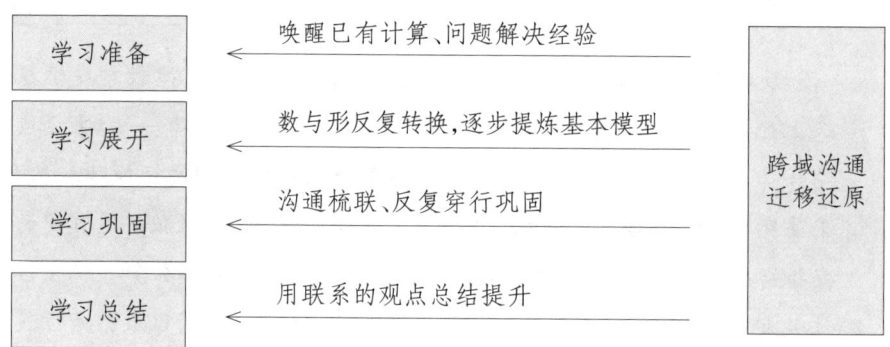

单元教学结束后,我又设计了关注运算能力的简算单元专题性过关检测卷,对实验班和对照班分别进行检测,发现实验班的成绩明显优于对照班。

当时的兴奋感仍记忆犹新,初次的课题研究,让我真切地感受到了研究的喜悦。虽然这个个人课题仅获得奉化区教育规划课题二等奖,但它让我一下子明朗了——课题研究并不似以往认为的那么虚浮可憎,课题研究是可以真正助力教学的,课题研究可以从家常日子中萌生。

将熟悉的事情做得出彩:从作业精品展示转化成探究性数学作业研究

有了这样的研究心态,主动申报下一个课题是顺理成章的事儿了。作为教师,除了课堂教学,最熟悉的问题是什么?当然是作业问题了。

作业的最大功能是什么?有一种流行的观念是它是课堂的巩固和延伸,它是提高成绩的保证。其实这不是作业最大的功能。孩子需要作业,是因为作业是一种典型的自我调节的学习,孩子需要与各种干扰因素抗争,并在没有教师监督的情况下聚焦于作业,这就是作业最大的功能。数学作业通常整齐划一,怎么样的数学作业才能更好地发挥这一功能呢?

我希望数学作业能不再拘囿于现状,能在整齐划一的基础上多一些设计感,每月能有那么几次探究作业来发散孩子的思维,让孩子过程性地表达出各自的思考。于是,我结合教材知识点进行了探究性数学作业的设计,一边设计一边尝试收集优秀的作业进行交流展示。慢慢积累了几年后,作品集厚厚一本。但是,我说不清这样设计的理由是什么,说不清探究作业的优点到底是什么,说不清到底有哪些理论支撑着这份研究。所以,我思考的一切都只是浅层次的个人经验。

将探究性数学作业申报了课题后,我在专家指导下深度阅读了《数学课程标准》,翻看了《教育心理学》《作业设计:基于学生心理机制的学习反馈》等书,确定了"过程性目标"是探究性作业设计的整体支架,将三至六年级各个单元的过程性目标进行了罗列,然后根据单元过程性目标提炼出有探究空间的作业点。

在此基础上,通过对作业特点的分析和理论资料的查阅,我发现"儿童本位""图式建构"的理论能支撑起儿童本位的探究性作业的设计和实践理念。

举个例子。如孩子在三年级下册认识"面积"概念后,常会遭遇如"图形的周长越长,面积就越大"这类概念辨析的判断题。如果只关注这类判断题的判断结果,就会导致一部分孩子模糊地死记答案。所以,我就将作业设计为"图形的周长越长,面积就越大吗?为什么?请把你的想法画一画,写一写"。孩子在结论判定之后,通过画草图,从各自不同的角度对这句话进行分析,得出一系列儿童色彩浓郁的结论。

但孩子能力有高低,仅仅借助课堂辐射、作业展示、同伴交流还是不够的——他需要基本的抓手,需要知道探究的基本步骤。以刚才的判断题为例,孩子需要先判断得出自己的结论,到底是"完全正确?还是完全错误?或者是某种前提下才正确?",这是判断的第一步。然后让孩子仔细分析,可以通过自己添加某个条件、修改数据等方式使这个命题正确,这个环节促使孩子去思考与这个命题比较相似、关联比较紧密的一些概念,形成块状的概念认识。最后让孩子举正确的例子，使得对概念的判断分析呈现先"破"后更"立"的逻辑顺序，有助于孩子正确内化概念。

做得多了，孩子慢慢就会掌握判断思考的方法。

如当孩子在学习方程后完成"1. 6x+ □ =78、36+ □ =51 它们是方程吗？请判断说明。2. 用 20+x=100 描述一件生活中的事"这样的探究作业时，就会借助这样的判断图式，对判断式的信息进行充分解释，让他们在画一画、写一写的解释说明过程中加深自我理解，在"正确的例子"中进一步构建正确的概念。

实践有了理论的支撑，做的和想的就连通了。慢慢地，儿童本位的探究性数学家庭作业三至六年级 8 本作业册形成，也提炼出了类型设计、内容设计等策略。研究得到了一些同行的肯定，于是，研究的面也拓宽了，奉化区、乡镇、农村都有教师希望分享我的研究成果，进行进一步的实践思考。

我将自己对于这个课题的研究历程和研究成果撰写成了《这样的数学作业有意思——小学数学探究性作业设计与实施》一书，书稿对一线的现实价值得到教育科学出版社的肯定。这再次让我体会到借助课题研究自己熟悉的事情的美妙。

将有趣的事情做得深透：从主题实践活动转化成长周期实践作业研究

除了自己深有感触的事情能激活研究的灵感，别人的一个想法、一个建议有时候也能信手拈来成为研究的课题。

我在华东师范大学培训的时候，孔企平教授说，空间观念是非常非常重要的数学能力。我当时就想到了《位置与方向》一课的教学。定向运动作为例题背景，却从未让孩子真正感受过。于是，我向实施过这项活动的任宁老师请教细节，设计方案，在长达一周的酝酿和准备后，我和孩子来了"那一场定向盛筵"……

孩子们的欢呼雀跃让我心思一动，这样有一定主题的数学实践课，孩子们那么喜欢，那么意犹未尽，我为什么不试着每学期上一两节呢？但是，这类课的意义不在于一节课，课堂上的乐趣源于长周期的课前知识预备。比如，开一节魔方竞赛课,关键在于上课之前要带着孩子经历一个很长的"训练"周期。于是,"长周期主题性数学实践活动作业"课题就有了雏形,就成功立项研究了。

这项研究中,长周期主题性数学实践活动作业主要针对三至六年级学生,重在发展学生的空间观念、几何直观、推理能力和应用意识,主要以与教材内容相关联的数学问题为主题,使学生通过观察、操作、想象等多种感官协同作用,培养空间观念、几何直观、推理能力等数学综合素养,适宜一个学期一次,最多两次。

课题立项后,恰逢宁波出版社的编辑老师来询问我近期在关注什么。我讲了我的这个想法,她就觉得很有意思,让市场部去做调研了。我当时就坚信孩子们觉得很需要的东西,最终一定是有价值的。最后的反馈意见,真的是这个选题很有价值。这下,孩子们的欢呼雀跃变成了我的欢呼雀跃。

每个人都想做最好的自己。人没有退路的时候,往往更能迸发创造力。所以,当课题研究任务降临在你头上的时候,请对自己说"让我试一试吧"。很多时候,只要你肯去试着做一下,可能就胜利了。无论是自己一个人跌跌撞撞的思考,还是团队的教学研究,孩子的发展一定是思考的起点,只有关注让孩子痛苦和喜悦的小事,才能做一个活色生香的研究型教师,才能感受到课题研究对于教学实践的重要意义。我们一线教师的研究,无须多高远,围绕着孩子进行,就有意义。

思考题

1. 基础教育的深层改革,为什么需要通过教育研究来推进?其必要性如何体现?
2. 结合自身的教育实践活动,谈谈如何通过教育科研形成个性化的教育教学风格?
3. 你认为影响你参与教育科研的主要因素是什么?你准备如何去克服?

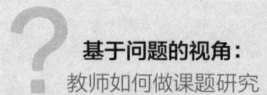

请写下你对本章的想法和建议

第二章

从"问题"到"课题"

课题研究的起点

问题是进行科学研究的起点。所谓问题，心理学上指"必须是个体首次遇到的，且无现成的可回忆的经验加以解决的那种情境"（R.M.Gagne,1956）。从研究的视角看，我们可以把问题表征为三种状态，即起始状态、目标状态，以及中间状态。当起始状态和目标状态是已知的、明确的，但是如何从起始状态达到目标状态的路径是未知的时候，就存在了一个问题。比如：某校高一班级的学生第一次生物科学考试成绩存在分化严重的现象，这是问题的起始状态。教师的教学目标是缩小差距，让差生也能提高成绩，这是问题的目标状态。那么，运用什么样的教学对策来实现这一目标，就是问题的中间状态。课题研究的重点，就是要找到这一未知路径的关键所在。

问题从哪儿来
—— 课题研究中问题的确定

第一节

在教育教学实践过程中去发现问题，就是要对所遇到的各种困惑、矛盾等，通过分析、判断、抽象、概括、比较等思维过程，发现需要进一步去研究以便解决的疑难、不解、不足等。就人类认识世界与改造世界来说，发现问题比解决问题更重要。

一、发现问题的基本条件

问题存在并不代表问题能被发现。中小学教师从教育教学实践中去发现存在的问题不是简单的事。问题的发现需要具备以下一些基本条件。

1. 研究意识

这里的研究意识，其实就是指教师随时准备去发现有价值的问题，并能把问题作为课题来进行研究的准备状态。研究意识的形成，一方面需要教师提高对教育现象与规律的认识，转变自身的教育观念，另一方面需要教师有强烈的质疑与探索意识，能及时在课堂情境中发现问题，在教育教学实践中探究问题。

比如，新课程改革，各学段所需课时量增加，于是每一节课的时间从40分钟缩短到35分钟，以此来增加一天的课时数。一天6节课变成了7节课，这成了一种普遍现象。然后，一些教师感觉到原来的教学设计难以适应。如果有研究意识，教师应想想如何去调整教学设计与教学过程以适应短课时。

2. 积极观察

在教育教学过程中，教师要能细致观察身边正在发生的各种教育教学现象，如学生方面，学生的思想品德、学业发展、情绪情感、个性品质、劳动观念，以及实施某项教育行动后学生的状态变化等。

比如，一次笔者去某小学听心理健康教育课，课的主题是"我能行"。大半节课下来，笔者身边的一个男孩一直没有举手。到课中一个"优点轰炸"环节时，他总算举手了，老师也叫了他起来。他鼓起勇气说："我的优点是很狡猾。"结果被老师评为"这不是优点，你坐下"。孩子在坐下的同时小声嘀咕着"这也不算优点呀"，一脸的失望。笔者观察到他这一表情时，很是感慨：对这个孩子来说，如果不上这节心理辅导课，他的心理是不是更健康？于是，笔者据此观察发现写了一篇研究论文。

3. 初步分析

对观察到的现象要进行初步分析，想一想：它到底是什么问题？原因何在？

比如，有一位小学自然老师讲了地球是圆的知识之后，问学生："懂了吗？"学生异口同声说："懂了。"学生，尤其是小学生，更容易出现这种"懂了现象"。智慧的老师接着会在黑板上画一个圆表示地球，然后问学生："你住在哪儿？画一画。"结果许多学生都把自己住的地方画在圆的上方，而不画在圆的中间或下方。老师接着提问："为什么这么画？"学生回答："画在别的地方人会掉下来。"

透过这个教学现象，经过初步分析，就可以发现可能是教师在讲解地球知识的过程中，没有结合身边现象教学，学生缺乏对地球的抽象理解，更缺乏对引力的初步认知和体验，所以出现了学生自认为懂了，其实没有真懂的现象。教师可以通过对此现象的初步分析，及时发现或提出"书本知识与现实生活结合教学"的研究课题，通过研究去合理分析、科学表述或有效解决"懂了现象"问题。

二、发现问题的思维策略

要发现一个有价值的问题，除了上面的基本条件，还需要具备一定的思维策略，即要有科学的发现方法。

1. 善于质疑策略

质疑是一种对已有的教育观点与教育行为方式等是否合理、正确与科学进行重新判断的思维过程，对一些看似合理的教育现象与教育实践行为进行重新审度与思考。这样就可能会在原先认为没有问题的地方发现问题的存在。对教师来说，教育研究就是对那些司空见惯的教育现象、事物进行深入的思考，对那些理所当然的教育常规行为进行反复琢磨，并试图去改变貌似合理的想法与做法。

比如，现代教育理论都认定学校教育在儿童发展中起着主导作用，但在具体的教育现实中，我们会发现：在儿童的思想品德发展过程中，家庭因素、社会因素以及儿童间的交往因素等所起的作用很大，很多时候学校教育在其他因素面前会显得苍白无力。由此，我们可以对"学校教育对人的发展起主导作用"一说提出一系列质疑：学校教育究竟能否对人的发展起主导作用？是有条件的还是无条件的？是在一切方面起主导作用还是在某些方面起主导作用？是在人发展过程中的任何阶段都起主导作用,还是在某个阶段起主导作用? 等等。

2. 求异思维策略

求异思维是指我们在教育实践中遇到各种问题时,能从不同角度、不同侧面与不同的层次结构去思考,去寻找解释与答案。这种思维形式既不受现有知识的限制,也不受传统方法的束缚,技术路线呈现出开放性与扩散性的特点。它解决教育问题的方法不是单一的,而是能在多种解决方案与途径中去选择。

比如,在汉语拼音教学方面,大部分研究者的着眼点是在识记单个字母的方法、促进拼读的形式等方面,在教材编写与拼音拼读教学模式方面几乎还是一片空白。因此某课题拟从部编教材出发,尝试探索出寓学于"做"的拼音教学模式,从而克服大量的字母、枯燥的拼读、复杂的变调等难关,让一年级的孩子不因此畏难而退。

3. 类比迁移策略

类比迁移是通过对某一研究规律的认识与思考,把它迁移到与之有借鉴作用的类似的研究项目与内容中去。

比如,"古诗文理解性默写"是在 2014 年新课标全国卷语文试题中出现的新题型,是指在给出语境的情况下,根据记忆,默写古诗文。与以前的直接默写相比,理解性默写更强调对古诗文内容情感的把握,比填空式难度更大。一般认为研究它是高中语文教学的任务。但是,是不是可以将其下移到初中语文教学,甚至小学语文教学中去研究它?

三、发现问题的基本路径

尽管有人认为发现问题比解决问题更难、更重要,但是我们在教育教学实践中,还是有很多途径去发现存在着的问题的。

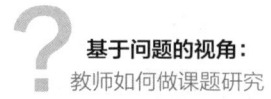

基于问题的视角：
教师如何做课题研究

1. 从教育教学的困境中发现问题

每个教师在长期的教育教学实践中都会遇到各种困惑，如：

①教师的预设与教学实际效果之间的差距

例如有一位教师上小学数学《交换律》一课后的感想：

> 整堂课，我很想体现学生立场。但是我对展示环节的呈现方式是否合理还是有些把不准。拿到课前探究作业的30多张照片，我有点发蒙：我还需要教什么？什么是交换律？为什么存在交换律？这些重点、难点在30多份孩子的作品中几乎都有涉及。教学过程中，尽管已经进行了课件呈现（视）和小作者解读自己的作业（听），但那种安静还是带给我一种"恐慌"。这种"恐慌"还带到了课后，我似乎心有余悸——学生立场不会错，可我上了一节完全异类的"交换律"，没有"大量举例、反例证明"，没有"应用练习"，静悄悄……

课前预设与教学实际效果出现了差距，于是问题就出现了：如何针对学情设计教学？在具体教学过程中又应该如何处理预设与生成的关系？

②教育教学情境中师生在目标或价值取向上的冲突与对立

例如，一位高中物理教师改革课堂教学，把培养学生的创新精神作为重要的教学目标，所以在教学设计与实施过程中突出了挑战性，提升了教学的难度，结果导致学生功课跟不上，从而产生学业上的挫败感。

这里值得研究的问题有：如何处理好教学难度的把握与学生学习自我效能感的培养之间的关系？教学过程中如何防止学生产生习得性无助？

③教育教学中的"两难情境"

心理学上有"双趋冲突""双避冲突""趋避冲突"等，其实表达的都是两难情境。教育教学中的两难情境很多，如发展学生的个性与培养集体意识的冲突，全面发展与特长培育的冲突，尊重差异与统一要求的冲突，学生主体与教师主导的冲突，等等。

例如，某一农村小学，随着外来务工子女人数的增加，学生学习成绩的分化情况日益严重。如何缩小成绩两极分化,成为摆在每一个教师面前的问题。学校经过慎重分析,准备以数学学科为试点,进行分层教学的探索。但是问题来了:把班上的学生分几个层级?分在不同层次的学生会有怎样不同的情绪反应?家长会有意见吗?如何解决课堂教学的教学用时?……

2. 从教育改革所面临的新情况中发掘问题

随着教育改革,特别是新课程改革的深入推进,一线教师要面临很多新情况。如面对新教材教学要求的变化,如何去调整自己的教学?不同版本教材如何去优化?针对不同课型,教学如何去设计?此外,如探究学习、合作学习等学习模式如何去实施?等等。所以,教师可以从贯彻新课程理念、培养学生的创新意识等方面深入探究问题,也可以从教与学两方面或从教与学的结合点上去思考问题。

例如,《义务教育数学课程标准(2011版)》明确指出:"数学文化作为教材的组成部分,应渗透在整套教材中。"各种版本的新教材都着力落实数学文化的要求。人教版不仅在数学知识的编写中有机渗透了文化内容,还专门开辟了《你知道吗?》《生活中的数学》等栏目予以体现。《你知道吗?》栏目作为人教版小学数学教材中数学文化的载体,内容包括国内外数学家的故事、数学趣闻、数学名题、数学史料等丰富的数学阅读资料;《生活中的数学》栏目沟通了生活中的现象与相关数学知识的联系,让学生体会到数学就在我们身边,感受到数学的趣味和价值。这些栏目一般都编排在各章节的后面,与例题联系紧密,是例题的延伸和拓展。但教材对《你知道吗?》《生活中的数学》等栏目的内容如何进行有效的实施和教学,并没有详细的解答。

3. 从具体的教学过程中捕捉问题

从具体的教学过程去发现问题更加具有可能性。无论是教学目标的设定、教学内容的选择,还是教学方法的运用,以及教学程序的各个环节(复习提问、导入新课、新知识的生成、课堂结构安排及组织、媒体的运用、课堂小结、巩固练习、布置作业)等,都是教师可以进一步去发现与思考问题的地方。

例如,小学人教版《道德与法治》课程(1—2年级)是一门以儿童生活为基础,沿着儿童生活不断变化与发展的逻辑展开，促进学生良好行为习惯养成的综合性课程。它针对学生面临的重要生活事件与要解决的发展性问题，设置了相对集中的教育主题。在单元主题下，结合学生生活中的具体问题和学生心理发展规律，设计相关课题。在这个新的课程出台后，各地兴起了对《道德与法治》这门课程教学的研究热。

镜头一：

某教师在执教《开开心心上学去》一课时，面对文本中的一首儿歌《我的小书包》，领着孩子一字一句地朗读儿歌。在读正确的基础上又进行了自由练读、同桌互读、开小火车接龙读、男女生赛读等，整整20分钟，教师领着孩子反复诵读这首儿歌。这节课已然变成了语文课。

镜头二：

某教师执教《拉拉手，交朋友》一课，设置了一个游戏"找朋友"，让学生离开座位自己找朋友，孩子们就漫无目的地开始寻找，一会儿找这个，一会儿找那个，找了十分钟还要继续找。游戏结束，让孩子们介绍一下好朋友，孩子们竟然还说不出好朋友的名字……

镜头三：

某教师执教《快乐过新年》一课，教学过程简单方便：看图听老师介绍春节的来历——看图说说你是如何过春节的——看书中绘本故事《团圆》。整节课就在看看说说中结束了。

……

课堂上，教师面对新教材，努力创设一定的活动情境，也在积极运用文本中的教学素材，尽量让学生参与活动。可是面对这一系列没有目标的活动，40分钟的课让学生学之无味，让教师教之心累。这一系列的现象让教师决定从"课中操"入手去重审《道德与法治》课堂中学生参与活动的方式。

4. 从成功的教育教学经验总结中发掘、移植与拓展问题

教师在广泛阅读国内外教育理论与研究实践的优秀成果时，也能够发掘、移植各种适应我们教育教学实际的问题，进行应用与拓展研究。笔者曾经在阅读有关外国中小学教学的杂志时，看到了一篇关于儿童学业语言发展的研究论文，于是就在某一幼儿园进行了应用与拓展研究。

例如，哈佛大学教育研究院的 C.E.Snow 于 2010 年正式提出了"学业语言（Academic Language）"这一概念[1]。C.E.Snow 认为，语言是一个连续体，如果根据语气的正式性、内容的复杂性、立场的客观性来描述这个连续体，那么一端是非正式的、随意的、漫谈式的语言，另一端则是具有简洁性、精确性、客观性、权威性、逻辑性等特征的学业语言。[2] 有研究发现，学生的学业语言水平与其未来阅读、写作等方面的发展成就密切相关。学业语言掌握不好会影响儿童的学习适应力和阅读能力的发展，从而影响其学习与长远发展。

根据大班幼儿语言发展的特点，进行抽样调查，发现大班幼儿的口语发展处于高峰期，模仿能力很强。但在口语讲述时大多幼儿存在以下问题：（1）讲述过程中词不达意，语序颠倒。（2）幼儿表述或复述事物时，欠缺条理，讲不清重点。（3）在对话中，幼儿思维跳跃，提问与回答不一。这些问题的存在制约了大班幼儿讲述能力的发展，同时也影响了大班幼儿升入小学后的学习能力。

针对这一现象，我们认为不但要为幼儿创造一个良好的语言学习氛围及环境，还要让幼儿成为语言的主动学习者、建构者，为幼儿创建想说、敢说、会说的平台，更要对幼儿今后的语言学习给予前期的铺垫。要使幼儿的口头语言达到学业语言的要求，幼儿需要积累、掌握大量词汇，理解语言结构，发展语句逻辑编排等多种能力，这些能力是幼儿在日常口语表达中无法习得的，必须经过专门的训练才能逐渐掌握，这就要求教师为幼儿制定适合幼儿学业语言发展的学习策略。

---

[1] C.E.SNOW. Academic Language and the Challenge of Reading for Learning about Science [J].Science,2010,328：450-452.
[2] 卜菊梅.说明性讲述活动与幼儿学业语言发展[J].幼儿教育研究,2018（3）：18-22.

在学习教育理论或他人的科研成果时，重要的是我们要联系实际去积极思考，把已有的理论成果运用于具体的教育教学实践中，在检验、研究中通过转化、移植等去进一步发展已有成果，探索出新的途径与方法。

5. 从各级教育科研管理部门发布的"课题指南"中参考课题

各级教育科研管理部门会不定期发布研究教育热点、难点问题的重点项目（研究周期3—5年），即所谓"课题指南"。这些"课题指南"都会比较系统、全面地提出某一个时期内教育领域中需要重点关注的研究方向，因而具有很强的指导与参考意义。教师可以从实际出发，带着在教育教学实践中遇到的问题去认真阅读"课题指南"，从中选择适合自己研究的课题方向。

需要注意的是，"课题指南"往往是从大的教育研究方向上给我们提出一些选题的建议，我们需要对"课题指南"提供的课题进行分解与细化。如"课题指南"中有"基于互联网时代的儿童思想品德教育问题研究"这样的课题，假如你对这一研究方向有兴趣，或者选择了类同的研究方向，则可根据自己所教学段，把自己的研究课题具体确定为"基于互联网时代的小学低年级道德与法治教育的有效方法研究"或"基于互联网时代的初中生思想品德教育的有效策略研究"等。

第二节　问题到哪儿去
——把问题转化为研究课题

一、课题选择的基本原则

教育教学中存在的问题很多。教师要从发现的问题中，选定准备去研究的主题或范围，初步分析问题的现状与特点，了解有待解决问题的性质和内容，并初步诊断问题存在的原因，以便选择适当的研究方法，为有效地解决问题奠定研究的基础。

一般来说，待研究课题的选择要遵循以下四个原则。

1. 应用性

应用性即所选择的研究主题要对教育，特别是对课堂教学的改进有直接的应用价值，问题解决会对教育产生一定的贡献。如研究主题"××区技工学校教育质量年报编写策略的探索"，其应用性就值得考虑，因为即便研究出好的策略，对教师来说，其研究的价值也不大。而下面这个例子，其选题的应用性就体现得比较好：

> 看图讲述是幼儿园语言教学活动的一个重要形式，但由于诸方面因素的影响，传统的看图讲述教学存在一些问题和弊端，严重影响幼儿的发展。传统的看图讲述教学，常常会为孩子定下一个提问模式："请小朋友仔细看看，图片上是什么时间？在什么地方？有谁？他们在干什么？发生了一件什么事？"教学程序也有一个固定模式：教师出示图片，根据图片设计问题；教师示范讲或请能力较强的幼儿讲，或由全班幼儿跟着教师一起讲；最后概括图片内容并起名称。幼儿的思维被教师的问题框死了，幼儿被教师牵着走，教师成了活动的引领者、灌输者，幼儿成了被动的学讲者、消极的记忆者。据此，试图在看图主题讲述教学中进行一系列的改革与探索，就有着十分重要的教学意义。

2. 创新性

创新性是指所选的研究课题要具有新颖性，是前人没有解决或没有完全解决的问题。研究选题的创新性还表现为研究者在教育教学理念上的创新、观点与设计方面的创新，以及解决问题方法上的创新。

例如，奉化区高级中学美术组竺莉萍老师于2009年从国外引入刮版画艺术，开始进行微型刮版画创作与教学的研究。因为微型刮版画相对传统普高美术教育中的素描、水彩画、国画等艺术种类，更具操作性，学习门槛更低，而其艺术欣赏性又丝毫不减且独具特色，成为学生想玩又玩得起来的艺术，所以它的出现给普高美术教育注入了新血液。微型刮版画因其独有的作画方式和艺术特质，极大地调动了学生的审美情趣和创作热情，促进了学生个性的健康、多元化发展，切实提升了学生的美术素养，于是学校开展了"大面积提升美术素养的高中刮版画教学研究"。

3. 科学性

科学性是指选题必须符合一定的科学理论依据，要有客观事实与现象的支持，课题研究思路的逻辑起点合理，研究边界清晰，研究的对象、条件与问题之间存在严密的逻辑关系。

例如，有一小学数学教师看到别人有一个课题"着眼于高阶思维培养的小学高段数学探究性作业的实践研究"获得广泛的赞誉，于是准备移植到低年级，也准备申请一个课题："着眼于高阶思维培养的小学低段数学探究性作业的实践研究"。这样一移植，恰恰就违反科学性的原则了。因为小学阶段，特别是低段的孩子，思维发展还属于具体形象思维发展阶段，想发展高阶思维，就有拔苗助长之嫌。

4. 可行性

可行性即所选课题应当符合教师自己研究的实际，如必须具备专业知识、研究能力、研究精力，以及完成研究所必需的时间、文献资料、研究经费等条件，以保证研究的完成。为此，教师在选题时的一个基本原则是"就小不就大"。选题如果太大、太复杂，在研究中就会出现"心有余而力不足"的情况。

例如，某一培智学校的教师选择了一个研究课题"区域内资源教室的利用现状与改进对策研究"。不是这个课题不能研究，而是这样一个研究课题由一位基层学校的一线教师来做，就会显得力不从心。如果由区教研员来做这个课题，就不存在这样的问题了。

二、问题如何转化成课题

教育教学实践中会有很多的问题。但不是每个问题都有研究的价值与必要性。所以要将研究问题转化成课题,就存在一个筛选问题并提炼成课题的操作路线与过程。

1. 思路一:问题分析,提出对策

(1)罗列研究者在教育教学工作中存在着的各种问题,从中选择一个最需要解决的问题;
(2)分析这个问题产生的原因;
(3)寻找理论依据,提出解决问题的途径与对策。

【案例】[1]

发现问题

当我第一次拿到部编版语文书时,我仅仅停留在惊讶于它的外观发生了改变,拼音不再成为小学语文的第一块砖,仅此而已。听着学校老师讨论着部编教材的编写意图,我心想着再怎么改革,只要自己认认真真备好每节课,上好每节课,再变也是一样的吧。那时的我无知无畏,还不知道这场"改变"对我的影响有多大。

但是很快,我就意识到我错了。在上第一次展示课时,我以教师范读和领读来作为指导学生识字的主要方法,听着孩子们流利的读书声,我想识字目标应该是达到了吧。可是在随后的反馈中老师们对我提出了几点问题:识字方法老式,不够新颖,课堂气氛不够活跃;教师讲授过多,学生积极性不高;识字教学与阅读教学脱离,效果不理想。问题像一把把利剑刺向我,令我哑口无言。我细细地回顾了我的每一节语文课,发现在阅读教学中,识字教学的处境十分尴尬,其和阅读彼此不融,甚至失去了自己正确的定位。在

---

[1] 2018年宁波市优秀教研论文评审材料。作者佚名。

实际教学过程中,各种"症状"层出不穷,真令人忧心忡忡……

分析原因

发现了问题,我决定不能再坐以待毙了,要重新探究一下手中的教材。这才发现部编教材的识字板块是亮点满满,而我之前竟未发现。首先编排上遵循"识写分流、多认少写"的原则,其次拓展了识字的渠道——集中识字(识字单元)、课文识字(课文单元)以及园地识字。这无不彰显着新教材对学生识字能力的重视。那么如何提高学生的识字能力、培养学生对识字的兴趣?这成了首要解决任务。

思考对策

针对目前现状,根据"失位"缘由,我觉得首先应在思想上明确识字教学融合在阅读教学中的重要性,然后结合行为实践,帮助低段阅读教学中的识字教学"复位",努力营造识字与阅读和谐相处的美好境界。

2. 思路二:现象解读,目标预测

(1)重点关注教育教学中典型事件的各种表现细节,在教育反思中产生解读兴趣;
(2)注重事实追寻,在收集解读研究信息中获取背景支持;
(3)提取关键信息,以理解解读,支持选题。

【案例】[1]

典型监测

为了清楚了解学生的知识和技能掌握情况,我编拟了相关的七道测试题,答题要求是"怎样简便怎样算"。在课前让全班39名同学利用IRS(答题器)进行回答,主要存在以下问题:

事实追寻

(一)对运算定律本质理解不到位

部分学生能进行简便运算,却不能准确说出是依据哪条运算定律。对乘

---

[1] 2018年宁波市优秀教研论文评审资料。作者佚名。

法的分配律和结合律存在一定的混淆。究其原因是对两者的本质理解不到位。例如"(4×8)×125",有一部分的学生就会写成"4×125＋8×125"进行计算,与"(4＋8)×125"混为一谈了,也就是形如"(a＋b)×c"与"(a×b)×c"未能正确区别。另外也有部分学生将乘法结合律负迁移到了乘法分配律上,如"(8＋4)×25"写成"8＋25×4"。

（二）简算意识缺乏

简算意识是指在没有要求简便计算的情况下,学生自觉自发地运用运算定律进行简便计算。比如"25×39",只有35.8%的学生想到了应用乘法分配律,把"39"看成"(40－1)",而多数的学生采用了列竖式进行计算的方法。另一方面,平时的教学中,利用乘法分配律进行简便计算时拆的数不是"加"就是"乘",而拆"减"的相对少,这也是造成学生不能运用运算定律进行简便计算的一个原因。其实,通过这一例也能反映出学生对运算定律的掌握程度将影响其简算意识的形成。

（三）缺乏对运算顺序及简算依据的整体把握能力

类似"34×4÷34×4"这样的具有一定"对称"结构的算式,学生往往会不由自主地用给除号左右两边加上小括号的方法计算,而没有从整体上去把握。这是一道乘除混合运算的题目,一般都是从左往右进行计算,如果在"÷"号后面加小括号先算的话,后面的"×"需要变为"÷",但这对学生而言又难以理解。同样,对于"5300－1450－650"这类题目,学生做的大多是后面连减的两数之和恰好是整百整千的数,所以遇到这种题目,很多学生由于思维定式想当然地直接写上"2000"了,缺乏仔细看题、检查的习惯。

目标预测

基于本班实际,我认为:通过辨析、梳理等手段进一步帮助学生理解运算定律(尤其是乘法分配律)的本质和培养对运算顺序及简算依据的整体把握能力,是本次单元复习的立足点;培养学生的简算意识,提高学生合理、灵活计算的能力,是本次复习的生长点。做好这两点,一定可以较大程度地提升学生的运算能力。

3. 思路三：观念对照，反思实践

（1）把某一教育观念与自己的教育理念、教学行为相对照，从而反思自己的教学实践，发现存在的问题与不足；

（2）把发现的问题进行提炼、归类，然后进行比较、分析、抽象等一系列思维过程，从而选择有价值的、适合自己研究的主题。

【案例】[1]

观念对照

在一次学校的教研课中，一位教师执教《太阳系》。在课前，她已布置任务给学生，让学生在课前搜集有关太阳系的一些信息，并以小组方式进行展示。然后，教师用PPT出示关于八大行星的具体数据和介绍。之后，教师出示任务：根据学到的关于八大行星的数据，用橡皮泥来制作一个太阳系模型。从课堂反馈来看，学生对于八大行星有所了解，明白什么是太阳系。但在之后"制作一个太阳系模型"的环节中，学生操作起来没有科学依据，直接根据书本图片中行星的大小来制作太阳系模型，而且兴趣不高，这导致之后的拓展环节"操场上的太阳系"没有时间进行。

实践反思

这样的教学设计培养了学生的自主探究能力，但为什么收效甚微？课后，我们进行了反思：让学生进行"太阳系交流会"后，六年级学生已对太阳系的各部分有所了解。教师再用PPT重复介绍，显得索然无味。关于"制作一个太阳系模型"，教师指导不够到位，没有利用数学思想来指导之后的任务，导致探究失败。因此这样的教学，学生的科学素养提升不够。所以，如何让数学与科学进行亲密的接触，便成了我们思考的原点。

---

[1] 2018年宁波市优秀教研论文评审资料。作者佚名。

哪些问题不能转化为课题

第二节

中小学教师进行的课题研究，其研究问题必然来自教育教学实践，所以他们的课题必然是以解决情境性、实践性问题为研究目的的。但是，这并不意味着教师在教育教学实践中遇到的所有问题都可以成为研究课题。

一、非教育科学研究领域的问题

诸如"某一历史人物的生平考证研究""某一科学实验材料使用的安全性研究"，或者如"某一幼儿游戏材料的发明"等，它们是具体的学科或制造性问题，不是教育科学问题。它们可以成为学科知识研究的课题，但不能成为教育科学的研究课题。

二、已经被公认解决了的教育问题

如果某一个教师个体认为某方面存在问题，但是这一问题之前已经有人研究过，并有了公认的成果与结论，那么这个问题也不能成为研究课题。

比如，"重复练习与学习效果的关系如何？是不是重复次数越多学习效果越好？"这一问题，美国有位叫赖斯的研究者，早在1892年就研究了美国小学生每天花在拼写上的平均时间和他们拼写水平的资料，根据研究结果，他写成了《无益的拼写练习》一书，指出过多的重复练习是无益的。1981年，有研究者对小学生抄写生字遍数与生字记忆水平的关系进行了实验研究，发现抄写四遍和八遍的效果并无显著差异。

显然，这是一个已经基本解决的问题，不应作为课题进行重复研究。

还有一种是，某一类问题已经有深入且丰富、科学的研究成果，如情境教学与学生习作能力培养之间的关系问题，江苏的李吉林老师早就进行了卓有成效的研究，所以已经没有必要再进行研究，只要学习应用就可以。

三、不具有广泛性和普适性的问题

如果一个问题只是在一种个别或者特殊情境下才会存在的具体问题，没有广泛性与普适性，就不能成为一个研究课题。如"怎样帮助一年级（1）班××同学提高数学计算能力？"这一问题，主要是该班的数学教师应考虑解决的一项小的教学工作任务，而不是一个值得去深入研究的课题。而"小学起始年级学生的学习困难与成绩分化现象是怎样形成的？"这样的问题就存在着广泛性与普适性，具备转化为课题去研究的价值，所以可以在提出的问题的基础上提炼出"小学起始年级学生学习成绩分化的特点、成因与对策研究"这样的课题进行研究。

四、任务不明确、范围不集中的问题

一项课题研究只能解决教育科学领域中的某一个别问题。所以如果课题研究任务明确、研究内容具体，就能较容易地找到研究的切入口。相反，如果问题很笼统、空泛，指向不明，就很难形成课题。如"培养学生良好的学习习惯""开发学生的非智力因素"等就比较大而泛。遇到此类问题，教师可以将其分解成若干小问题，逐个加以解决。如"小学生学习意志力的培养研究""初中生科学学习兴趣与学习成绩的相关性研究"等。

把问题转化为课题：选题的过程

把问题转化为研究课题，有一个过程。这个过程一般是从产生研究动机开始，到明确研究的大致方向与范围，从有初步的总体研究思路，到确定研究方案，如研究目标、研究内容、研究方法等。这个过程可以概括为以下几个步骤。

一、聚焦问题，明确方向

课题研究方向确定之前，一些教师会同时对几个研究选题感兴趣，这个也想研究，那个也感觉有研究的意义，从而出现无法明确研究方向的情况。这就要根据前面所说的选题原则，选择一个最适合自己研究的课题，集中精力，深耕下去。

在明确选题方向时要慎重考虑以下三点：

1. 该选题的理论研究和实践研究的价值如何，有无继续深挖的可能性与意义；

2. 课题研究者在这个研究方向上的经验与信息积累如何，是否具备一定的研究基础；

3. 相对其他选题，这个选题是否具备各种更好的优势条件。

二、小处着手，细化分解

研究方向一旦确定，就要对研究的问题进行剖析。一个选题方向中可能同时会有很多问题需要去研究解决。比如研究"初中一年级学生的学习成绩不良问题"，这里可能既有学生心理方面的问题，如学习适应性、青春期困惑、人际关系等，又可能是学生的学习策略掌握问题，还可能是师因性问题……所以要对这些问题进行分解，从大处着眼，小处着手，选取其中一个具体问题进行深入的研究。

三、研究文献，分析背景

分析研究背景的，目的是进一步明确这一课题研究的适切性。这一环节主要是分析以下问题：

1. 通过本选题的研究，对研究者来说能够解决哪些亟待解决的理论或实践问题？
2. 国内外是否已经有人进行过相关问题的研究？如果有，则要了解已取得的成果是什么。
3. 本课题的选题与研究设计与已经或正在研究的同类课题，在研究目标，研究对象、内容、方法等方面，有什么区别？
4. 哪些已有的研究成果，如理论、内容、方法与策略等，可以为本课题提供借鉴与支持？

四、基于成效，明确目标

研究目标指的是通过本课题的研究最终希望解决的问题以及要取得的成效。就课题研究来说，选题时的研究目标应该就是结题时的研究成效。

在确定研究目标时，要把研究者本人的工作目标与课题研究目标区别开来。之所以要区别开来，是因为两者的性质与任务是不同的。前者是完成具体的教育教学任务，而后者则是探求教育教学的客观规律。但同时要认识到，这两者又是相互联系的。对一线教师来说，大多数情况下工作目标与课题研究目标是一致的，最终目的都是提高学校的教育与教学质量，促进学生核心素养的发展。

选题的常见问题与分析

一、切口过大，力不能及

教师由于研究力量、时间、精力等有限，所研究的课题建议要从大处着眼、小处着手，切口不宜过大。但是往往越是新手上路，越是喜欢往大的去做。

例如，某小学一语文教师准备研究"小学高年级语文阅读教学的设计与实施研究"这一课题。尽管课题中已经有高年级、阅读教学、设计与实施等限制性词语，但是要把整个小学语文阅读教学的设计与实施都作为研究的对象，体量还是太大。所以在与该教师充分交流与探讨的基础上，确定了把"前置预学单"的设计与实施作为研究的对象，于是课题就调整为"小学高年级语文阅读教学中前置预学单的设计与实施研究"，这样的切口就比较适宜教师开展行动研究。

二、陈述不清，对象不明

课题中的问题与变量必须明确地陈述出来，要让别人知道你想研究什么、如何研究、通过研究要达到什么样的结果等。

例如，"学生行为习惯的矫正研究"这样一个课题，就存在着陈述不清的问题：什么类型的学生？什么行为习惯需要去矫正（因为行为习惯是一个中性概念，有好的行为习惯，也有不好的行为习惯）？等等。

后来笔者仔细看了该教师的研究方案，发现研究对象是外来民工子女的不良习惯。我再与他交流，因为外来民工子女的不良习惯还是很多且很复杂，建议他再进一步缩小课题。于是，最终调整为"流动儿童不良作业习惯的矫正研究"，这样课题的指向性就明确多了。

三、内容陈旧，不够新颖

由于不会做文献研究，很多教师的选题存在着陈旧、缺乏新意的问题。把人家已经研究得非常透彻的内容拿来再做重复性研究，只能徒劳无功。如一位初中语文教师为了更好地提升初中生的语文习作能力，想到一个选题"开展情境教学，提升初中生的语文习作能力的研究"。其实关于作文情境教学，江苏的李吉林老师早就已经对此进行了深入的、系统的、有效的探索，可以说是已经穷尽了研究。所以教师只需学习应用就行，没有必要再进行研究。

例如，"小学数学魔方拓展课程开发与实践的研究"这一课题，无论是"数学魔方"还是"拓展课程开发"，这两个核心概念在小学数学教学研究中都已经不是什么新的研究内容。在交流中，笔者注意到这位教师对数学魔术也有研究心得，于是就建议他重新选择研究方向，"数学魔术与课堂教学的融合研究"这一课题就富有了研究的生命力。

四、变量不准，科学性差

课题中的问题必须旨在探索两个或多个变量之间的关系。如果课题中的变量表达不准确，就会对后续研究的科学性产生影响。

例如，"轨迹式主题活动促动幼儿深度学习发生的实践研究"这一课题中，有两个变量，一是轨迹式主题活动，二是深度学习。两个变量存在的问题是相互间没有逻辑关系，且对幼儿来说，深度学习不符合其年龄特征，因为深度学习是一种高认知、高情境、高投入的学习形式。对幼儿学习来说，具身学习更适合他们的学习品质与特点。所以，选题方向可以改为"轨迹式主题活动促进幼儿具身学习发生的实践研究"。

五、实用性小，价值不大

衡量选定课题的实用性，主要是看所选定的研究课题是否符合教育科学发展的需要，是否有利于提高教育教学质量，促进学生核心素养的全面提高。需要强调的是，选题要从当前教育发展实际情况出发，要有针对性，要选取那些有代表性的，被普遍关注、亟须解决的问题。或者说，所选择的研究课题要具有应用价值。有些选题，看似可以研究，其实是没有多大的研究价值的。

例如，"幼儿园户外游戏材料多样性的配置研究"这一选题，初看似乎也有研究的意义。其实仔细分析，一是从问题的三种状态看，中间状态缺乏足够的研究空间，就是说可以研究的未知因素不多，很多都是用基本的常识性知识就可以解决的；二是游戏材料多样性的配置，更主要的决定因素是资金的问题，而这个因素不是教师通过研究就能解决的。

第六节 课题名称的表述

把一个要研究的课题用准确的语句清晰地表述出来，这是课题研究的起点。课题名称（题目）是对内容的高度概括，它要求以最少的文字告诉读者本课题所阐述的问题，使人一目了然，同时要使人产生强烈的认同感（时代性和方向性）。课题名称的表述要力求清楚地说明课题研究的对象、内容、范围及研究变量的限定。

一、课题名称表述的基本要求

课题名称的表述要尽量符合准确性、规范性、概括性和新颖性四个要求，并尽可能表明研究对象、研究内容（问题）和研究方法三个要素。

1. 准确性

就是课题名称要与研究实际相符合，与研究的内容相一致，同时要把课题研究的问题（研究内容）、研究对象和研究方法交代清楚。例如，"创意建构活动促进幼儿想象能力发展的行动研究"这一课题名称表述是比较准确的，研究的对象与内容非常清晰。

2. 规范性

课题名称中所使用的核心概念、句型结构等力求做到规范与科学。不能用似是而非的词，也不要用口号式、文学化、结论式的表述。有一位小学教师拟研究的学科小课题是"发扬体育精神，提升运用素质——乒乓球游戏辅助排球正面双手垫球技术研究"，这一表述中存在的问题很明显，就是不规范。笔者后来帮他进行了修改："排球垫球训练中的乒乓球游戏辅助教学研究"，这样就显得规范多了。

课题名称一般适宜用陈述式句型。如："基于学习策略教学的初中生问题解决能力培养研究""大面积提升美术素养的高中微型刮版画教学研究"。

3. 概括性

课题名称表述要有概括、提炼，字数不能过长，能不要的字词尽量不要，一般不要超过22个字。如："青少年反社会型人格障碍形成与干预对策研究""中学生学习压力与心理健康水平的相关性研究"。

4. 新颖性

研究问题的切入口要新颖，研究的角度或选用的方法要适宜，力求与众不同，使人一看就能对课题留下深刻的印象，但又要恰如其分。如："高中化学复习课教学策略的实践研究"这个课题名称非常普通，不能吸引人，可以改为"高中化学可以'再认识、再发现'教学的实践研究"；同样，课题"区域推进合唱特色的实践研究"可以改为"创建区域合唱教学'集资·谐振'特色的实践研究"，这样就显得新颖别致，让人产生联想。

二、课题名称表述的注意事项

1. 课题名称末尾必须要有"研究"一词,不要出现像是经验总结式的题目。如"让科学仪器走出'深闺'的课堂尝试与总结"这一课题表述就存在这样的问题。

2. 课题名称中尽量不要出现"浅谈""初探""浅议"等教研论文题目中的词语,以免被人认为本研究有浅显之嫌。如"对话理论背景下高中语文课堂提问设计优化策略探析"这一课题表述中就可以把"探析"改成"研究"。

3. 课题名称中不要出现"如何""怎么样"等疑问句式的词语。

4. 如果需要,课题名称中可以有学段、学科等限定词,以免题目太大,课题研究范围过大、过广而难以开展研究。如"第一学段'画数学'课程的设计与实践研究"这一课题表述中,"第一学段"这个限定词就把研究对象聚焦到小学一到三年级,从而缩小了研究范围。

第七节 从基础教育国家级教学成果奖获奖课题看选题方向

2018年,教育部开展了基础教育国家级教学成果奖评审工作。这次评选遵循以下原则:一是坚持正确政治方向,全面贯彻党的教育方针,落实立德树人根本任务;二是坚持以提高人才培养质量为核心,深化教育教学改革,突出实践性和创新性;三是坚持引导优秀人才终身从教,向长期从事一线教育教学的教师倾斜;四是坚持示范引领,重在应用推广,带动提高相关领域人才培养能力。在各地、各部门推荐的1382项基础教育国家级教学成果奖候选项目中,遴选出授奖成果共452项,其中特等奖2项、一等奖50项、二等奖400项。附上获奖课题的名单(二等奖略),供教师们在选题时参考。这个参考不是为了模仿,而是为了更好地去思考什么样的选题更有研究价值!

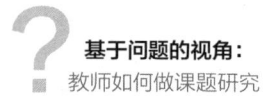

基于问题的视角：
教师如何做课题研究

2018年基础教育国家级教学成果奖获奖项目名单（二等奖略）

特等奖（2项）

序号	成果名称	成果完成者
1	走向世界的中国数学教育——义务教育阶段数学课程改革的上海经验	上海市教育委员会教学研究室
2	基于学科育人功能的课程综合化实施与评价	重庆市巴蜀小学校

一等奖（50项）

序号	成果名称	成果完成者
1	成志教育：小学立德树人的校本实践	清华大学附属小学
2	中小幼名优教师学习与发展双向互助合作模式	顾明远
3	"儿童数学教育"的实践探索	吴正宪
4	引导幼儿主动活动的环境创设与指导策略研究	朱小娟
5	北京市融合教育支持体系建设与实践创新	北京教育科学研究院
6	基于项目式学习的课程构建与实施	相红英
7	《中华优秀传统文化·博悟课程》开发与实践	北京市东城区史家胡同小学
8	创设市级统筹"三轮驱动"体制机制，构建基础教育均衡发展的"北京模式"	首都师范大学
9	基于学生自主发展导向的生涯教育实践与研究	杨文芝
10	创建基于课程标准的区域教学改进体系	罗滨
11	区域基础教育质量综合评价能力建设	辛涛
12	基于核心素养的学科能力诊断评价和教学改进系统——九学科协同研究与实践	王磊
13	思维"广场"撬动教学深度变革，实践"优势学习"的研究	上海市市西中学
14	"新优质学校"课程教学变革及支持系统	上海市教育科学研究院普通教育研究所
15	提升中小学作业设计质量的实践研究	上海市教育委员会教学研究室
16	国家课程改革背景下学校课程发展模式的建构与实践	崔允漷

续表

序号	成果名称	成果完成者
17	事实和证据视野中的课堂教学诊断	上海市洋泾中学
18	指向个性化教育支持的幼儿发展评价研究	上海市静安区安庆幼儿园
19	尊重学生个性潜能差异的学与教的变革——30年的持续跟踪研究与实践	徐红
20	研究型课程大规模实施智能支持平台研发及实施模式探索	张治
21	区域课程"社会情绪能力养成"的开发与突破	上海市静安区教育学院
22	引领学习环境重构的中小学创新实验室行动研究	竺建伟
23	服务课程改革的上海教研实践范式	上海市教育委员会教学研究室
24	面向真实世界的普通高中技术课程实施体系研究与实践	顾建军
25	重构校园生活:普通高中大美育课程体系建构	杨培明
26	江苏课程基地:整体推进普通高中育人模式转型	马斌
27	以综合的教育造就完整的儿童——"幼儿园综合课程"35年的探索与建构	南京市实验幼儿园
28	县域"特教班"融合教育运行模式的构建与实施	陆振华
29	共绘成长地图:幼儿"经历学习"的理念与实践	无锡市实验幼儿园
30	传承·创新·引领:共同体推动语文课堂教学改革探索	魏本亚
31	跨界学习,奠基大成——小学育人路径探索20年	朱爱华
32	信息技术支持初中语文单元整体教学的研究与实践	戴晓娥
33	深度构建观念与能力:化学学科育人二十年探索	倪娟
34	普通高中减灾教育现场学习课程的开发	李树民
35	"新教育实验"的教学改革实践	苏州大学
36	一个模子不适合所有学生:小学差异教学的实践研究	楼朝辉
37	基于综合视野的英语阅读教学改进行动	葛炳芳
38	乡土化、项目化、常态化:一所山村小学的综合实践活动课程	王林华

续表

序号	成果名称	成果完成者
39	省域中小学德育课程一体化的建构与实践	张志勇
40	孔孟之乡中小学传承优秀传统文化的实践探索	山东省济宁市教育科学研究院
41	小学语文课内海量阅读教学研究与实践	韩兴娥
42	共建·共享:初中整本书阅读课程区域推进的实践探索	倪岗
43	"双系统三平台"中小学心理健康教育模式的创建与实施	郑希付
44	西部农村儿童线描画特色校本课程开发与实施	重庆市北碚区复兴小学
45	"兰韵"智慧学习模式构建实践	重庆市沙坪坝区树人景瑞小学校
46	普通高中生命教育校本课程建设与实践	但汉国
47	中小学数学"情境-问题"教学30年实践探索与理论建构	吕传汉
48	藏文化特色校本课程开发与实践	西藏自治区拉萨市实验小学
49	香港学校的国民教育实践及探索	香港教育工作者联会教育机构有限公司等
50	新时代下万众创新理念落户基础教育——澳门培正中学STEAM融入正规课程之实践与推广	澳门培正中学

思考题

1. 在日常教育教学工作中,你感觉困惑的问题有哪些?这些问题有研究价值吗?

2. 如果要把其中一个问题转化为课题来研究,你想研究什么?这个课题如何命名?

3. 如果你已经有过课题研究的经历,请思考原来的课题是如何选择的?存在什么样的问题?

第二章
从"问题"到"课题":课题研究的起点

请写下你对本章的想法和建议

第三章

磨刀不误砍柴工

课题研究方案的设计

课题研究是一项周期长、有序的系统工程，充满着探索性与复杂性，所以需要制订周密的计划，确保有序、有控，以顺利完成课题研究。因此，当研究者确立了课题研究方向，明确了选题后，接下来的任务就是制订研究方案，并通过开题论证等形式正式启动研究工作。

一般来说，课题的研究方案都有基本的规范要求，大概包括以下构成要素：研究背景，研究意义，国内外研究综述，概念界定，研究目标，研究对象与方法，研究内容，研究步骤安排，研究的条件与分工，预期研究成果，等等。

第一节 研究背景的撰写

课题研究背景一般是指问题产生到形成课题的过程，如客观环境、上级的要求、自己的主观状态、已有的相关研究基础与成果等，以及研究该课题目前所具有的条件等。

在课题方案中，课题研究的背景通常以"问题的提出""研究的背景"或"研究的缘起"等作为表述语进行阐述。这部分主要说明研究课题的设想从何而来，即选题的来源和背景、依据。这是研究方案设计和研究过程的逻辑起点。

一、研究背景撰写的基本要领

研究背景一般可以从以下三个角度来考虑：

1. 在国际、国内教育教学改革的大背景下，从理论角度进行阐述；
2. 从本研究领域方面的教育教学改革趋向角度来分析思考；

3.从本校或者本课题负责人的教育教学实践经验出发,寻找与课题直接相关的角度来分析。

总体上说,研究背景主要应表述清楚本课题研究是在什么因素的促成下开展起来的。其中,对本校已有的研究基础可以分析得略为详尽一些,特别是对已经尝试过一段时间并已取得了阶段性成效的研究课题,更应该把这些情况作为研究的背景来写。同时为了让课题方案的评审者阅读方便,在书写研究背景的时候,一是要做到分层分段,要点明确,且段首最好都有个简短的中心句,二是各层意思之间要讲究逻辑的顺序,上下文的内容不交叉重复,三是在最后部分尽量能点明本课题研究的特色及亮点,而且不妨借机界定一下题目中的概念。

要点:要针对研究的核心要素写!

【案例】
"基于思维品质培养的初中英语阅读'分段式'教学模式研究"[1] 选题背景

新一轮课改提出了"核心素养"的教育理念,思维品质是核心素养的一项重要内容。思维品质指学生能辨析语言和文化中的各种现象,分类、概括信息、建构新概念;分析、推断信息的逻辑关系;正确评判各种思维观点,理性表达自己的观点,初步具备用英语进行多元思考的能力。在英语教学,尤其是阅读教学中,思维品质与语言能力的培养同等重要,都应贯穿于教学的每一堂课中,体现在每一个教学环节中。一方面,阅读的过程实质上就是思维的过程;另一方面,阅读能力的提高又能够促进思维品质的提升。

然而,笔者观察发现,当前初中英语阅读在培养学生思维品质上存在以下几个方面的不利因素:

1. 教学模式固定化

随着对阅读教学的深入研究,课堂阅读教学模式日益成熟,同时也出现了教学模式的固化。教师在具体环节的设计上,往往忽视学生的差异、阅读文本题材的差异,用固定的教学模式对不同的学生、风格迥异的阅读篇章进

---

[1] 课题负责人:宁波市奉化区实验中学李玲。

行模式化的阅读教学，既无法调动学生的阅读兴趣和积极性，也不利于培养、训练学生的思维能力，更无法促进学生思维品质循序渐进地发展。

2. 文本理解浅表化

教学过程中，教师设计的问题往往只针对阅读材料的细节，局限于对教材语言知识、表层信息的提问，忽视对作者创作意图、创作态度、文化背景等的设问；阅读教学止于浅层次理解，深入不到思想内容解读层面，使得学生失去独立思考、勇于创新的机会，更不能领悟阅读材料所蕴含的丰富的人文价值和情感，达不到思维品质的提升。

3. 活动设置形式化

很多教师不能从本质上把握课堂教学活动设置的目的与意义。为了活动而活动、为了热闹而活动、为了活跃气氛而活动的现象时有发生。有些活动完全脱离主题，与教学文本没有关联；有些活动只是事先彩排后的演出。活动的设置不基于文本学习，便无法真正输出有价值的语言信息，无法切实提升学生的综合语言运用能力。

解决这些问题的根本在于如何把思维能力的培养贯穿到初中英语阅读教学中，让学生学思并举，在学习语言知识和发展语言技能的同时发展思维能力。

分析：本课题的核心概念是"思维品质"，所以背景叙述就围绕这个概念，从几个方面来分析目前教学在培养学生思维品质上存在的不利因素，这就符合了背景说明的要求。

二、研究背景撰写的常见问题与分析

初次做课题的教师，在写研究背景时，出现的主要问题有以下几种。

1. 意义替代式

即把课题的研究意义当作了研究背景，这种情况有一定的普遍性。

【案例】

"幼儿园功能室创建和利用研究"研究背景

1. 幼儿园功能室的合理开发与利用,关注了幼儿学习与发展的整体性,最大限度地支持和满足幼儿通过直接感知、实际操作和亲身体验获取经验的需要。基于幼儿身心发展规律的功能室创建,既适合幼儿集体参与,又满足幼儿小组需求;既能发挥幼儿园功能室应有的作用,又是幼儿园课程建设横向发展与纵向推进的生动体现。

2. 幼儿园功能室创建和利用有利于推动园本课程建设,促进幼儿园可持续发展;有利于培养幼儿创新精神,促进幼儿全面发展;有利于提升幼儿教师专业水平,促进其专业成长。它与课程内容有机结合,完成相应的教学任务,不同的功能室发挥不同的教育作用,从而达到幼儿园教育的最优化。

分析:这个背景的表述内容就是把研究意义当作研究背景了,表述角度存在问题。如第一部分,如果从背景角度写,就要写出幼儿身心发展的特点与规律是幼儿要通过直接感知、实际操作和亲身体验才能获取经验,功能室的创建就为此提供了必要的物质前提;第二部分要从推动园本课程建设的"需要"角度来写,而不是从"有利于"的角度来写。

2. 愿景替代式

研究背景,自然要体现背景的因素。但是有些教师把背景写成了愿景与计划。有一位教师在"开展'走班制'分层教学让学生获得差异发展的研究实践"这一课题研究方案中,关于研究背景是这样写的:

××××年8月,×××校长担任我校校长,在新学期即将开始的一次会议上,他提出:在初一年级段开展"走班制"分层教学。第一学年,先以初一的数学、科学作为走班的两门课程,第二学年在初二年级段推出所有学科的走班,通过两学年的摸索、积累,为以后的"走班制"全面展开打下基础。

分析：可以看出，这个与其说是在写背景，倒不如说是写学校开展教学研究工作的设想与打算。在一次科研工作坊活动中，我把这个背景当作案例来讨论，给出了很多修改的建议。其中一些是：

- 介绍教育大背景，特别是发展核心素养的背景。
- 可以从浙江省教育厅发布的关于推行分层走班的文件精神进行表述。
- 从学校的实际情况（农村、城区等）、课程安排、学科情况等进行描述。
- 教师、学生的实际情况，特别是学生的需求。
- 家长、社会对于分层走班的态度和想法。

3. 理论替代式

写课题的背景，不能纯粹为了写背景而写背景，不是东抄一些西摘一点大道理来糊弄。空虚的背景，反而会让人家觉得这个课题是空穴来风。

【案例】

"基于民族文化的中学版画教学应用研究"研究背景

《义务教育美术课程标准（2011年版）》提出："美术教育要面向全体学生，激发学生学习兴趣，关注文化与生活，注重创新精神。"在大力提倡素质教育的今天，人们越来越深刻地认识到美术教育在提高与完善人的素质方面所具有的独特作用。《义务教育美术课程标准（2011年版）》打破了传统美术教学的知识框架，从全新的角度，按学习活动方式划分学习领域，加强学习活动的综合性和探索性，强调培养学生学习兴趣，强调参与合作，强调情感体验，要求我们培养学生的创新精神和实践能力，广泛利用各种课程资源和当地资源优势，开展多种形式的美术教育活动，通过美术实践活动提高学生的整体素质，使每个学生在自己原有的基础上有所发展。

分析：上述整个背景叙述中，大多数是正确的废话，没有点出之所以选择这一课题来研究的根本原因是什么，是基于什么样的考虑，是在什么样的因素下促成选择的等背景要素。

第二节 研究意义的撰写

课题方案要求写研究意义,即要重点体现出本课题研究的教育理论学术价值与教育教学实践改进价值。这部分的撰写要突出针对性,不能漫无边际地讲大道理、空喊口号,不要都写成是"能有效贯彻党和国家的教育方针政策、更好地实施素质教育、全面提高学校教育教学质量"等泛泛的意义。要突出研究观点的新颖性和重要性。

一、研究意义撰写的基本要领

1. 研究意义撰写的角度

研究意义一般从理论价值与实践价值这两个角度来写。从研究完成后可能产生的研究成效着眼,预估本课题的研究成果将为教育理论和实践起到什么样的作用。

撰写课题的研究意义,一般来说可以从以下几个角度着眼:

(1)通过研究,能形成新的教育教学理论与学说,能为教育教学实践改进提供相关的知识和经验;

(2)通过重复或包含先前研究中没有调查过的其他变量,或者应用于与先前不同的群体,提高研究的普适性;

(3)通过对某一典型个案的深入分析,加深大众对某些普遍存在问题与现象的认识与理解;

(4)通过研究,改进相关的研究方法,探索具有普适性的测量标准与测量手段,提高评价与测量工具的效度和信度;

(5)通过研究,聚焦当今社会普遍关心的教育热点问题,为教育行政决策提供

有针对性的具体评估或实施方案;

(6)本课题研究具有新颖性、独创性和探索性,开辟了一个前所未有的研究领域,具有开拓性的意义。

【案例1】
"'模拟实验法'在中学化学教学的应用研究"[1] 研究意义

本课题的研究具有重要的理论意义和实践意义,具体表现在以下几个方面。

(1)通过研究和引入运用"模拟实验法"这一新的课堂教学方式,能有效培养中学生的科学素养。中国学生核心素养明确把培养和发展学生科学精神作为核心目标,突出科学探究、科学思想方法的教育。"模拟实验法"这种新的教学方式,可以改变现在课堂教学中普遍存在的学生被动接受知识的局面,培养学生的科学精神和科学素养。

(2)研究和推广"模拟实验法",能提高广大化学教师的教学素质。在过去相当长的时间里,许多教师习惯于讲授式的教学模式,要改变这种现状,需要大力倡导教师勇于创新,研究与时代要求相符合的教学规律,尝试新的教学方式。通过"模拟实验法"的研究和实践,必然会促进教师教育理论的学习,调动教师参与教育科研的积极性,使其教学理论水平和实践能力得到全面提高。

(3)一旦本课题研究成功并得以推广,化学课堂上将出现一种充分体现探索式教学、与化学学科教学特点相适应的全新的教学方式,这对推进素质教育,培养研究型、创新型人才将产生积极的影响。

分析:第一点是从宏观分析的层面上突出课题研究的理论意义;第二点是从对教师的专业发展角度来认识研究价值;第三点是从研究的假设实现的预期上来说明。三点意义,始终围绕着"模拟实验法"这一核心概念展开。

---

[1] 2018年宁波市优秀教研论文评审材料。作者佚名。

【案例2】

"利用信息技术促进留守儿童全面发展的实证研究"[1] **研究意义**

理论意义：留守儿童教育问题是一个上位概念，它涵盖的范围远远超过教育问题，是多种矛盾与冲突的客观体现，涉及诸如社会制度、经济发展、家庭结构等一系列失调现象，属于综合性社会问题。本课题将有助于扩展研究空间，丰富和深化留守儿童教育的研究内容，为留守儿童教育问题的相关课题研究提供理论借鉴和文献参考，为后续的细化、深化研究奠定基础。

现实意义：留守儿童教育是非常现实并且迫切需要解决的社会问题。这一问题的改善与妥善解决有助于维护社会安定团结，是构建和谐社会的客观需要；有助于义务教育的均衡发展，是实现基本公共服务均等化的客观需要；有助于城乡协调发展，是我国经济、社会可持续发展的客观需要；有助于代际和谐，也是提高整体人口素质的客观需要。

分析：第一段中"有助于扩展研究空间，丰富和深化留守儿童教育……奠定基础"是研究将起到的理论作用，就是研究意义。第二段谈的是现实意义，"有助于维护社会安定团结……提高整体人口素质的客观需要"，这四个"有助于"就是本研究的研究成果将对教育实践和社会起到的现实作用。

2. 研究意义撰写的常用结构

一般地，研究意义在表达的结构上，可以出现"创新性""重要性""前沿性""可操作性"等意义，当然也要兼顾"方法上的意义"。

"创新性"与"重要性"是指研究的问题在理论上具有创新性，对理论发展具有贡献，在实践中具有重要的现实意义；

"可操作性"指具有实际操作性，预期可以在规定的期限内完成；

"方法上的意义"是指研究这个问题预期会使用到一些新的研究方法，但是新的研究方法只是对研究的补充，重要的是研究的创新性与重要性。

---

[1] 2018年宁波市优秀教研论文评审材料。作者佚名。

撰写课题研究意义与价值的常用语句表达结构有：

(1) 有助于……；

(2) 为……提供……；

(3) 对……具有……；

(4) 为……；

(5) 使……。

【案例1】
"高中地理开展学习策略教学的实践研究"研究意义

首先，学习策略教学的着眼点是实现"为迁移而教"。通过课堂上系统的教授，让学生理解并掌握有效学习的最佳策略，帮助学生形成良好的运用策略进行学习的习惯，使学生在真正意义上达成学会学习，并能实现有效的迁移。

其次，通过学习策略的掌握，能帮助学生克服学习地理的畏惧心理。地理是高中学生普遍感到难学的一门学科。地理学习策略的教学，旨在破解学生学习中的重难点，使学生领悟学习策略的本质，从而更好地掌握概念，运用地理思维解题，提高地理学习的信心。

第三，学习策略教学能提高学习的质量与效率，并使学生终身受益。如果依靠学生自发地掌握学习策略，不仅需要花费大量时间，走太多弯路，而且大部分学生难以靠自己的力量获得。因此，通过学习策略的教学，使学生在较短的时间内掌握学习策略，是此研究的意义所在。

第四，学习策略教学的研究也能促进教师对自身发展提出更高要求。学习策略教学的研究，教师是研究的主体，教师的课堂教学活动是研究的客体。而且，教师需要学习掌握当代最新的认知心理学知识，努力使自己成为学习策略的培训者、学习困难的诊断者和学习问题的咨询者。因此，通过教与研的一体化，能不断促进教师的专业成长。

【案例2】
"发展高阶思维的小学数学探究性作业的设计与应用研究"
选题意义及研究价值

根据布鲁姆认知领域的教育目标,"分析、综合、评价、创造"被称为高阶思维。具化到数学领域,就是解决问题能力、探究能力、推理能力、传意能力和构思能力,体现思维的问题性、深刻性、灵活性、批判性和独创性。而本课题研究的数学探究性作业,是小学生在探究问题引领下,基于自身知识经验、思维方式展开探究,以培养解决问题、探究、推理等数学高阶思维为着眼点,呈现整个探究过程的数学作业。

数学探究性作业的研究意义,主要体现在以下几点:

1. 高阶思维是指向于发展数学核心素养的一种重要的实现方式。通过设计呈现个性思考过程的数学探究性作业,让学生初步形成数学的思想与方法,从而有效实现数学教学的价值追求。

2. 通过开发形成发展高阶思维的数学探究性作业体系,使探究作业的设计与探究课堂的教学设计相匹配,以教学目标为依据,以教学设计为依托,使知识目标与思维目标相整合,凸显学生的思考过程与方法,更有利于促进学生高阶思维发展。

3. 以数学探究性作业成果来推进数学作业深层变革,从而使作业真正服务于目标导向的教学改革。

二、研究意义撰写的常见问题与分析

在课题研究意义的撰写中,常见的问题有以下三个。

1. 表述不清

研究意义要说明的是本课题的研究会有什么样的价值,但是一些研究者往往把课题的研究背景、核心概念的含义、特点,甚至研究的方法、途径、策略等放在一起,变成了一个"东北乱炖",让人看不出研究的意义究竟何在。

【案例】

"农村小学英语阶梯式绘本阅读的研究"研究意义

英语绘本在实际阅读过程中，能将虚拟的画面具象化，枯燥乏味的知识生动化，难懂的句子简单化，激发起学生对英语阅读的兴趣。在听的环节，纯正的发音，朗朗上口的内容，方便学生记忆与模仿；在看的环节，色彩亮丽、活泼生动的图片，利于学生猜测词义，理解故事情节；在说的环节，篇幅不大，内容简单的情境，易于学生把握。

学生需要积累阅读量。阅读量的成倍增加，有利于学生积累词汇、表达自然、培养英语思维。但绘本所包含的内容较教材所能提供的丰富得多，如果只是走马观花式地大量阅读，进行语言输入，而不注重有效地累积，就难以达到吸收知识、内化语言的目的。

分析：这个研究意义的表述存在着指向不明，没有聚焦的问题。作者是把研究背景与研究意义混淆了，而且没有针对研究的关键概念来说明。这儿的关键概念是"阶梯式绘本阅读"，应该从"阶梯式"的角度去分析说明研究的价值所在，比如"通过研究，能够探索出适合农村小学儿童英语阅读能力差异性的绘本阅读有效范式"等。

2. 意义泛化

研究意义表述的分寸不好掌握。力度一大，意义就泛化，特别是初次做课题研究的老师，往往都喜欢往大的来说，结果就会出现虚空的感觉。

【案例】

"小学语文开展生活化实践活动的策略研究"研究意义

1. 让小学生在广阔的生活时空里，在语文实践活动的海洋中去学语文、用语文，以增强对语文的学习兴趣，逐步提高学生的语文综合素养，提高语文实践能力和终身的语文学习能力，最终提高语文实践活动的质量；

2. 提高小学语文教师素质，使教师的理论水平、业务能力和职业技能都上一个新的台阶。

分析：仅仅从大的研究意义定位的角度看，这两点作为本课题研究的价值并无不可，只是有点儿远了，把研究结果的可能价值作为开展研究的现实意义表述，失去了明确的方向与焦点。试想一下，就一个课题而言，要在学生和语文教师两方面达到如此远大宽泛的目标，如小学生要达到"提高语文实践能力和终身的语文学习能力"，语文教师则要"理论水平、业务能力和职业技能都上一个新的台阶"，这就显得太远、太虚泛了。

3. 不会聚焦

研究意义的表述不能"隔靴搔痒"，更不能"离题万里"，一定要聚集到课题研究的核心概念与目标上，要突出本课题研究会有什么价值，而不是对本领域的教与学有什么价值。

【案例】

"运用'概念树'推进中学生习作素材提取有效性的实践研究"研究意义

1. 习作能力是语文素养的综合体现，但仍是语文教学的重难点。
2. 习作是语文综合能力的体现，也是初中语文写作的积淀。
3. "概念树"是信息归类的一个层级结构，亦是思维转变的过程外显。

分析：这个方案的研究意义，第一、第二两点完全就是与课题没有任何关系的正确的废话，因为本课题的核心概念一是"概念树"，二是"习作素材提取"。而第三点也没有体现通过运用"概念树"来提高"习作素材提取"的有效性，从而提升学生习作能力这一核心价值。

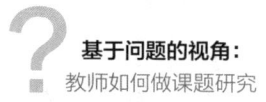

第三节 研究综述的撰写

如果说,研究背景与意义的撰写,教师还能写到大概符合规范,国内外研究综述这部分很多教师就真的不会写了。更大的问题是,研究者对这部分还存在一个不重视的态度,认为其无关紧要。然而,对一个研究方案来说,研究综述特别重要。教师做研究,必定是要站在前人的肩膀上,通过研究综述,我们才可以一下子站在该研究领域的最前沿。就笔者个人的研究与科研管理经验而言,一个研究方案的文献综述是规范、详细、准确的,其研究方案肯定是完善、科学的。

一、研究综述撰写的基本要求

研究综述是课题研究者在广泛阅读、分析与课题相关的文献资料的基础之上,对该主题进行充分的研究,特别是对该主题在国内外的研究现状、研究进展、研究内容取得了哪些研究成果、还有哪些研究不足等方面进行一个比较系统的分析和梳理。研究综述不是对各种已有的研究成果进行简单的罗列,而是要用研究者自己的语言来阐述相关值得思考的问题,要提出自己的评论与观点,要分析之前研究还存在的问题,以便为接下来确定研究目标与研究内容等提供一定参考和借鉴。

撰写研究综述的基本要求有以下几点。

1. 形式规范,语言简练

研究综述是课题研究者在对文献资料进行选择、分类、比较、分析和综合的基础上,用自己的语言对某一问题的研究状况进行综合叙述。在论述中要注意表达的形式要规范,语言运用要简练。一般而论,综述是直接用研究者的人名开始,在人名后面用括号标明这一研究的时期。如：胡文娜(2018)从理论和实证角度详细阐述了基于思维品质培养的初中英语阅读教学中的问题链设计。

2. 内容全面，条理清楚

研究综述的目的是反映本研究课题在当下已经有的新理论、新动态、新方法和新成果。所以研究综述的内容要力求全面，包括课题研究的历史、现状、基本内容，研究方法的分析，已解决的问题和尚存的问题，这样不但可以使研究者确定研究方向，而且便于他人了解该课题研究的起点和切入点，是否在他人研究的基础上有所创新。因此，笔者认为一个课题研究的文献资料不能少于20篇，最好能有几篇是国外的相关文献。

3. 观点准确，分析透彻

所谓综述的"综"即综合，综合某一研究领域在一定时期内的研究概况；"述"更多的并不是叙述，而是评述，即要有作者自己的独特见解。要注重分析研究，善于发现问题，突出自己的选题在当前研究中的优势、特点与可能的突破点。

研究综述中要有准确的分析，观点与结论要力求精确到位，能真实地把握他人的研究现状与成果，并点明已有研究中存在的不同意见和有待解决的问题，提出自己对该课题的研究思考。要注意的是，研究综述不是对已有文献的重复罗列和一般性介绍，而应是对已有研究的优点、不足和贡献的批判性分析与评论。所以要摈弃偏见，也可以适当引用与本课题研究观点相悖的一些观点。

【案例】
"基于思维品质培养的初中英语阅读'分段式'教学模式研究"研究综述

通过CNKI数据库对思维品质、初中英语阅读教学分别进行检索，整理文献发现：目前国内对初中英语阅读教学的研究很多，对中学生思维品质培养方面的研究相对较少，大多是对高中学生思维品质提升的研究，而基于初中学生思维品质培养的初中英语阅读教学的研究起步较晚，发展也比较缓慢,到 2018 年为止相关的文献寥寥无几。

自英语学科核心素养提出之后,思维品质作为核心素养的一个维度,引起了越来越多研究者的兴趣。鲁子问(2016)认为,合理运用教材,有效开展促进学生思维品质发展的活动,可以全面促进学生思维品质发展,为英语教育促进思维品质发展的内涵提供理论依据。王崴然,林秋玲(2017)指出:中学生思维发展尚处在发展期,思维品质在很多方面还存在缺陷,而这些缺陷对英语阅读会造成很大的障碍。因此,教师需要调查初中生在阅读中存在哪些思维缺陷,分析其背后的成因,精心设计培养学生思维品质的教学策略,让学生在英语学习的过程中获得思维能力的发展和提高。

胡文娜(2018)从理论和实证角度详细阐述了基于思维品质培养的初中英语阅读教学中的问题链设计,概述问题链的含义及类型,从层次性、开放性、整体性等三个方面分析设计问题链应遵循的原则,探究如何在英语阅读教学中设计恰当的问题链,提升初中生的思维品质。周巧玲(2017)、陈惠桃(2017)认为,在英语阅读教学中,教师以思维导图为媒介,让学生自主绘制思维导图,创造性、个性化地解读文本,有利于提升学生的思维品质。谢慧欣(2018)从阅读教学的角度入手,对着重提高学生独立性、灵活性、深刻性、敏捷性、独创性、批判性六点英语思维品质,结合阅读策略的教授和问题设置的引导,进行了探究,为英语阅读教学培养学生思维品质提供了更多的参考。

这些研究虽各有不同,但都有一个共同点,即认为阅读的过程是语言和思维相互作用的过程,要改变目前中学生英语阅读的"思维缺席症",关键是在阅读教学中培养学生的英语思维品质。英语课程作为承担培养学生基本英语素养和发展学生思维能力重要任务的基础学科,提高思维品质的培养策略研究在其中具有十分重大的意义。

分析:这个研究综述,参考文献是以国内的资料为主,其主要原因是英语教学作为第二语言的教学内容,国际研究的中文资料很少。而它在写作的规范上是比较符合要求的:有观点,有分析,有对比,有总结。

二、研究综述撰写的常见问题与分析

1. 目标不清,离题泛化

写研究综述的本质是"做侦查",即要知道对于本课题研究,他人已经做到了什么程度,离目的还有多少距离,我需要做些什么?可惜很多研究综述只是为了综述而综述,方向不明,目的不清,达不到综述应该有的作用。

【案例】 "基于企业需求侧为核心的实训基地运行管理模式探究"研究综述

在德国,这种实训基地被称为跨企业培训中心,对于其成熟的双元制体系,实训基地建设多以企业为基础,主要注重培训对象的能力培养,并建立了协调教学和企业资源的网状优化结构。在新加坡,职业技术教育是将企业环境引入实际教学,被称为教学工厂,但其理念仍然是以教学为本位,教学中注重以项目为中心,和现在国内的项目教学法类似。在项目中,尽量模仿企业环境,构建企业文化,并重视教师培养。

我国实训基地的发展目前呈现出以学校为主体、政府投资建设和企业自建的基地三种情况。其中,企业自建的实训基地多为本企业员工培训,与教育结合的案例还很少;政府投资建设的公用实训基地,最为典型的是上海公共实训基地,这个基地完全由政府出资建设,并由政府委托管理,具有示范性和公益性;以学校为主体的学校型实训基地,在教育领域中更普遍也更容易实现,其中包括由政府依托某个在行业内具有特色的学校建设,或者在高校相对集中的地区,由几个学校联合建设。

分析:就这一研究综述而言,与其说是做文献研究,倒不如说在做现状分析。无论是第一小段的国外研究还是第二小段的国内研究,都看不到任何文献的痕迹。此外,作为教师去研究管理模式,也应该是内部微观的管理,但是这儿基本上都在讲宏观管理。而且,这个课题的研究对象是智力障碍少年(课题研究单位是一所特殊学校),而研究综述没有涉及相关的研究资料。所以,这样的研究综述,对课题研究接下来做什么、如何做,没有多大的意义与参考价值。

2. 追溯过远,结构单薄

所有的文献资料都是过去时。那么我们在做文献研究时,从什么时候开始研究,就成了一个选择性问题。有些教师盲目地查阅,不知道如何去检索,所以在研究综述中出现上下跨度很大的研究历史。有些研究综述东拉西扯,没有层次,没有分述。更有研究综述文献单一,没有综述的成分。比如下面两例。

【案例1】
"初中英语阅读教学中'前置预学单'的设计与实施"研究综述

《礼记·中庸》:"凡事预则立,不预则废。"预习是课前的前奏,有效的预习能为课堂学习做好充分准备。王蕾亦在《践行预学单,邂逅预约的精彩》一文中指出:"设置合理而高效的预学单可以推动学生的自主学习。教师在具体教学中应做到:依循认知规律,运用预学单关注学生起点;开掘教材价值,运用预学单关注文体特征;凸显课程本质,运用预学单关注言语表达。"因此,编制适宜的预学单已成为课堂教学的第一环节,它关系到课堂教学的针对性和实效性,它是沟通"学"与"教"的桥梁。

分析:这个研究综述的问题,一是追溯到春秋战国,把《礼记·中庸》作为一个文献来进行研究,显然是有点勉强;二是文献构成很单一,只是对一篇文献进行分析,"综述"二字的特点没有体现出来。实际上,关于预学单的研究文献是很多的,这里反映出作者对文献研究缺乏一定的知识与能力。

【案例2】
"提升低年级计算速度及正确率的实践研究"研究综述

我国的小学数学教学历来重视计算教学,新课标更是将运算能力纳入了数学十大核心素养之一。在新课改推进过程中,许多一线教师也感受到了学生计算能力的不足,并对此进行了针对性研究,如:张春宇在《小学数学教学中如何提高小学生的计算能力》中提到了如何在课堂教学中设计有效的教学活动,帮助学生提高计算能力;谢晓丹《如何提高小学生计算能力》和米玉云《小学生计算能力的现状与对策》中都讲到了培养小学生计算能力的策略,对小学生计算能力的提高进行了实践研究。

分析:这个研究综述列举了三个材料,但都只是点了一下作者的名字与研究题目,没有观点,没有分析与总结。

3. 简单复制,缺乏分析

很多教师没有掌握研究综述的写作要领,仅仅是把原作者的观点简单复制粘贴一下,没有任何的整理,也没有归纳,更没有分析与总结。

【案例】

"性无长幼 育有深浅——3~6岁幼儿家庭性教育形式初探"研究综述

著名的英国心理学家霭理士曾在他的著作《性心理学》中写道:"在婴儿出生不久,生殖器官感受性刺激的自然倾向已经有一个基本的变异的范围。在初生的婴儿,这一部分也往往感觉到刺激……这是很寻常的事。"弗洛伊德也曾说,就人体来说,他的性生活早在幼儿期就开始了,而不是从成熟期开始。

分析:除了结构简单这一问题之外,这个研究综述完全就是把两个文献的一句话,一个观点,剪辑复制了一下,对于幼儿性教育的研究现状与发展历史,有哪些比较科学、成熟的研究成果与经验,没有任何的"综述"。所以,这是一个很不成熟的研究综述。

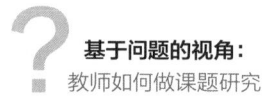

研究目标的确定

第四节

教师在进行教学设计时，明确教学目标是最重要的。同样，确定研究目标是开展课题研究中最重要的，它是课题研究的灵魂。没有好的目标，课题研究便难以科学深入。

一、研究目标撰写的构成要素

课题的研究目标是课题实施所要达到的预期结果。其构成要素主要包括理论性目标和实践性目标。

1. 理论性目标

理论性目标是指对现有理论的填补、完善、拓展、突破，以创设新的理论体系。对教师的研究来说，理论性目标比较高远，很多教师认为自己没有这个高度，所以一般很少敢将理论性目标当成自己的研究目标来写。其实，教师也是可以有理论方面的完善与拓展的。

【案例】
"从模式推动到要素推进：初中'自主合作课堂'的研究与实践"[1] 研究目标

1. 开展自主课堂的研究与实践，以落实学生的主体地位为宗旨，以构建"学为中心"的新型教学结构为着力点，培养学生的自主能力和实践创新能

---

[1] 本课题获基教类 2014 年国家级教学成果奖二等奖。课题负责人：宁波国家高新区外国语学校、宁波万里国际学校校长林良富。

力,逐步形成自主发展的人格。

2. 突破思维惯性,坚持"关怀生命、整体优化、和谐关系、动力内化"的方针,从改进课堂做起,建立教学模式,优化教学要素,双轮驱动,探索实现自主课堂,从而推进自主课堂改革。

……

分析:这个课题研究目标中的前面两点,实际上就是理论性目标。因为在研究的当时,初中的课堂结构与模式仍是以教师为主、以讲授为主的传统模式。所以该课题提出了新的初中课堂教学模式,指向形成自主发展的人格为课题目标,是适宜与合理的。

2. 实践性目标

实践性目标是教师进行课题研究的最基本也最主要的目标。基于问题的视角进行课题研究,就是为了改进现有的问题,提升教育教学实践效果。

实践性目标,又可以分为以下三种:

(1)发展性目标,即从育人目标的达成出发来设定课题研究目标。大概有以下几类:

● 学校发展目标。如校园文化,教育管理,师资建设等;

● 教学改革发展目标。如课程建设,教学方法,策略体系等;

● 学生发展目标。如情感培养,知识获得,能力培养,核心素养发展等;

● 教师发展目标。如教学设计能力,课堂组织能力,执教水平,命题能力,研究能力等。

(2)工艺性目标,即形成可具体操作的模式,包括教育教学的基本策略、步骤、方法、途径、措施等。

(3)产品性目标,即通过课题研究最终能产生物化的成果,如课程、教材、音像制品、教具、作品集等。

【案例】

"发展高阶思维的小学数学探究性作业的设计与应用研究"研究目标

1. 厘清中、高不同年级段学生数学高阶思维的发展目标和表征方式，从而开发出发展高阶思维的探究性数学作业体系。结合教材知识特点、学生思维发展水平等，确定数学探究作业的类型与层次，最终设计形成一套涵盖不同年级知识点的小学探究性数学作业册，从而为培养小学生的高阶思维提供有效的教学载体。

2. 突破原有的数学作业模式，从而有力推动数学作业模式的深度变革。通过形成具有丰富性、层次性、趣味性、挑战性的作业体系，有效激发学生的作业兴趣，形成良好的作业习惯，并增强教学的效度，大幅提高学生的数学成绩。

3. 提升学生的高阶思维水平，并由数学探究能力发展向其他学科探究能力迁移。使学生在探究作业完成过程中，不断淬炼自身的思维过程，经历知识探索过程，促成数学思维方法的掌握，从而增强学生的综合学科素养，发展良好的个性品质，促进学生的全面发展。

分析：上面这个例子，比较好地在课题研究理论性与实践性两个方面进行了目标的确定，明确、准确、操作性强。

二、研究目标撰写的常见问题与分析

从教师撰写的课题方案来看，教师在研究目标撰写方面主要存在以下一些问题。

1. 目标泛化，大而空洞

目标泛化表明课题研究承袭了过多的目的。打个比方，这类课题研究属于高科技性质的集束炸弹，力图全面开花并一网打尽，心愿很好，但往往力不从心，也不合乎教育科学的研究规律。真正的教育科研往往目标聚焦，集中力量"打歼灭战"。如果目标过于发散、庞杂，就会出现目标泛化，大而空洞的现象。

【案例】
"基于探究性学习的小学生超常教育研究"研究目标

（1）通过本课题的研究，真正落实国家的教育方针与政策，进一步推动我校教学改革的深入发展。

（2）通过本课题的研究，将探究性学习深入到超常教育之中，将学生的全面发展与学生的特长教育相结合，将教育理论学习和教育教学实践相结合，探索探究性学习与超常教育相结合的有效途径，归纳在探究性学习中进行超常教育的科学方法，建立促进超常学生成长与发展的教育模式。

（3）通过本课题的研究，推动我校的校本教研工作再上新台阶，进一步提高教育教学的研究水平，编写出适合超常儿童使用的探究性学习系列校本教材。

（4）通过课题的研究，加强教师队伍建设，培养擅长在探究性学习中进行超常教育的高素质教师队伍，促进青年教师脱颖而出。

分析：这个课题的选题倒是不错，有很好的研究价值。但是一般来说，课题的研究时间只有一到两年。这个研究目标的设定，不仅涉及学校教学改革，还涉及育人模式改革，不仅涉及校本教材的编写，还涉及教师队伍的建设。要达到的目的非常之多，如要进一步推动"教学改革的深入发展""探索探究性学习与超常教育相结合的有效途径，归纳在探究性学习中进行超常教育的科学方法，建立促进超常学生成长与发展的教育模式"，还有校本教材的编写、高素质教师队伍的培养，等等。研究时间较短，下面基层学校的研究力量可能也不会很强大，要通过本课题的研究完全实现这个宏大的目标，可以说是不可能的。

2. 偏离主题，目标混淆

在确定研究目标时，一些课题研究者经常表现出无法明确本课题的研究想达到的最终结果是什么，所以在撰写目标时，会不同程度地偏离主题，并且在表述时缺乏层次与条理，东写一点，西写一点，前后之间没有逻辑关系，针对性不强。

【案例1】

"促进农村教师专业化发展的校本培训模式研究"研究目标

1. 通过研究,探索教师专业化发展的共同特征与普遍规律;
2. 通过研究,揭示终身学习是提升教师专业发展的必然趋势;
3. 通过研究,探索促进教师专业化发展的校本培训策略;
……

分析:这个课题就题目而言,题眼是很明显的,就是想研究"校本培训模式",所以该课题研究目标不需要泛化到"共同特征与普遍规律""终身学习"等概念上。这个课题的研究目标,简单讲就是两个问题:一个是教师专业化发展校本培训,理论上有什么问题需要展示并澄清一下;另一个是实践上怎么做,怎么做更好,需要揭示并证明一下。如果不属于揭示、发现性质的,就是借鉴并尝试一下,探究一下尝试效果。这当然可以从诊断本校教师队伍专业化发展的情况入手,并针对本校的实际情况进行校本培训,只要不绕开"校本培训模式"这个题眼来进行。但是这儿提出的第三个目标是"校本培训策略",显然是把研究的工作目标当成研究的目标了,即策略研究为模式研究服务。

【案例2】

"基于多元智能理论的小学语文漫画习作教学策略探究"研究目标

本课题的研究目的是以漫画为载体,激发学生的兴趣,通过学生对漫画的阐述来了解学生的智能,通过将具有不同智能的学生进行组合,采取头脑风暴的方式来提高他们的口语表达能力和书面表达能力。

分析:这个课题的核心概念之一是"习作教学策略",所以目标中"通过学生对漫画的阐述来了解学生的智能"属于偏离主题了。同时,"通过将具有不同智能的学生进行组合,采取头脑风暴的方式来提高他们的口语表达能力和书面表达能力"这一目标表述中,与课题核心概念相关的只有"头脑风暴的方式"这一条,但也仅仅是从方法上讲,而不是课题要研究的教学策略。

3. "目中无生",无法落实

前面讲的发展性目标就是要求我们在确定目标时,一定要紧紧围绕着我们的研究对象——学生。但是有些研究目标就存在着"目(标)中无(学)生"的情况。看下例:

【案例】

"幼儿生成性主题游戏活动的实践与探索"研究目标

1. 通过开展本课题研究,探索幼儿游戏活动中生成性主题内容投放的有效策略,形成区域游戏与主题教学活动相结合的活动模式,并建构适合中班幼儿的游戏课程。

2. 通过主题研究,帮助教师全面认识生成性主题教学在幼儿区域活动中的价值,提升教师课程执行力与区域活动指导策略。

分析:目标的第一点是指向工艺性目标的,如探索策略、形成模式、构建课程等,第二点是指向教师发展的,这样恰恰把课题研究中最重要的学生发展目标忽略了。

总之,在课题研究目标设计上经常出现的问题,通俗地讲,就是不会"大题小做",收缩目标。究其原因,主要是人性上的弱点。研究者往往对研究前景和意义过于向往与憧憬,对自身的研究能力过于自信,对研究过程中可能会遇到的困难预想得太少,以至于贪多求全。这个毛病是研究者常犯的,尤其是心高气盛又眼高手低的研究新手。因此,面对一些很大的选题,一定要想方设法"大题小做",抓住几个重点或关键点,做小再做小,做细再做细。

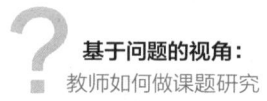

第五节 研究对象的设定

任何一项研究,都有具体的研究对象。这些对象可以是人,是物,也可以是文献记载或其他文字资料等,数量可以是一个、几个,也可以是无数个。在教育研究中,研究对象通常是人,如:学生、教师(可以是个体,也可以是某一群体,如年轻教师、名优教师等)、学科组、家长等,有时候也可以是班级、学校、教研组、年级组等各类教育教学组织。

一、研究对象与研究内容的区别

在撰写课题申报书或课题开题报告时,通常要确定课题的研究对象,明确课题的研究内容,但是,在理解课题研究对象和课题研究内容时,很多研究者无法正确区分研究对象与研究内容之间的不同。

教育科学中的研究对象是指特定社会现象发生和发展范围中的任何个体、群体与社会单位,而研究内容是指特定的社会现象及其本质和规律。所以我们可以通俗地理解为:研究对象是指某类个体、群体或组织,而研究内容则是指产生在该类个体、群体或组织中的问题与现象。可见,研究对象和研究内容是紧密联系但又有区别的,研究内容是产生在研究对象中的具体问题与现象,研究对象所存在的问题与现象就是课题的研究内容。

比如某区教育局正在研究的一个课题名称叫"城市化进程中区域推进教育现代化的研究——以××区为例",这里面研究对象就是××区,要研究的内容就是推进教育现代化问题。

二、确定研究对象的要素

科学合理地选择研究对象是课题研究方案设计的主要内容之一,它不仅与研究目标、研究内容的确定密切相关,而且还直接关系到研究资料的收集、整理与分析,同时还涉及整个研究的费用以及应用范围。

研究对象的确定,要考虑以下因素。

1. 课题名称中对象的明确性

许多教师都有一个疑惑:在研究方案中,一定要写研究对象吗?笔者的观点是,可以根据课题名称中对象的明确与否来决定是不是要写研究对象。如果课题名称中对所要研究的对象有明确的表述,就可以不再写研究对象。如课题"现代信息技术支持下的中学生数学实践创新能力培养研究与实践"中,研究对象非常明确,就是中学生,所以在研究方案中就没有必要再另外说明了。

相反,如果课题名称没有明确,会让人看后感觉对象不是十分清楚,那么就要专门说明。如"开展'走班制'分层教学让学生获得差异发展的研究实践"这一课题中,研究对象写了"学生",没有表明是哪一个学段的学生,是小学生,初中生,还是高中生?是全体学生参与走班,还是只有某一部分的学生?等等。这样的话,在研究方案中还是需要将研究对象特别表述出来。

2. 课题研究方法的差异性

课题研究会有很多研究方法,不同的研究方法,它的研究对象是有差异性的。如果是调查研究,就要明确调查的对象;如果是观察研究,就要清楚观察的对象;如果是实验研究,就要明确实验的对象与对照的对象,等等。

在运用不同的研究方法时要明确不同的研究对象,是因为涉及一个抽样研究的问题。抽样就是从一个总体中抽取某部分具有代表性的个体作为样本,然后用这一样本的结果去推断总体。抽样的作用是为了合理地减少研究对象,这样既可以节约人力、物力、时间,又可使研究力量相对集中,使研究工作深入、细致,从而提高研究的准确性和可靠性。

一般来说，如果研究对象仅仅是个别人或少数人，比如中小学教师开展的与本学科有关的德育小课题、教学小课题等研究，通常就不存在抽样问题，因为研究对象的总体差不多就是研究的直接对象，即教师所教班的学生。但是一些省级、国家级或较大规划课题的研究对象总体比较大，这时候要将课题研究涉及的所有对象都拿来进行研究往往是难做到的，而且也没有必要这样做，因此需要运用某种科学的方法来选择部分的研究对象，这样的程序和方法，用一个专业术语表示就是"抽样"（详见第五章）。

【案例】
"家庭教育与小学生数学能力发展的相关研究"研究对象

1. ××市实验小学三年级三班和六年级五班共97名学生作为研究对象。
2. 以上97名学生的父亲和母亲分别作为被调查对象。

三、研究对象撰写的常见问题与分析

尽管很多研究方案并没有"研究对象"这一块内容，但是从有相关表述的研究方案中可以看到，研究对象这一部分的撰写主要存在两个问题：一是对象不明确，归结狭隘；二是对象不周延，有所遗漏。

1. 对象不明确，归结狭隘

如在"幼儿家庭性教育现状与教育对策的调查研究"这一课题中，对研究对象是这样表述的："确定将本园部分大班幼儿作为本课题调查研究的对象。"这里的问题就是"本园部分大班幼儿"界定不明确，到底是多少个班级，多少名幼儿是调查研究的对象？此外，既然是家庭性教育研究，那么家长是不是也应该归结为调查的对象？还有，幼儿园在幼儿的性教育中应该担负什么样的教育责任？是不是也要主动纳入到研究对象中？

另一课题"利用阶梯式绘本促进初中生英语口语能力发展的实践研究"对研究对象则是这样说明的："我们将以2018年入学的初一学生为研究对象，选取一个班为实验班,再选取另一个班为对照班。"问题同样是对象不明确。今年共有多少初一学生入学,即总体是多少?实验班与对照班都取样为一个班,样本数是多少?分别是哪个班?等等。这些信息都必须明确。

2. 对象不周延,有所遗漏

逻辑学上有概念外延需要周延这一规定性。确定研究对象时同样有这样的要求。一些课题在设定研究对象时,没有从构成课题核心主题词的主要因素来考虑,就会出现"对象不周延,有所遗漏"的问题。

例如,有个课题是"以小学《道德与法治》优秀课堂案例的研究为载体,促进教师专业发展",其所设定的研究对象是"以本区历届基本功大赛的教学案例、研究课及本校教师录制的课例为研究重点,以区域外优秀课例、案例研究为辅。"这个研究对象的设定就是不周延,还遗漏了重要的研究对象。这个课题研究的目的很清楚,就是"促进教师专业发展",所以本校教师及其专业发展情况一定要纳入这个课题的研究视野中来,不然研究就缺乏明确的针对性了。这种不周延可能会阻碍课题研究实现其应有的目标。

第六节 研究方法的选择

要开展一个课题研究,选择科学、适合的研究方法是必要的。课题研究方法是指在课题研究中发现教育教学的新现象、新事物,或提出新理论、新观点,揭示教育教学内在规律的工具和手段。

一、课题研究的基本方法

由于人们认识教育问题的角度不同,所要研究的对象具有复杂性,而且研究方法本身就处于一个不断相互影响、相互结合、相互转化的动态发展过程中,所以对于研究方法的分类,目前很难有一个完全统一的认识。一般而言,课题研究方法包括文献研究法、调查法、观察法、实验法、测验法、行动研究法、个案研究法,等等(详见第五章、第六章)。

【案例】
"发展高阶思维的小学数学探究性作业的设计与应用研究"研究方法

本研究主要采用的方法有文献研究法、行动研究法、作品分析法和访谈法。

1. 文献研究法。主要分析国内外关于作业研究的现状,同时系统查阅各种类型的数学作业,梳理小学三到六年级数学作业基本知识体系,为本研究的开展提供坚实的基础和研究思路上的启发。

2. 行动研究法。在课堂教学活动中实践应用探究性作业的设计,并通过观察、访谈,对获得的信息进行整理、对比、分析、改进。

3. 作品分析法。通过对学生的探究性作业与试卷进行批改分析,从而发现问题,提出改进的策略,并从中发现学生的分析、判断、推理等思维品质。

4. 访谈法。通过对学生和家长分别进行访谈,了解他们各自对探究性数学作业的态度和看法,为研究的改进提供第三方依据。

二、研究方法选择的常见问题与分析

在课题研究方案撰写中,这部分是属于相对比较简单、容易对付的。但是从实际情况看,也有一些教师因为不认真,或者不得法,在研究方法的具体选择与表述上存在一些普遍性的问题。

1. 表述随意，胡乱归类

研究方法属于哲学与科学论的范畴，它的概念与表达应该做到准确、严谨、科学。但是有些教师在课题方案的这部分中是随意乱填的，而且还会自创方法，胡乱套用。

例如，课题"通过自制教学器材促进小学体育投掷教学效果的实践研究"中，研究者提出"主要采用的方法有文献调研法、实践分析法、访谈总结法"。

这三种方法的称谓都是不准确与不规范的。有文献法，但是没有文献调研法；有作品分析法，但是没有实践分析法；有访谈法，但是没有访谈总结法。对研究方法的表述，一定要准确、科学、规范。

又例如，某一德育课题的研究方法是这样写的："本课题采用实验研究法。根据研究内容，提出假设预想和实验研究预想，以研究目标为导向，根据德育活动的开展情况和具体效果，采取学生及教师集体交流、调查问卷、个别访谈等，不断改进研究方法，完善实验研究过程，保证实验研究工作不断深入发展，实现实验和研究目标。"

这儿就属于胡乱归类，把集体交流、调查问卷、个别访谈等统统称为实验研究法，说明研究者对实验研究法没有理解，更谈不上科学运用了。

2. 方法虚设，过程替代

很多教师认为一个课题的研究方法多多益善，所以喜欢在课题方案中把研究方法列出很多个来，以至于把研究中根本不会用上的方法也罗列其中。有些课题是调查研究类，却把实验法也写了进去。有些是个案研究，却写上了问卷调查法、经验总结法，等等。还有一种更让人啼笑皆非的情况是，一些研究方案把研究的过程、步骤当成了研究方法。

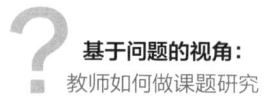

【案例】

"趣味写字,培养小学生写字兴趣"研究方法

热爱书法从娃娃抓起。在实际研究过程中,我根据一二年级学生的心理认知特点,开展了以下四步教学。

(一)看:基于"欣赏",崇尚自主。

(二)画:基于"体验",还原本真。

(三)写:基于"角色转换",写出趣味与责任。

(四)评:回归"赏",树立成就,激发羡慕感。

分析:就这一课题而言,其研究方法可以有调查法,对小学生的写字兴趣进行调查研究,了解现状;可以有行动研究法,在具体的写字教学实践中去探索、反思教学的规律,想方设法去激发学生的写字积极性;可以有作品分析法,通过学生对自己的作品的前后对比分析,提升学生的自我效能感等。但是这个研究方案中的所谓"研究方法",却是走进了误区,把教学方法与策略当成了课题的研究方法。

研究内容的分解

第七节

我们有了课题的研究目标后,就要根据研究目标来确定我们这个课题具体要研究的内容。课题研究内容部分是相当重要的,与前面的研究对象、研究方法可以简化甚至忽略不同,这部分是必须要写的。相对研究目标可以概括化来说,研究内容要写得更具体、明确,要有可操作性。

第三章
磨刀不误砍柴工：课题研究方案的设计

一、研究内容分解与细化的目的

研究目标与研究内容密切相关，但也并不就存在一一对应的关系。一个目标可能要通过几方面的研究内容来实现，而一个研究内容也有可能同时实现几个研究目标。所以一些教师在确定研究内容的时候，往往考虑得不是很具体，写出来的研究内容特别笼统、模糊，把研究的目的、意义当作研究内容，这对整个课题研究十分不利。因此，我们要学会把课题研究内容进行分解与细化，一点点地去做。

如"精准提问，提高课堂教学的有效性研究"这一课题，如果不进行分解，就会感觉研究无从下手：哪些要素与精准提问有关？如何去评价是否有效？但是如果我们把研究内容进行分解，就会有研究的切入点了：

● 问题的类型：是设计成开放式问题还是封闭式问题？
● 提问内容：一个主题需要设计多少个问题，问题的难度如何把握？
● 提问形式：是向学生个别提问，还是集体提问集体回答，或是教师自问自答？
● 提问时机：什么时候提问？
● 提问的人数：提问什么样的学生？准备提问几个学生？
● 学生的回答：他们回答问题的主动性、准确性如何？
● 教师的候答、理答：提问后，教师应该等候学生回答的时间是多长？对学生的回答，教师的反馈如何？

我们把课题研究工作的内容进行分解与细化，可以达成以下研究工作目的：

1. 能够形成关于研究内容的合理、完整的框架结构，从而使整个研究有明确的路径；

2. 可以使课题的研究内容具有操作性，特别是让初次做课题的研究者感到课题研究没有想象中难，不会无从着手，而是有方法可依，有内容可做的；

3. 便于研究工作分步、有序地组织展开，确保研究计划的落实；

4. 便于研究队伍的组织（形成分课题、子课题群），也便于落实研究任务、实行课题组长负责制；

5. 便于明确课题组成员对成果的贡献率和成果的归属。

【案例】
"基于系统化预防的小学生'积极行为支持项目'实践研究"[1] 研究内容

1. 积极行为支持的内容研究

(1) 正确引导学生的积极行为

● 设定期望行为

● 教授期望行为

● 奖励期望行为

(2) 科学干预学生的问题行为

● 初级：共同干预

● 二级：有选择干预

● 三级：必要性干预

2. 小学生积极行为的组织支持系统研究

● 学校管理团队的创建与运转

● 师生支持团队的创建与运转

● 家长支持团队的创建与运转

3. 积极行为支持的数据收集与处理系统设计研究

● 数据收集：开发网上支持系统，记录积极行为、违规行为、转到办公室事件、奖励与后果等

● 数据的分析与处理

二、研究内容表述的常见问题与分析

1. 高度概括，不会分解

课题研究对象划定了范围，课题研究内容在实际研究时，要将课题研究目标进行分解，将问题分解成若干个方面来研究，按照各个方面所需来收集信息。比如，"中学生攻击性行为研究"这一课题中，"中学生"是课题的研究对象，"攻击性

---

[1] 课题负责人：宁波市奉化龙津实验学校王剑勇。

行为"是课题的研究内容,课题研究内容不能研究所有中学生的攻击性行为,要将产生攻击性行为的中学生进行汇总分析。哪些中学生会产生攻击性行为,分类研究他们产生攻击性行为的原因,是家庭原因,还是性格原因,或是学校原因,最后进行汇总,这个课题研究才算圆满。

【案例】
"分层教学在农村数学教学中的研究与实践"研究内容

1. 对小学数学课堂教学进行分层的研究。
……

分析:这个研究内容的表述太概括化了,与课题名称一样,等于白说。而在这个课题中,"分层"是核心概念,是主要内容,所以要研究它,就要把研究内容分解为分层内容、如何分层等。调整后,研究内容分解为:

1. 教学对象的分层
2. 教学目标的分层
3. 教学过程的分层(包括备课中的分层,新授课分层,复习课分层,练习课分层等)
4. 个别辅导的分层
5. 教学测验的分层
6. 教学评价的分层

这样一分解,整个研究的脉络就清晰了,内容也明确了,研究的过程就会有条不紊地开展了。

2.过于庞杂,没有选择

前面说过,在课题研究中,我们不可能也不必要将产生同样问题的所有个体、群体或组织都作为研究的对象,所以,研究对象会存在一个选择和抽样的问题。

同理,同一个体、群体或组织会产生不同的问题,我们不可能去研究所有的问题。因此,研究内容需要进行分解和选择。经过分解、筛选并最终确定的问题与现象,才能成为课题研究者最需要去探索、分析与研究的课题具体内容。

一般来说,确定研究内容首先需要按照研究的目标将研究主题分解为若干方面,然后根据研究的目标去确定每个方面需要收集的信息。

【案例】

"农村小学小班化教育的实践研究"研究内容

1. 小班化教育的教学环境研究
2. 小班化教育的教学策略研究
3. 小班化教育的教学人员组合和教学流程管理研究
4. 小班学生学习生活常规辅导的研究
5. 小班学生学习兴趣培养的研究
6. 小班化教育中对学习困难学生辅导、教育的研究
7. 小班化教育中应用现代信息技术的研究
8. 小班化教育的教学评价方法研究

分析:这个课题研究内容之所以出现问题,除了选题的问题(切入口太大),具体研究内容上缺乏相应的选择,贪多求全,什么都要研究,什么都不想放弃。其结果就是"消化不良",或者就是蜻蜓点水,无法深入。如果仔细思考的话,上述的每一个研究点都是可以单独研究的课题。

研究步骤的安排

研究步骤就是确定研究实施整个过程的顺序与时间安排,即对研究的每一个

具体阶段、安排等做出设计,对每一阶段的任务和实施过程做出具体规定,使之具有可行性和可操作性。

具体说,研究步骤撰写要具备以下两个基本要素。

一、要按研究的时间顺序写

课题研究的步骤也就是课题研究在时间和顺序上的安排。研究的每一步骤、每一阶段的工作任务和要求,每个阶段需要的工作时间,都要根据课题研究所规定的时间节点写进书面计划中。

二、要体现研究内容的相互关系

研究的步骤要充分考虑研究内容的相互关系和难易程度。一般情况下,都是从基础问题开始,分阶段进行,每个阶段主要做什么工作、研究什么内容,都要有明确的规定。

【案例】
"发展高阶思维的小学数学探究性作业的设计与应用研究"
研究实施步骤

阶段	起讫时间	具体安排
第一阶段	2018.9—2018.12	确定研究的选题方向;成立课题组,明确分工;理论学习与讨论,形成共识;确定实践班级与对照班级
第二阶段	2019.1—2019.8	探究性作业的设计与第一轮实践应用
第三阶段	2019.9—2019.12	探究性作业的修正设计与第二轮实践应用
第四阶段	2020.1—2020.7	基地学校的推广应用实践,编印作业册,编写专著
第五阶段	2020.7—2020.9	成果总结,完成研究报告

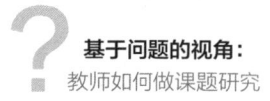

课题成员组成及分工

第九节

根据课题研究的需要，确定参与课题研究的教师。课题组成员一般由学科骨干及有关专业教师组成，最好能在年龄上新老结合，职称上高低搭配，形成研究梯队。

一、明确研究任务

课题组成员的分工要任务清楚、职责分明。每项研究任务都要落实到人。每个研究成员都必须承担课题研究某一方面的任务。

二、合理分配工作

要尽量发挥课题组成员各自的研究专长，课题组各成员承担的任务和工作量应与承担者的学识、能力相适应，主研人员尤其要得力。谁负责课题的总体设计，谁承担课题结题报告的执笔撰写等，任务都要明确。

三、人数适宜

作为一项研究工作，参与研究的人员多，力量大，有利于提升研究的广度与深度。但是因为目前各级课题评奖要求每个课题最多只能有 5 个成员（国家级课题评奖可以有 10 个成员），所以在研究方案设计中安排课题组成员时，应该事先考虑好这一点。

第十节 课题研究的可行性分析

这一部分应表述清楚以下几方面内容:

1. 课题负责人和成员的研究基础与能力保障。研究者自身所具有的课题研究兴趣、科研水平、能力、已有研究经验等。

2. 经费与物质保证。所在单位能提供人、财、物力的支持程度,如时间安排、场所设施、图书资料、文印等条件的提供与保障。

3. 机制保证。成立组织机构或小组,建立课题资料收集、分类、统计管理制度,学习、培训制度,研讨交流制度,分工合作和激励机制等。有的课题若涉及相关权限,须得到单位领导同意和支持。每一个层面都应设相应级别序号,分段进行表述。

【案例】

"幼儿园'动态三定'备课模式创新研究"[1] 课题研究的可行性分析

1. 有一定的研究成果基础

备课是每位教师每天必须认真完成的一份职责,园部教师已经开始探讨备课中各个环节的意义,且在认真思考每个环节的指导要点及如何创新。

2. 有强有力的科研队伍

本次科研队伍由园长负责,业务园长、区教育局学前科干事、保教主任及保教助理共同参与。园长科研能力较强,曾被评为宁波市科研先进个人,多项课题被评为宁波级一、二等奖;业务园长有丰富的课题研究经验,多篇论文在国家级刊物上发表。更为重要的是,我园是浙江师范大学杭州幼儿

---

[1] 课题负责人:宁波市奉化溪口实验幼儿园何婷。

师范学院与奉化区院地合作项目基地园,以王春燕院长为首席导师的专家团队每月定期会到园实地考察,对幼儿园文化建设、保教质量提升做有效的指导跟进。

3. 有足够的经费保证

我园作为浙江省第一大镇的首家公办园,始终坚持科研兴校战略,将不断加大对教科研工作的经费投入,积极提供课题研究所需要的经费支持。

4. 有充沛的时间保证

针对课题研究所需,适当调整园本研修实施细则,确保课题顺利开展。

第十一节 预期研究成果

课题研究的预期成果形式包括研究报告、论文、专著、教材、教具、软件、课件等多种形式。课题不同,研究成果的内容与表达方式也不一样。比如:调查研究的成果就是调查报告,实验研究的成果则是实验报告。有些则兼有。如果某一课题是校本教材的开发研究,那么既要完成研究报告,也要把所开发的校本教材作为成果呈现。但不管形式是什么,课题研究必须有成果,否则这个课题就不能说是完成了。

课题预期研究成果可以分为主要阶段性成果和最终成果。

一、预期主要阶段性成果是指在某个研究阶段预期取得的成果(论文、研究报告或其他)。阶段性成果也可以按学期列出。

二、预期最终成果是指预期取得的最终成果(专著、论文、研究报告或其他)。

【案例】

"农村中学课外阅读习惯的养成研究"课题预期成果

1. 开发一套适合农村中学学生课外阅读的系列书目;

2. 发表至少一篇与课题研究相关的论文；

3. 形成课题研究报告。

优秀课题研究方案例选

发展高阶思维的小学数学探究性作业的设计与应用研究[1]

一、核心概念的界定

1. 高阶思维：是一种以高层次认知水平为主的综合性能力，具备多种能力综合的、任务真实复杂的、需要付诸心智努力的、自我反思和调控的、阐释和建构的、多元标准的和需要判断的特点。根据布鲁姆认知领域的教育目标，"分析、综合、评价、创造"被称为高阶思维。具化到数学领域，就是解决问题能力、探究能力、推理能力、传意能力和构思能力，体现思维的问题性、深刻性、灵活性、批判性和独创性。

2. 数学探究性作业：是指小学生在探究问题引领下，基于自身知识经验、思维方式展开探究，以培养解决问题、探究、推理等数学高阶思维为着眼点，呈现整个探究过程的数学作业。

二、国内外研究现状述评

美国教育学家布鲁姆在 1956 年提出，仅能对知识进行理解和应用，这属于低阶思维阶段，而能够对各种知识或信息进行分析、综合和评价属于高阶思维。之后，对于高阶思维与低阶思维的讨论相继在各国教育工作中展开。

---

[1] 本课题为教育部全国"十三五"规划课题。立项批准号：FHB180591。课题负责人：宁波市奉化区实验小学刘善娜。

其中安德森与克拉斯沃等近10位知名教育专家和学者对布鲁姆的认知目标进行了进一步的修订,他们认为知识目标应细分为"知识"和"认知过程"两个维度,这样知识的二维目标就代替了布鲁姆提出的一维目标。

我国著名学者钟志贤先生(2004)认为高阶思维主要包括问题求解能力、决策能力、批判性思维能力及创造性思维能力。如果教育者能够提供恰当的教学条件支持,就可以培养学习者的高阶思维能力。而且,他认为创设高阶的学习环境对学习者高阶思维能力的发展有很大的帮助。

对如何培养高阶思维,一些学者们也做了进一步的分析。福格特(Fogarty R., 2009)提出教育工作者需要进行四方面的思维教学,包括思维教学、教思维方法、教关于思维和运用思维的教学。其中教思维方法较为接近在高阶思维教学里引入元认知的元素和取向。至于运用思维的教学,则把思维模式应用到不同学科里。例如,在科学相关的课程与教学里,高阶思维涉及探究和批判性思考技能的学习活动、开放性探究学习活动和论证技能的培养等(Zohar A., 1999)。

在数学教学与高阶思维培养上,罗姆伯格(Romberg, 1990)认为数学教学的目的并不是数学知识的掌握,而是培养学生透过学习数学知识来发展高层次的思维能力。发展学习者高阶思维能力的最有效方式,是将课程内容和教学方式整合,让学习者投入需要运用高阶思维能力的学习活动之中,这种学习活动一般称之为高阶学习。

至于探究性教学,在20世纪50年代的理科课程教育改革运动中,美国学者施瓦布(J.J.Schwab)结合其学科结构理论,提出了科学教学的探究方法。虽走过半个世纪的历程,但探究性教学走向实践的步履却显得蹒跚不前。南京师范大学王九红教授(2009)等学者对小学数学的探究性教学进行过理论的研究,但是在探究性作业领域,国内至今还没有专门的教学理论研究成果。实践研究也罕有系统的实证成果。部分一线的教师也在进行尝试性的摸索实践,但是还是处于零星的碎片化研究状态,如周丽珍(2012)提出要通过"生活性、开放性、长期性、综合性"等策略进行教学,周清(2014)试图对小学数学探究性作业进行优化的设计,提出了"从单一化转向个性化""从机械性转向创造性""从独立性转向协作性"等设计思路。这些实践研究更多是在作业的形式上进行探索，缺乏对探究性作业内涵的深层思考，以及对学生数学核心素养的指向。

奉化区实验小学的刘善娜老师，从2010年开始把研究的触角转向探究性作业的整体与深层研究上。让孩子的数学作业围绕现行教材的知识点或与之相关的不同领域的数学知识、数学文化、生活实际等进行设计，注重呈现学生的整个探究过程。其部分成果已经通过教育科学出版社公开出版的《这样的数学作业有意思——小学数学探究性作业设计与实施》展现。本课题的研究，正是她对小学数学探究性作业的一种深化研究，以发展学生的高阶思维为研究目标，着眼于学生问题解决能力的培养。

三、选题意义及研究价值

根据布鲁姆认知领域的教育目标，"分析、综合、评价、创造"被称为高阶思维。具化到数学领域，就是解决问题能力、探究能力、推理能力、传意能力和构思能力，体现思维的问题性、深刻性、灵活性、批判性和独创性。而本课题研究的数学探究性作业，是小学生在探究问题引领下，基于自身知识经验、思维方式展开探究，以培养解决问题、探究、推理等数学高阶思维为着眼点，呈现整个探究过程的数学作业。

数学探究性作业的研究意义，主要体现在以下几点：

1. 高阶思维是指向于发展数学核心素养的一种重要的实现方式。通过设计呈现个性思考过程的数学探究性作业，让学生初步形成数学的思想与方法，从而有效实现数学教学的价值追求。

2. 通过开发形成发展高阶思维的数学探究性作业体系，使探究作业的设计与探究课堂的教学设计相匹配，以教学目标为依据，以教学设计为依托，使知识目标与思维目标相整合，凸显学生的思考过程与方法，更有利于促进学生高阶思维发展。

3. 以数学探究性作业成果来推进数学作业深层变革，从而使作业真正服务于目标导向的教学改革。

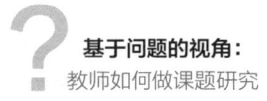

四、课题的研究目标与内容

（一）研究目标

1. 厘清中、高不同年级段学生数学高阶思维的发展目标和表征方式，从而开发出发展高阶思维的探究性数学作业体系。结合教材知识特点、学生思维发展水平等，确定数学探究作业的类型与层次，最终设计形成一套涵盖不同年级知识点的小学探究性数学作业册，从而为培养小学生的高阶思维提供有效的教学载体。

2. 突破原有的数学作业模式，从而有力推动数学作业模式的深度变革。通过形成具有丰富性、层次性、趣味性、挑战性的作业体系，有效激发学生的作业兴趣，形成良好的作业习惯，并增强教学的效度，大幅提高学生的数学成绩。

3. 提升学生的高阶思维水平，并由数学探究能力发展向其他学科探究能力迁移。使学生在探究作业完成过程中，不断淬炼自身的思维过程，经历知识探索过程，促成数学思维方法的掌握，从而增强学生的综合学科素养，发展良好的个性品质，促进学生的全面发展。

（二）研究内容

1. 小学生高阶思维发展现状研究

通过课堂观察、问卷调查、作品分析等研究方法，对三到六年级小学生的思维现状进行研究，并分析小学生高阶思维发展的层次与特性，如思维的独立性、深刻性、批判性、灵活性、创造性等，揭示研究过程中发现的问题、发展瓶颈，以探究性作业为抓手，取得教学改进的突破口。

2. 指向于知识、技能与思维发展一体化的探究性作业设计路径研究

以发展学生的核心素养为理念，以高阶思维的培养为目标，以学生的生活经验为支架，以问题解决为导向，寻求探究点，并从分析、评价、综合和创造这四个层面实现作业的具体设计。

3. 指向于高阶思维发展阶段的探究性作业指导策略研究

小学数学核心素养集中体现在数学人文、数学意识与数学思想上。具体地说就是在数学思想的引领下，提升思维品质，提高数学学习的效能，成为

会学数学的学生。通过探究性作业的应用与推进策略研究，力图为发展学生的数学核心素养打开可操作之门。如图式支持策略、时机选择策略等。

4.小学探究性数学作业的形式、方法等应用研究

（1）创新探究性作业的形式：

●数学日记：把探索过程写下来；

●分层作业：让每个孩子都能做；

●数学绘本：用美术来做数学题；

●视频创拍：你不懂我说给你听。

（2）探索高阶思维的培养方法：

在探究性作业落实与思维品质提升上，聚焦相对独立的三个关键能力培养块面：

●读图绘图能力的培养；

●推理分析能力的培养；

●错误利用能力的培养。

五、课题研究假设和拟创新点

（一）研究假设

随着中高年级学生思维的发展，小学生已经具备了一定的探究能力。从学生已有的生活经验与能力出发，通过设计探究性作业，引导学生去发现问题并解决问题，能有效提升学生的思维品质，培养他们的学科核心素养。

（二）研究创新点

1.开辟独特的过程表达式数学作业体系。从以解题的数学作业转向关注思维过程表达的个性作业，完整构建并形成三到六年级探究作业体系。

2.优化学校的作业生态模式。改变以往长期单一的作业模式，在多样化的作业表达中，发散学生思维，增强学生分析、综合、抽象、推理、创新等方面的能力，进而优化整个学校的作业生态模式。

3.有效激发学生的作业兴趣，使学生对做作业的态度从"要我做"演化成"抢着做"。

六、课题的研究思路与方法

（一）基本思路

对小学中高段年级学生数学作业的功能进行界定→分析小学中高年级段学生的高阶思维特征→分析小学数学教材的编排特点，归纳其带给数学作业设计的启示→在实践中不断提炼探究性数学作业的内容与设计策略→不断提炼探究性数学作业的类型设计策略→汇集学生探究性作业优秀作品，逐步完善探究性数学作业的评价策略→分析、整理研究成果。

（二）研究方法

本研究主要采用的方法有文献研究法、行动研究法、作品分析法和访谈法。

1. 文献研究法。主要分析国内外关于作业研究的现状，同时系统查阅各种类型的数学作业，梳理小学三到六年级数学作业基本知识体系，为本研究的开展提供坚实的基础和研究思路上的启发。

2. 行动研究法。在课堂教学活动中实践应用探究性作业的设计，并通过观察、访谈，对获得的信息进行整理、对比、分析、改进。

3. 作品分析法。通过对学生的探究性作业与试卷进行批改分析，从而发现问题，提出改进的策略，并从中发现学生的分析、判断、推理等思维品质。

4. 访谈法。通过对学生和家长分别进行访谈，了解他们各自对探究性数学作业的态度和看法，为研究与改进提供第三方依据。

七、研究的实施步骤和技术路线

（一）研究的实施步骤

阶段	起讫时间	具体安排
第一阶段	2018.9—2018.12	确定研究的选题方向；成立课题组，明确分工；理论学习与讨论，形成共识；确定实践班级与对照班级
第二阶段	2019.1—2019.8	探究性作业的设计与第一轮实践应用
第三阶段	2019.9—2019.12	探究性作业的修正设计与第二轮实践应用
第四阶段	2020.1—2020.7	基地学校的推广应用实践，编印作业册，编写专著
第五阶段	2020.7—2020.9	成果总结，完成研究报告

（二）研究的技术路线

确定研究的选题方向 —— 成立课题组，明确分工 —— 理论学习与讨论，形成共识 —— 确定实践班级与对照班级 —— 探究性作业的设计 —— 探究性作业的应用 —— 反思，修正设计，再实践 —— 编印探究性作业册，编写专著 —— 基地学校的推广实践 —— 成果总结

八、研究的预期价值

（一）开辟独特的过程表达式数学作业体系

通过研究，开发出12册小学探究性作业，从而更好服务一线教学。

（二）提炼不同视角的两个层面作业设计策略

高阶思维视野下的探究性数学作业研究主要摸索形成两个层面的设计策略：类型设计策略和内容设计策略。最终为提升一线教师的作业设计能力带去助益。

（三）以"思行录"促发一线教师草根研究热情

除了研究报告外，公开发表相关论文十篇以上。在已经出版专著《这样的数学作业有意思 —— 小学数学探究性作业设计与实践》基础上，在完成结题时再出版一部专著《小学探究性数学作业思行录》（暂名），力图详细呈现课题研究的缘起、过程和阶段性成果，为一线教师如何从日常教学细节入手展开研究提供极好的范例。

思考题

1. 在研究方案的设计中，如何区分研究背景与研究意义？
2. 就自己想研究的一个选题，尝试进行研究内容的分解。
3. 设计一个自己准备着手进行研究的课题方案。

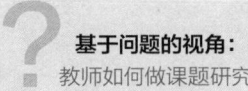

请写下你对本章的想法和建议

第四章

良好的开端是成功的一半

课题的立项申报与开题论证

课题研究方案设计的目的之一是为课题的申报立项做准备。研究方案设计完成后就要进行课题的申报立项，申报立项完成后，还要进行开题的论证工作。

第一节 课题的申报

教育类课题申报的管理者是各级教育科学规划办公室领导小组，以及其他一些教育研究管理部门和与教育研究相关的科研管理机构（如教研室、师干训中心等）。他们管理课题时，一般都有比较完备的课题申报管理制度，有规范化的申报程序和申报办法。

一、课题申报人的基本条件

课题研究是一项长期、复杂，又有挑战性的活动，它要求申报者具备一定的基本素质：

1. 掌握比较科学的世界观和方法论，善于运用辩证唯物主义的观点和方法去观察、分析和解决教育教学过程中出现的问题，能准确把握教育研究的方向与路径。

2. 热爱教育事业，有勇于追求科学与真理的精神品质，既能实事求是，又能独立思考，开拓创新。

3. 具备扎实过硬的教育科学理论素养，能用科学的教育理论指导自身的教育教学实践，并能从具体的教育教学实践活动中抽象概括出科学的教育规律，具有较强的教育科研能力。

除上述要求外，课题申请者还要具备一定的学术职称。根据教育部和省、市课题申报相关文件要求，中小学（幼儿园）教师的课题立项申报，其课题申请人原则上应有中学高级及以上的专业技术职务（但不能一概而论，地市级以下课题申报对此条要求比较灵活）。同时要求课题申请人必须是课题的实际组织者，在研究中要承担相关内容的研究工作。

二、课题申报的办法和程序

各级教育科研管理部门会在每一年度定期发布课题申报的通知及要求。通知上都会对课题申报的办法和程序做出明确的规定。

一般的办法和程序是：

1. 有意向申报的课题申请人学习、研究课题申报相关文件的精神和"课题指南"，在认真分析、论证的基础上，确定要申报的研究课题，并进行准确表述。

2. 按照课题申报表的项目内容填写课题申报表，并送交本校教育科研管理部门（一般为教科室），学校教育科研管理部门会根据本校本年度课题申报的实际情况，决定是否向上级管理部门申报。

3. 学校教育科研管理部门同意申报后，课题申请人正式填写课题申报表，并按要求由所在学校或上级主管部门签署意见、加盖公章，然后由学校在申报的规定时间内逐级报送至课题管理部门，等待评审结果。

三、课题申报表的填写

所申报的研究课题最终是否能通过，取决于课题立项评审专家给予的评价。而课题评审专家予以评价的唯一依据就是递交的课题申报表。因此，课题申请人在填写课题申报表时应当认真、谨慎，要花功夫写好课题申报表。

课题申报表上有许多要填写的项目。除了一些课题负责人与课题组成员的信息需要按实填写外，在课题申报表上要特别重视一些重点项目。这些重点项目包括：

1. 课题的研究背景及意义；

2. 国内外关于同类课题的研究综述；

3. 研究的目标及内容；

4. 研究的步骤；

5. 课题研究的创新之处；

6. 课题研究的分工及条件分析；

7. 预期的研究成果。

以上内容撰写的注意点请参见第三章。

第二节 课题的立项

递交课题申报表后，如果得到评审专家的认可，各级课题管理部门就会发文进行立项通知。这就意味着申请人的研究选题得到确认，课题组可以着手进行具体的研究工作了。课题立项的级别越高，一定程度上意味着申请人相应的学术水平越高。

一、课题立项的类型与层级

目前我国各级教育立项课题犹如金字塔，从高到低可以分为多个层级，每一层级又可以分为几类。

1. 全国哲学社会科学基金资助的项目（教育类）

（1）重大项目；

（2）国家级重点课题；

(3)国家级一般课题;

(4)青年基金课题。

2. 国家教育部资助的项目

(1)国家教育部级重点课题;

(2)国家教育部级规划课题;

(3)青年专项课题。

3. 省级课题项目

(1)哲学社会科学基金资助的项目(教育类);

(2)省教育科学年度规划课题(重点规划课题与一般规划课题、体艺专项课题);

(3)省教研规划课题;

(4)省师干训课题。

4. 地市级课题项目

(1)哲学社会科学基金资助的项目(教育类);

(2)市教育科学规划课题(重点规划课题与一般规划课题);

(3)市教科规划专项课题(德育专项课题、体艺专项课题、教学专项课题);

(4)市教研规划课题(重点课题与一般课题)。

5. 区(县)级课题项目

(1)区(县)规划课题;

(2)区(县)名优教师专项课题;

(3)区(县)学科小课题。

6. 校级课题项目

重点课题立项后一般都有相应的研究经费资助,研究时间也相应延长(一

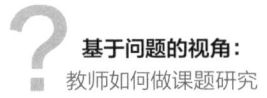

般为两到三年）；一般课题则没有研究经费资助,研究时间一般为一到两年。

二、课题立项的评审原则

1. 方向性原则

方向性原则是指课题研究要有正确的目标导向。具体包括：课题研究的指导思想是否正确？课题研究的理论依据是否充分？课题研究是否符合教育教学的实际情况？课题研究的价值取向是否明确？等等。

2. 科学性原则

科学性原则是指研究课题要符合客观规律与真理。科学性原则涵盖课题设计的方方面面,具体包括：课题的研究对象是否合适？研究内容是否切合？研究方法是否科学？研究步骤安排是否合理？等等。

3. 创新性原则

创新性原则是指通过本课题的研究是否会有新的建树与突破,比如新的教育理论、教学方法、教学手段、教育视角等。

4. 客观性原则

客观性原则是指在课题评审过程中,评委要持客观公正的立场,以科学理论为评判课题好坏的基本标准。在评审过程中应重点把握课题论证是否条理清楚、合乎逻辑；语言表述是否准确、简练、概括；课题是否已经有前期的研究基础；课题组成员的研究能力是否能胜任本课题研究；课题申报之前是否进行了文献资料的查询和搜集等。

三、课题立项的基本要求

关于课题立项的基本要求,全国教育科学规划领导小组办公室有一些明确规

定,现摘录部分如下:

1. 所选课题应以一定时期的"课题指南"为依据。
2. 课题立论根据充足,学术思想严谨,研究内容和攻关目标明确,研究方法科学,研究计划切实可行,具备按计划完成研究任务的各项具体条件。
3. 课题申请人必须是课题的第一负责人,课题研究的实际主持者,能切实承担从课题设计、实施到成果形成的实质性研究工作。
4. 课题组成员应具备课题研究所必需的业务水平、研究能力和健康条件,年龄、知识结构比较合理;所在单位能为其研究工作提供必要的条件和时间。
5. 课题所提出的经费预算合理。对于能够自行解决研究经费的课题,其申报、评审按照同一标准进行。
6. 由全国哲学社会科学基金资助的一般课题的研究周期为1—3年;青年基金课题和青年专项课题的研究周期一般为1—2年。
……

四、课题立项的评审程序

各类教育研究课题递交课题申报表后,必须经过相关课题管理部门的资格审查,并通过由其组建的专家组的评审,最后报同级课题管理部门的领导机构(教育科学规划领导小组办公室)批准,方可立项。

课题从申报到评审立项,一般要经过以下程序:

1. 课题申报表递交后,由各级教育科学规划领导小组办公室统一管理,并进行相应的资格审查;
2. 课题申报表经资格审查合格后,分类送达各学科专家组(包括综合组)进行评审。各专家提出个人的初评意见,然后进行集体评议。
3. 在集体评议的基础上,评审组采取无记名投票方式(或者打分)予以表决,达到规定分数(票数)以上的课题,方可提名立项。
4. 将各学科专家组的初评提名和评审意见集中上报主管部门,最后由教育科基于问题的视角：
教师如何做课题研究

学规划领导小组予以公布。

申报课题被批准立项后，由各级教育科学规划领导小组办公室下达批准立项通知书。重点课题申请人接到通知后，在规定时间内签署《教育科学规划重点课题经费资助协议书》。至此，课题申报立项工作全部结束，研究工作就可以正式开题启动了。

课题的开题

课题从申报立项到研究实施之间，还有一个程序，就是做好研究课题的开题论证。所谓开题论证，就是研究者把自己所选的课题的概况（即开题报告内容），向有关专家进行陈述，然后由专家们对课题研究方案进行可行性论证，并提出补充、修改等建议。

开题报告是指课题研究者对自己准备研究的课题的一种文字说明性材料。开题报告的内容一般包括：题目（课题名称）、选题的背景与意义、国内外研究现状综述、研究目标、研究内容、研究方法、研究过程、拟解决的关键问题及创新点、条件分析（仪器设备、协作单位及分工、人员配置）等。

一、表述要准确、规范、扼要

1. 课题名称。课题名称是课题研究思想的高度概括，要将研究的问题准确地概括出来，反映出研究的深度和广度，反映出研究的性质，明确研究的对象与目标。用词造句要科学、规范。

2. 选题背景与意义。即回答为什么要研究，交代研究的价值及需要背景。一般先谈现实需要——由存在的问题导出研究的实际意义，然后再谈理论及学术价值。要求具体、客观,且具有针对性,注重资料分析,注重时代、地区或单位发展的需要,切忌空洞无物的口号。

3. 国内外研究现状。即文献综述,要以查阅文献为前提,所查阅的文献应与研究问题相关,但又不能过于局限。这里综述的"综"即综合,即要综合某一领域在一定时期内的研究概况;"述"并不是叙述,而是评述,即研究者要有自己独特的见解。要注重分析研究,善于发现问题,突出选题在当前研究中的位置、优势及突破点;要摈弃偏见,也可以适当引用一些与本课题研究观点相悖的观点。

此外,文献综述所引用的主要参考文献应予著录,这一方面可以反映作者选题的真实依据,另一方面也是对原著者知识产权的尊重。

4. 开题报告还要着重考虑以下几点:

(1) 研究的过程。即整个研究在时间及顺序上的安排。研究要分阶段进行,研究者要对每一阶段的起止时间、相应的研究内容及成果做出明确的规定。阶段之间不能间断,以保证研究进程的连续性。

(2) 拟解决的关键问题。对可能遇到的最主要、最根本的关键性困难与问题要有准确、科学的估计和判断,并采取可行的解决方法和措施。

(3) 条件分析。突出仪器设备等物质条件的优势;明确协作单位及分工,分工要合理,明确各自的工作及职责,同时又要注意全体人员的密切合作;提倡成立导师组,导师组成员的选择要充分考虑课题研究的实际需要,要以知识结构的互补为依据。

二、框架结构要完整

开题报告主体部分包含的内容主要有:

1. 选题缘由

2. 文献综述

3. 研究的理论基础

4. 研究的主要内容

5. 研究的目的和意义

6. 研究的思路和方法

7. 研究的步骤

以上内容撰写的注意点请参见第三章。

附：XX市教育科学规划研究课题开题论证表

课题题目			
承担单位		课题负责人	
立项编号		开题时间	
专家指导主要意见			
对原有研究计划的调整			
专家签名			
单位意见	签名（盖章）		
教育科研管理部门意见	签名（盖章）		

注：另附开题报告。

三、开题报告例选

"基于问题解决的跨学科主题协作教学研究"开题报告[1]

"基于问题解决的跨学科主题协作教学研究"经浙江省教育科学规划领导小组批准,被列为浙江省教育科学规划2010年度规划立项课题。现根据《浙江省教育科学规划课题管理办法》的规定,召开课题开题论证会。由我代表课题组,做课题的开题汇报,请各位专家审议。

一、选题的背景与意义

(一)选题背景

1. 当今,学科间的知识整合已成为各级教育教改的主旋律。随着学科资源利用与教学技术的进一步发展与普及,课程整合教育工作开展得如火如荼。但在实践中我们发现,目前的跨学科教学还停留在"1+1"简单的机械整合层次,并未能真正发挥其优势。根据教育部颁布的《基础教育课程改革纲要(试行)》中所明确提出的科目统整和"加强课程内容与学生生活以及现代社会和科技发展的联系"的精神和思想,借助丰富的硬件和软件教学资源进行跨学科教学,必将成为新一轮教学研究与改革的热点和趋势。

2. 高中新课程改革的一个重要目标就是通过课程的综合化,培养学生的综合素质与能力。通过课程与教学的综合化,串联起学生所学的分散知识。跨学科协同教学能够促进这样的连接。它还能够使学生在一门课程中接受不同学科教师的影响,促使学生从不同的学科视角来思考问题,并让学生学会正确看待教师的知识权威,培养学生质疑、批判、论辩和提出问题的能力。

3. 在教学实践中,我校在高中新课程改革的推动下,在课程综合化方面已经做了大量踏实的工作。如在学科课程综合化方面,地理组与物理组部分教师已经就某些有相互联系的主题尝试合作教学;计算机教师在教授设计编程时,也经常与美术教师共同探讨教学。此外,我校的综合实践活动课程

---

[1] 本课题为浙江省教育科学规划2010年度规划立项课题。课题负责人:吴伟强。

已经趋向课程化和规范化，如校本课程《超越自我》《科学研究方法》《研究性道德学习》已经初具模型，并在教学实践中不断得到发展与完善。

（二）研究意义

1. 跨学科主题协作教学，即由来自多学科的教师组成教学团队，共同设计、讲授跨学科课程。这能使大学资源得到最大限度的利用，使课程教学效果达到最大化。

2. 教师的合作性尝试也能为学生提供智力和管理上的合作范例，能够在无形中帮助学生形成合作意识，习得合作技能。对教师而言，它能够促使团队的教师在课程内容设计、教学方法运用、教学组织形式选择、教学策略运用等多个方面，互相支持、取长补短，促进教学水平的提高。同时多学科教师的合作还能够促使跨学科学习不断深入，拓宽教师的知识构架。

3. 跨学科主题协作教学将跨学科学习与团队教学有机结合起来，能够培养学生运用多学科知识解决问题的能力，培养整合的思维，为未来的多样化生活做准备。总之，该教学模式是一种极其有益的尝试和探索。

二、国内外研究综述

"跨学科"（interdisciplinary）一词最初的含义是"合作研究"，即打破学科界限，融合各学科知识，以开放的学术视野进行研究，发展出综合的、交叉的、新的领域的知识、概念及方法。当科学研究的范围不断扩大时，学科问题逐渐变得复杂，而跨学科研究则超越了传统的分科研究，具有开创新领域的优势，因此越来越受到人们的重视。目前国际上比较有前景的新兴学科大多具有跨学科性质，近年来一大批使用跨学科方法或从事跨学科研究的科学家陆续获得诺贝尔奖，证明了跨学科研究是当代科学探索的一种新形式。

经过 CNKI、SCI 等互联网文献搜索，在我国只有极少数的研究探讨跨学科的教学实践，如浦东新区东方小学发展性教育督导评估探究中的"跨学科项目学习"的研究与实践。另外，大量的研究者十分关注高等教育中的跨学科教育，如在师范类、艺术类院校教育中采用跨学科教学实践，或在若干研究生教育中渗透跨学科教学。但是，这类研究大都属于理论探索性质，而且无实效检验的指标。

相对的,国外有关跨学科教学的实践研究比较丰富。美国是进行跨学科教学最富有成果的国家之一。Patricia L等美国教育课程学专家(1996)就曾经提出"跨学科主题单元教学",并开发了一套相对完整的课程系列,值得我们借鉴。研究者认为,启动一个跨学科教育单元,必须经过标准阐述、制定目标、完成课程设计、评价学生等若干团队合作的环节。而且,美国许多私立大学都采用"课堂的团队教学"或"协同教学"(Team teaching),教学内容是所谓"通识"。教师们不仅要跟上某一学科的发展,而且要熟悉多学科的发展。教师要教通识教育课程,必须能够教主题课程、问题中心的课程、核心课程、高级研讨班等跨学科课程。因此,有些学校就采取由各系科不同老师轮流上课的形式。在跨学科教学中,教师普遍采用以下四种教学法:(1)讲述法:除了理论的逻辑顺序之外,必须让学生知道的东西确实地安排在课程之内。讲述法应包括知识、理解、应用、分析、综合、评述。(2)讨论法:需在两三个星期前将教学大纲、重点分发给学生事先思考,分组报告则应在几个星期前就要事先分好组,仔细预备好。(3)团队教学法:团队教学法的每一位老师应该知道其他几位老师的上课内容,以避免重复、没有联系等现象的发生。团队分层指导是可资借鉴的方法。(4)独立研究:必须注重教师的引导。

在这些研究成果中,Lonning & DeFranco(1998)提出的主题统整模式下的跨学科教学模式最具有借鉴价值。这个模式系统假设所有的课程专家与教师团队共同协作进行教学。它包含两个阶段:(1)主题发展阶段;(2)教学活动阶段。

研究者普遍认为,跨学科教学与跨学科研究最大的不同之处在于问题最终关注的是教育过程而非研究成果。跨学科教育将跨学科研究的思想引入教学,试图通过全局化的"跨学科研究"教育观点培养出基于学科基础之上而不受学科限制的、具有创新思维的复合型人才。这种教学模式使参与者的学习视野更加开阔,知识结构得到改善,研究能力得到提高,创新性得到加强。同时,参与者的智能结构在多学科潜移默化的作用下逐步趋于优化。

从上述国内外的文献可以发现:在我国,尚无比较系统的跨学科教学实践研究，适应高中新课程改革的跨学科研究更是寥寥无几。因此，我们应该从自身的教学资源出发，参考美国一些跨学科教学实践的做法，进行相关的行动研究与探索，丰富我国的跨学科教学理论。

三、课题研究的目标与内容

（一）研究目标

1. 通过研究，探索普通中学开展跨学科主题协作教学的基本理论与实践模式；
2. 通过研究，开发适应高中新课程改革的跨学科课程体系与课程资源；
3. 通过研究，达成教学观念的转变与教学行为方式的改变，拓宽教师的知识构架，培养各学科教师间团队合作的意识与精神；
4. 通过研究，达成学生学习方式的转变，促使学生从不同的学科视角来思考问题，培养学生运用多学科知识解决问题的能力。

（二）研究内容

1. 跨学科主题课程的开发。跨学科主题单元教学课程的设计开发是整个课题研究的重要环节。初步设想有以下几种课程类型：

第一，合作课程，即由具有相关经验的教师共同设计、讲授。如《中东问题》是一门跨历史和地理两个主题领域的讲授课程，由两名教师共同组织教学，设计课程。一名教授历史，另一名教授中东地理。这门课程的产生是基于跨学科的理念：地理和社会历史的学习必须和文化、理念的学习同步进行才更容易被理解，反之亦然。

第二，整合讲授课程。这类课程通常是围绕着一个比较复杂的、涵盖多学科的主题来进行的大型课程。由一个小组领导来协调和设计规划整个课程，来自不同部门和学科的教师分别讲授课程的某一部分。如《全球变化》这门课程就可以采取这种形式。

第三，集合式课程。这并非设计一门新课程，而是两至三门相关主题的独立课程被安排同步讲授，并定期召开一些联合研讨会，融合多学科的观点。如《多媒体技术与绘画设计》这门课，拟被分成多个部分来讲授，每部分都会侧重该主题的某个方面，如其中一部分也许侧重计算机绘画设计的可视性和人工智能,另一部分强调计算机绘画的艺术性呈现方式,还有一部分则侧重计算机绘画对学生态度和行为的影响。这三部分平时单独开设,但是每学期都会安排一至两次授课时间,将三门课程整合在一起,进行联合讲授或实验活动。

第四,教阶式课程。这种模式也被称为金字塔式,在这种模式中,一门课程主要由名师、骨干教师、青年教师组成的教学团队共同完成。不同成员在课程组织中承担不同的职责,如名师开讲座,骨干教师组织具体的课程教学,青年教师可以担当教学或实验助手,负责准备教学资料、批改作业等。学生的学习形式也比较多样,可以包括大班上课、研讨课,及一些小组作业、主题研究等。这种教学组织形式在国外的大课中运用比较普遍。

第五,链接课程模式。在该模式中,由两名教师分别讲授两门课程,这两门课程往往是来自不同学科的相关主题课程,同时,两位教师共同设计一门研讨课程,给学生提供一个框架,将所学的主题、分析工具等整合起来。链接课程可以拓展到3~4门课程,变成学习组群。

2.跨学科主题课程教学。研究跨学科主题协作教学的具体教学过程与教学技术,形成具有普遍意义的跨学科主题协作教学基本模式。

3.跨学科主题教研活动。这些活动包含跨学科的听课、评课与研讨,跨学科的通识教育,不定时的学科学习与研究的方法论讲座等。

4.跨学科主题探究活动。主要包含两部分内容:教师关于跨学科教学的各级子课题研究与学生的研究性学习探究活动。前者不但能提高教师的研修能力,更为教师的课堂教学提供了新的平台;后者可适当采用两个以上的指导教师共同指导一个跨学科的研究性学习小组,共同探索,共同评价。

四、课题研究的步骤

本课题研究的进程大致安排如下:

第一阶段(2010年3月—2010年8月):课题研究的前期准备阶段。

1.研究小组的组成,统一学习有关跨学科教育的理论;

2.研究成员的分工合作,形成跨学科教学组合;

3.研究主题的明确:形成跨学科教学主题。

第二阶段（2010年9月—2011年6月）：课题研究的具体开展阶段。

1. 课程资源开发与教学，编写校本教材，进行课堂教学；

2. 开展跨学科主题教研：听课，评课，研讨；

3. 开展主题探究活动：教师层面的子课题合作研究，学生层面的研究性学习指导。

第三阶段（2011年7月—2011年10月）：课题结题阶段。

1. 各课题组成员总结反思，完成子课题结题报告；

2. 总课题组完成课题结题报告；

3. 拟在宁波市内研讨交流，成果推广。

五、课题研究的预期成果

（1）相关的研究论文；

（2）课题研究报告；

（3）出版系列化的跨学科主题教学校本教材；

（4）跨学科主题教学与讲座系列光盘。

六、已取得的阶段性研究成果

目前在一些跨学科课程协作教学中，教师已在合作进行课程设计、课程讲授、更新教学内容和材料、规划课程提纲、分配课时等方面积累了比较丰富的经验。

七、课题研究中需解决的问题

1. 在资源方面，与传统教学模式相比，跨学科协作教学需要更多的资源条件予以保障。无论是师资的组织、教学硬件的配备，还是新课程内容的开发、行政上的支持等，都需要更多的时间和经费投入；在一些复杂的跨学科协同教学课程启动过程中，各学科之间如何相互协调、密切配合等，这些都是必须面对的问题。

2. 在信息和经验方面，对教师而言，开展跨学科协作教学需要学习更多

第四章
良好的开端是成功的一半：课题的立项申报与开题论证

关于协作教学的经验和技巧，了解不同协作教学模式的优缺点以及不同的管理与评估方法，学会相互间的有效合作等。而目前，大多数教师不知道从何处去获得这些信息和经验，学校也未提供这样的信息平台。

3. 在激励机制方面，现有的激励制度设计还不能充分支持跨学科协作教学的开展。从事跨学科协作教学对很多教师，尤其是新教师而言，需要承担风险。因为协作教学需要大量时间，教师必须减少相应从事研究的时间；协作教学启动阶段需要大量努力而结果未知，对教师的职业生涯可能功效不大；协作教学的独特贡献难以评价，教师的教学努力可能往往得不到足够的认可和奖励。而中学教学方面也偏重于将更多的奖励放在高考学科上，而不是跨学科教学上。

4. 组织跨学科协作教学在行政管理上也比较复杂，既需要协调好各部门的需要，也需要课程领导者协调好不同学科教师的需要。对教师而言，需要管理部门的基础性支持，如安排上课时间、选择地点、确定学分等具体问题。对各教研组而言，也面临一些问题，如跨学科课程究竟由哪个部门负最终责任，当参与各部门在评价教学工作量、贡献程度、补偿水平上产生分歧时如何解决等。对教学管理部门而言，也要考虑如何进行有效的课程管理协调、提供适时帮助等系列问题。

5. 在学生方面，参与跨学科课程的学生具有更多样化的背景和兴趣，如何设置课程目标去协调差异，也可能会有协调困难。如一个学科可能侧重解决问题能力的培养，而另一个学科可能更强调基础知识和技能的掌握等。

相比于传统教学模式而言，跨学科协作教学组织起来相对复杂，花费也较大，很多教学经验和技巧尚处在摸索阶段。

思考题

1. 课题申报立项有哪些类别？对照自己的选题，思考应该去申报立项哪一类课题。

2. 就自己的课题研究方案撰写一份开题报告。

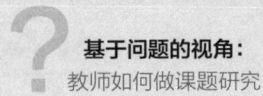

请写下你对本章的想法和建议

第五章

好猎手要配好的猎枪

课题研究的常用方法

选择合适的研究方法,能保证我们课题研究的科学性与有效性。研究方法对了,就可以沿着正确的研究方向,达到研究的预期目的。反之,如果方法不当,不但会使研究工作徒劳无功,达不到预期的目的,更会影响到教育事业的发展与培养目标的达成。

课题的研究方法很多。一项研究,特别是一个比较复杂的课题研究,往往需要在采用一种主要方法之外,兼采用一种以上的其他方法。从教师的研究能力与实际需要出发,在这里重点介绍观察研究法、调查研究法、文献研究法、个案研究法、叙事研究法这些常用的方法。实验研究法因为需要变量控制、因素分析等,对教师研究来说难度大,也很少会用到,所以就不做介绍。

观察研究法

第一节

观察研究法是指课题研究者根据一定的研究目的,运用观察提纲或观察表,用自己的感官和辅助工具去直接观察被研究对象,从而获得研究信息的一种方法。科学的观察具有目的性、计划性、系统性和可重复性。教师的课题研究中,课堂观察一般是利用教师自己的眼睛、耳朵等感觉器官去感知观察对象,接收观察对象的信息。由于人的感觉器官具有一定的局限性,观察者还可以借助各种现代化的仪器和手段,如照相机、录音、录像设备等来辅助观察。

第五章
好猎手要配好的猎枪：课题研究的常用方法

一、观察研究的主要步骤

1. 选择观察对象

即在观察前要选择和确定准备研究什么问题，研究谁。当然，在选定参与观察的研究问题的同时，也基本上确定了观察对象和观察人员。因为问题的选择和确立必须考虑到在某一特定的情境里是否能顺利观察，并且提出观察人员需要具备的素质。

例如要研究"教师的评价方式对师生交往的影响"，就需要考虑在什么样的学校，在哪个年级、班级进行，要选择哪些时间段进行观察，重点要观察哪些教师与学生，观察人员应具备哪些知识、能力和观察技能等。

2. 制订观察计划

制订观察计划时，要规定明确的观察目的、观察重点与观察范围，以及要收集的信息、材料、需要观察的次数、每次观察的时间、观察的间隔时间等，还要明确需要哪些表格，表格填写的要求等。一般建议准备一个初步的观察任务清单作为观察的框架，并为数据收集过程中可能涉及的一些不确定事项准备好预案和注释。

3. 做好观察准备

一个课堂观察的成败往往取决于前期观察准备工作是否充分。观察准备工作主要有以下几点。

（1）确定观察的项目和指标

根据课题和研究计划的要求，将要观察的内容具体化和指标化。所谓具体化，即把需要观察的内容细化分解成几个可以观察的子项目。指标化就是给需要观察的项目设定一个可以评价记录的指标体系，从而显示出观察对象的不同水平。

在确定观察的项目和指标时，应注意以下问题：

①尽量将观察项目具体化，并给予明确的限定，使之能较全面地反映与研

究课题有关的某些特征的变化。例如"初中男女学生课堂学习状况的比较研究"这一课题中,"课堂学习状况"包含的要素很多,其概念边界很难明确清晰。为此可以抓住几个主要方面来将它具体化,如规定主要通过观察男女学生的主动举手情况、回答问题情况、课堂讨论、互助合作、完成课堂作业的质量与及时性、课堂做小动作及讲空话情况等方面来进行观察,然后比较分析,再适当通过课后交谈作为补充。

②确定观察的项目是便于观察记录的具体内容,如在上述课题中,统计做小动作和讲空话的次数等就比较容易观察。

③确定观察的指标时,除了定性外,还要尽可能量化。例如,对主动举手发言情况的观察,不能仅以踊跃、一般、很少等描述性词汇来划分,而可以统计一下男女生的举手率(一节课中教师提问后每一次举手的男女生人数与总人数之比)、举手覆盖率(一节课中举过手的男女生人数与总人数之比)等指标。此外,也要考虑日后的分析处理维度:对定性的材料,要考虑如何归纳与分类;对定量的材料,要考虑选用哪种统计处理方式。

④确定的指标不可以模棱两可,指标间不可以是交叉关系,以避免观察与记录时无所适从。例如,统计学生课堂回答的正确率,必须考虑到学生回答不全对时应该怎么处理,因此观察表设计时就不能仅仅统计对错,还可以设"不全对"一栏,并事先规定好各栏目之间的界限,避免产生某一答案归入这类归入那类均可的现象。

(2)选择观察的途径和方法

课题研究人员应根据研究课题的实际需要确定观察途径。根据不同的标准,常用的观察法有以下几种类型。

①根据观察中介物来分,可以分为直接观察法和间接观察法

直接观察法是指经由眼、耳等感觉器官在事发现场直接观察研究对象,以取得第一手资料的方法。又可以根据观察是否公开进行分为公开观察法和隐蔽观察法。如研究人员在教室后面听课,观察学生的课堂表现情况,这属于公开观察法;而研究人员身处微格教室的后面,透过单向玻璃来观察学生的课堂表现,则属于隐蔽观察法。

间接观察法是指感官透过仪器观察客体,或对某事发生后留下的痕迹,如照

片、影像等,进行推测性观察的方法。如通过观察学校运动器具的磨损情况来推测学生对各种运动的喜爱情况等。

②根据研究人员是否参与观察对象的活动,可以分为参与观察法和非参与观察法

参与观察法是指研究人员加入观察对象的群体中,程度不等地参与观察对象的日常活动,并记录其行为与活动过程的方法。如研究人员参加学校举行的教育活动,边参与活动边进行观察。

非参与观察法是指研究人员不参与观察对象的活动,并不干预其发展变化,客观观察并记录观察对象的行为与活动过程的方法。如课堂教学调研中,研究人员以听课者身份观察教室中教师和学生的教学情况。

③根据观察对象与观察环境是否有条件控制,可以分为实验观察法和自然观察法

实验观察法是指研究人员对观察对象、观察环境条件等变量施加某种程度的控制,采用标准化方式进行观察的方法。如观察运用新的多媒体教学技术后学生课堂上的无意注意与有意注意规律。实验观察法最大的优点在于它可重复操作、验证,这对于增强研究的信度非常有用。

自然观察法是指研究人员对观察对象等变量不加控制,在完全自然条件下进行观察的方法。如观察自然条件下幼儿的饮食与生长发育情况。相比较而言,自然观察法更适用于研究的早期阶段,尤其是当我们只想了解感兴趣的问题的广度和范围时。

④根据观察是否有目的或计划,可以分为随机观察法和系统观察法

随机观察法是指偶然且无目的又无计划地发现事实并予以记录的方法。如无意中看到某一学生的违纪行为并予以记录。通常这种观察法所得资料是片面的,不完整又无系统,科学性低。

系统观察法是指有目的且有计划和规律地观察与记录特定时间内观察对象的行为的方法。如观察一个周期内某一个学生的课堂违纪情况。这种观察法可以有效避免突发事件或者低概率现象被当成常态,但是需要特别注意事先计划制订的周密性。

（3）设计观察表格及记录方法

为了便于观察记录和观察材料的整理，项目设计应符合如下要求：每个项目均是研究所需要的指标；项目数以 10 个以下为好，并按其逻辑顺序排列；项目的答案应是确定的，排除那些对不同的观察人员可能会做出不同解释的推断性词语。设计观察表格时，要规定观察材料的记录方法。常用的观察材料记录方法有以下三种：

①评等法

评等法一般采用五级评定法，如"不喜欢、不太喜欢、一般、比较喜欢、非常喜欢"，统计时分别用"–2、–1、0、+1、+2"计分。

程度\学科	不喜欢	不太喜欢	一般	比较喜欢	非常喜欢
数学		◎			
语文					◎
科学					

也可以直接用数字评定：

    1 优   2 中上   3 中等   4 中下   5 差

    1. 遵守秩序：__2__

    2. 与人合作：__4__

    3. 服务态度：__1__

当然，提供评定标准进行画记也是一种方法：

小李同学的能力超过班上百分之多少的同学？

	60%	70%	80%	90%	95%	99%
创造力	√					
记忆力			√			
数字计算		√				

续表

	60%	70%	80%	90%	95%	99%
空间推理				√		
抽象逻辑						√

②频次法

频次法指研究人员将规定好要观察的研究对象的项目预先打印在纸上,凡出现了某种现象,就在这个现象的框里画一个笔画,以"正"字法最为常见。

项目	频次
做小动作	正
随便说话	正正
随意走动	正一

③连续法

连续法指研究人员用记笔记的方法在现场做连续记录,当然也可以运用录音笔、摄像机等设备将观察到的情况录摄下来,回来后再转记在笔记本上。

4. 实施观察

实施观察时需注意两点:一是事先选好观察位置,较好的角度能保证观察全面、精确、有效;二是尽量不惊扰观察对象。如果是直接观察、参与性观察,要先与观察对象建立良好的关系,以免观察对象产生戒备心理;如果是间接观察、非参与性观察,则最好不要让观察对象知道。

观察时要注意看、听、问、思、记等互相配合,达到最佳效果。

观看——这是最主要的观察方式,凡是与观察目的有关的各种现象和行为反应都要仔细观察;

倾听——凡是现场发出的声音都要听,特别是观察对象的讲话发言,更要仔细地听录;

查看——查看与观察目的有关的资料,比如随堂听课时查看学生课堂练习的完成情况,以便即时了解学生听课的效果;

询问——观察人员可以视必要程度,面对面询问观察对象一些问题。如"这个问题你是怎么想的?"

5. 整理与分析观察资料

要把观察记录的材料进行整理和分析,为下一步撰写研究报告做好准备。

(1)要把所有记录的材料仔细地加以检查,看分类是否恰当;如果有遗漏或记录错误,要及时设法补做记录或改正错误。

(2)材料整理好后,考虑是否全面、足够。如果需要的材料还没有收集到,就要继续观察,一直到所有材料齐全为止。

(3)观察记录的材料如果数量较少,按观察记录的时间顺序存放保管即可,如果项目较多,记录材料繁多,就要分类存放以便查阅。

(4)记录材料整理完后,要详细地加以说明并做好注释,以免时间久了容易忘记或产生疑问。

二、观察研究的注意事项

应用观察研究法应注意如下几点。

1. 观察的客观性

观察中一定要采取实事求是的科学研究态度,不能掺杂个人的喜好与偏见,这样观察到的材料才可能是真实可靠的。

2. 观察的全面性

要对观察对象进行周密、全面、系统的观察和分析,系统地观察教育现象发生、发展的各个方面与全过程。

3. 观察对象的典型性

可以从各种类型的观察对象中选择能代表一般的典型进行观察，避免以偏概全。

4. 要与观察对象建立良好的关系

在观察过程中，观察人员要与观察对象先建立起良好的关系，消除观察对象的陌生感与排斥感。

5. 观察人员要掌握一定的观察技术

在观察之前要拟定好详细的观察提纲，制定观察的标准、记录表格和速写符号。在观察过程中要随时做好观察记录，及时处理观察记录的材料。特别要掌握以下两种观察技术：

（1）描述法。准备好观察笔记，并且预先设计好记录的格式。观察笔记的首页要预留填写观察地点、对象、日期、时间以及观察主题的位置。另外，观察笔记内应同时规划好描述与评论的空白栏，两种空间的比例大约是 3：1。观察人员在观察过程中，可以一边在描述栏内翔实地记载某些行为或经验的发生，一边利用评论栏将观察时产生的即时性想法记录下来。

（2）画记法。这是采用数字量化进行观察记录的方式，主要目的即从观察后的统计数字中看出某种教育行为的一些倾向性特征，作为解释教育教学行为发生的依据。

第二节 调查研究法

调查研究法是指通过考察了解调查对象的教育发展历史与当前的客观现状,从而直接获取有关材料信息,并对这些材料信息进行科学的定性与定量分析处理的一种研究方法。它综合运用文献研究法、观察研究法、谈话法、个案研究法、测验法等方法,对某一教育现象进行系统的了解,并对通过调查搜集到的信息资料进行分析、综合、抽象、比较、归纳等一系列思维过程,揭示出教育的本质,为人们提供规律性的知识与结论。调查研究法可以不受时间和空间的限制,是科学研究中最常用的方法之一。

一、调查研究的主要步骤

1.准备工作

从一定意义上说,调查研究成功与否,取决于调查前的准备工作是否完善。调查者无论是个人或集体,都要做好调查前的准备工作。

(1)确定调查课题

调查的课题可以有大有小,可以是局部的(一个班级、一所学校),也可以是区域甚至全国。但是,调查的课题无论大小都必须遵循三个原则。

第一,目的性原则。开展调查,要花时间、人力和财力,有时还需要动员各方面的资源参与。所以,每次调查要达到什么目的,回答和解决什么问题,事前都要有明确的规定。

第二,价值性原则。任何调查课题都应以是否能丰富和发展教育科学理论、解决教育教学中存在的实际问题为原则,即要考虑调查课题的科学价值和实际意义。一个课题如果能用其他研究方法可以解决,就不一定要用调查法,尤其是规模较大的调查工作。

第三,量力性原则。这是指调查课题和调查范围的大小要视参加调查的人力、物力等条件而定。调查课题越大,范围越广,所需要的人力和经费就越多,时间越长。一般情况下,教师的调查类课题不宜过大,既要看需要,也要看研究的可能性。

(2)选取调查对象

调查对象就是被调查的个人或者单位。调查所搜集到的资料主要来源于调查对象,所以调查对象的选择恰当与否将直接影响到调查结果。调查对象应视调查课题和调查目的加以选取。不同的调查课题和目的,要用不同的方法去选取调查对象。有的调查课题,如对某特级教师先进的课堂教学改革经验的调查,其调查对象就是特定的,不需要进行选择。但是有的调查课题有很多的调查对象,如对区域内参加教育工作三年以下的教师进行教育工作适应性调查,因为调查对象众多,无法逐一进行调查,这时就需要用抽样的方法去选取调查对象。这里要注意的是抽样的随机性与样本的大小。

随机抽样法就是调查对象总体中的每个部分都有同等被抽中的可能,是一种完全依照机会均等的原则进行的抽样调查,被称为是一种"等概率"。随机抽样有四种基本形式,即简单随机抽样、等距抽样、类型抽样和整群抽样。一般地,假设一个总体含有 N 个个体,如果通过逐个抽取的方法从中抽取一个样本,且每次抽取时各个个体被抽到的概率相等,这样的抽样方法就叫作简单随机抽样。这种抽样方法在教师的调查研究中比较常用。

样本是从全及总体中抽取出来的用来代表全及总体的一部分单位构成的集合体。样本的大小一般以 30 个单位为界:容量超过 30 的样本称为大样本,容量不超过 30 的样本称为小样本。这种区别的意义在于,一般来说,大样本情况下,可以认为样本统计量的分布服从或接近于正态分布,可以利用正态分布的性质去推断全及总体的参数。小样本情况下,样本统计量的分布常常与正态分布有所不同,必须利用其他分布的特征推断总体的参数。

(3)拟定调查提纲

调查提纲就是要进行调查的具体项目,它是搜集资料的依据。有了提纲,调查工作才能有序地进行，避免顾此失彼。调查提纲实际上是调查报告的梗概，其内容必须符合调查课题的需要。在调查过程中，调查提纲往往要修改好几次，有时要增添原先没有的项目，有时要取消可以不要的项目。草拟调查提纲以后，还要根据调查提纲的要求，设计必要的调查表、问卷、测试题目等。

（4）制订调查计划

调查计划是调查工作的程序安排，通常包括如下内容：

①调查课题和目的；

②调查对象及范围；

③调查地点及时间；

④调查方式及方法；

⑤调查步骤及日程安排；

⑥调查的组织领导及人员分工；

⑦调查报告完成的日期。

调查计划要详细、周密、切合实际。当计划与实际有矛盾时，要适当根据调查课题的要求修改计划。

2. 搜集资料

搜集资料是调查过程中关键的一步。资料有两类：一类是书面资料，如教材、教师的教学设计（即教案）、学生的练习与作业，此外还有诸如学校教育工作总结、发展性规划、报刊上发表的有关文章等；另一类是来自调查对象的口述资料，以及由调查人员观察所得的教育现象的事实材料等。

搜集资料要注意资料的典型性、客观性和真实性，力求全面、系统。口述材料，尤其是对于某种现象的评判性材料，往往会因为受调查对象的立场、观点、情感、好恶、亲疏等因素的影响而产生误差，这种误差不可避免。所以，调查人员要善于辨别各种材料的真伪，做到实事求是。

3. 整理资料

通过各种调查方法搜集到资料后，必须加以整理，使之系统化，才能产生研究价值。在整理资料时，要按资料的性质进行整理。对于叙述性材料，要用明白流畅的文字加以整理，而对于数据性材料，则要用统计法、图示法和列表法等加以整理。

二、调查研究的常用方法

1. 座谈法

采取开座谈会的方法了解情况是调查的一种基本方法。其类型主要有两种：结构式座谈，即座谈会按调查预先设计的问题结构顺序进行（一般在调查人员对所调查的问题已掌握初步情况，需要进一步了解时采用）；非结构式座谈，一般只确定中心议题，勾画出大致范围，由与会人员自由发表意见（常在开始调查时采用，为进一步调查提供线索）。座谈法适用于对涉及面广、需广泛搜集反应、无须严格保密问题的了解。

座谈会前的具体准备工作，大致有以下两点：

（1）确定参加座谈会的人选、人数。一般来说，确定参加座谈会的人选应把握三条标准：一是熟悉情况，二是敢于讲话，三是具有代表性。参加座谈会的人数以三五人至七八人为宜，过多则不宜掌控，与会人员也难以尽言；过少则失去"会"的性质，等于个别调查。

（2）了解与会人员的基本情况。这项工作要在座谈会召开前进行，以便更好地引导、启发与会人员发表自己的看法，同时，这对客观分析研究与会人员的意见和建议也有好处。

在组织座谈会时，调查人员要注意以下几点：

（1）调查人员态度要谦虚、和蔼，让与会人员感到亲切、可信。这样，与会人员就有可能做到畅所欲言。

（2）调查人员在座谈过程中要善于掌控节奏，要善于根据研究需要突出重点，努力发现和抓住关键问题进行深入追问，或营造出讨论的氛围，注意从不同意见中找到正确结论。

（3）调查人员在主持会议期间不宜过早表态，更不要随便打断与会人员的发言,也不要把发言者的意见纳入自己的框框。

(4)调查人员要根据与会人员的不同心理,分别采用不同的方式记录会议内容。对重要的发言内容应反复核实,切忌断章取义。

座谈会调查的优点:一是可以互相讨论、启发,能集思广益,也容易在座谈中发现新的问题,使调查研究不断深入;二是通过座谈得出的结论比较科学,有一定的代表性;三是相对节省人力、物力和时间。缺点也是明显的:一是不适宜于机密内容的调查;二是座谈时容易产生从众心理,人云亦云,不容易得到真实的数据与资料。

下面是课题"幼儿园项目化教学现状调查及对策研究"的座谈会提纲节选:

座谈对象:在幼儿园的各年级教师中随机选取六位教师作为座谈对象。

基本资料:所教年级:小小班(　　)人、小班(　　)人、中班(　　)人、大班(　　)人;性别:男(　　)人、女(　　)人;职称:高级(　　)人、中级(　　)人、初级(　　)人。

座谈提纲:

1. 了解幼儿教师的儿童观、教育观。

2. 了解作为一名幼儿教师应具备哪些专业素质,认为自己哪方面素质需要继续提升。

3. 了解幼儿教师最关心的是幼儿成长中的哪方面,并了解原因。

4. 了解幼儿教师对幼儿园开展项目化活动的认识。

5. 了解幼儿教师实施项目化教学的具体内容。

6. 了解幼儿教师如何把项目化教学与游戏结合在一起。

7. 了解幼儿教师对幼儿项目学习活动的评价指标的认识。

8. 了解幼儿教师的教学感受、经验和现在或曾经遇到的教学难题。

9. 了解幼儿教师对幼儿园课程设置的看法和建议。

10. 询问幼儿教师了解到的家长比较重视幼儿园教学的哪方面内容。

11. 了解幼儿教师对目前社会上存在的幼儿园小学化教育、超前教育的看法。

2. 个别访谈法

个别访谈法是指调查人员对调查对象采取个别交谈、分别访问以了解或核实情况的方法。个别访谈法对于调查保密问题有较大优势，能够听到少数人的意见，便于征求对方对问题的真实看法等，但同时，由于个别访谈是分散进行的，所以比较费时费力，取得的材料也往往是感性的、不系统的，甚至有一定的片面性。

访谈的内容大致可以分为三类：

一是调查事实与真相，即要求被访者提供确实知道的一般情况；

二是征询意见与建议，即征求被访者对某个问题的看法、意见和建议；

三是了解动机与想法，包括个人的经历、兴趣爱好、个性特征、家庭情况及社会关系等。

进行访谈研究，最大的障碍是被访者的戒备心理或一些个性特征（如拘束、紧张、不善言谈）。有时，调查人员的权威、资历、态度、问句等，都会影响被访者的回答质量。所以，个别访谈要讲究方式方法。

（1）选择访谈对象时，应慎重考虑对方能否为研究提供有价值的信息，是否愿意配合回答调查人员所提出的各种问题。

（2）选择合适的访谈时间，访谈的时间和地点应以不影响被访者的工作或学习为前提。

（3）调查人员要努力尽快取得被访者的信任和合作。如在访谈前，要征得被访者的同意；在访谈中，态度要诚恳，有礼貌，使被访者消除拘束，鼓励其讲真情、说实话。

（4）要掌握一些发问技术。在访谈时提问题通常有三种方法：

一是直接提问法，即开门见山，直截了当地提出一个问题；

二是间接提问法，如问的是 A，实际想了解的是 B；

三是迂回提问法，旁敲侧击，从各个不同的侧面了解一个实质性的问题。

下面是课题"幼儿园项目化教学现状调查及对策研究"的个别访谈提纲节选：

访谈对象：某幼儿园的园长、业务副园长和保教主任

基本资料：职务_____ 教龄_____ 职称_____

访谈提纲：

1. 本幼儿园幼儿总人数是多少,教职工总共有多少名,师生比约为多少?

2. 本幼儿园的专任教师的学历构成情况。

3. 本幼儿园的性质。(如公立学校、民办学校或民办公助学校)

4. 本幼儿园的办学目标、办学理念、品牌特色等情况。

5. 本幼儿园的课程设置情况,如园本课程的开发与实施情况。

6. 本幼儿园的教学设备、游戏设施等情况。

7. 幼儿园领导对本园幼儿的总体看法。(如学习习惯、自律能力、动手能力、行为习惯、科学探究等方面)

8. 本幼儿园对幼儿关键经验、素质的培养目标以及评价指标,现状与培养目标之间存在哪些差距?

9. 对目前幼儿园开展项目化活动的认识和看法。

10. 本幼儿园在实施项目化活动方面的经验与做法。

3. 问卷法

问卷法是以书面文字形式进行调查的一种方法,又叫民意测验法、书面调查法。这种方法比较简便易行,有利于广泛收集各种情况和资料。问卷由一系列问题构成,问卷问题通常有两种,即封闭式问题和开放式问题。

（1）封闭式问题,又称选择式问题。这种调查不仅提出问题,而且将问题的可能答案列于后,由被调查者在答案范围中选择。简单的答案只有两项,即要求被调查者做出是与否的回答;复杂的答案可有三项以上,由被调查者按规定要求选择。封闭式问题的优点在于用数字或符号表示答案,便于计算机统计;其缺点是答案事先设计,无法调查特殊情况。

（2）开放式问题,又称自由式问题,即只是提出若干问题,由被调查者根据实际情况自由作答。开放式问题的优点是便于被调查者自由发挥,详述己见,所得资料丰富、具体,既有共性,又有个性;缺点是无法用计算机统计,不便于归纳、概括。

调查问卷还有一个非常重要的组成部分——前言或者指导语。它是向被调查者介绍问卷并鼓励他们作答的工具。文字应直截了当,说明本次调查的目的,并表明被调查者如实作答的重要性。在前言中,不要有任何可能引起被调查者对调查目的和内容怀疑的表述,调查人员应向被调查者保证其所有回答都是保密的。

问卷调查有相应的技术要求。

首先,要对所调查的问题大体有数,否则很难设计出一份理想的调查问卷,特别是封闭式问题答案的拟定不能凭空虚构。

其次,调查问卷的设计必须科学:

(1)题目要与调查研究的问题、假设等直接相关。

(2)问题和答案要明确,不能使人在理解上产生歧义。如果要使用术语,一定要使答卷人明白。

(3)在一个题目中,只能包含一个问题。

(4)防止使用带有暗示性、导向型的问题。

(5)避免那些会对答卷人带来压力或者过多透露个人隐私等敏感性的问题。

(6)答案设计要合理。答案项之间要避免交叉,同时应具有排他性,在将答案可能系数较高的项目列出后,增加"其他"项目,便于答卷人选择。

(7)问卷要简洁,不要过于琐碎。尽可能避免使用否定型题目甚至双重否定型题目。

(8)要重视问卷组织的科学性。前言(指导语)应说明调查目的、填写要求及注意事项。除特殊需要,调查问卷一般不要求填写答卷人姓名与单位等信息。

最后,调查问卷设计完成后,应有一个试测,目的是纠正一些模糊、不合理或被试无法回答的题目。试测的反馈对完善调查问卷有很大的用处,试测的样本不需要多,一般5到10人即可。

下面是课题"幼儿园项目化教学现状调查及对策研究"的调查问卷节选:

家长部分(在幼儿园的各年级学生家长中随机选取部分家长作为调查对象)

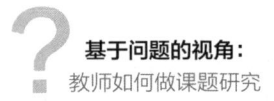

您好,我们正在进行本市幼儿园项目化活动开展现状调查。希望通过这次调查了解幼儿园的发展状况,为此我们需要您的帮助和参与,以共同完成对本课题的相关情况的调查,使研究能有助于幼儿园与小朋友的发展。课题组向您承诺,今天调查涉及的内容和您阐述的观点,我们将严格为您保密,非常感谢您的帮助。

基本资料:子女所在班级____,自身学历水平____,职业____,性别____;
主要问题:

1. 您给孩子选择当前幼儿园的原因?

A. 离家近　　B. 幼儿园口碑好　C. 幼儿园里有熟人　D. 其他_____

2. 您对孩子目前就读的幼儿园的总体看法是?

A. 非常满意　B. 比较满意　　　C. 一般　　　　　D. 比较不满意

E. 非常不满意

3. 您对幼儿园下列具体设置的满意度如何?(请在对应的栏目选项里打钩)

	非常满意	比较满意	一般	比较不满意	非常不满意
活动场地					
教师配置					
课程设置					
饮食安排					
家校联系					

4. 平时是谁送您家孩子上幼儿园的?

A. 父母　　　　B. 祖辈　　　C. 其他人_____

5. 您是否希望孩子在幼儿园时期就提前学习小学的知识?

A. 希望　　　　B. 不希望　　C. 随便

6. 您觉得孩子在接受了幼儿园教育后,下列方面的转变情况如何?(请在对应的栏目选项里打钩)

	反而降低	基本没变	稍有提高	有较大提高
学习能力				
自理能力				
交往能力				
表达能力				
操作能力				

7. 您是否认为幼儿园开展项目化活动来教育孩子有利于孩子将来的发展?

A. 有利　　　　　　B. 不利　　　　　　C. 有利有弊

8. 您对幼儿园开设特长班或特色课程的看法是?

A. 赞成,非常需要　　B. 无所谓　　　　C. 不赞成,未必适合每个孩子

9. 幼儿园会给您的孩子布置课外作业吗?

A. 从来没有　　B. 偶尔有　　C. 经常有　　D. 几乎每周都有

10. 您对幼儿园给孩子留课外探究作业的态度是?

A. 非常好,促进亲子共成长

B. 没有课外作业

C. 不好,太花家长时间

11. 请说说您对培养孩子的看法。

12. 请说说您对幼儿园教育的期望。

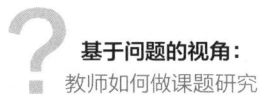

第三节 文献研究法

文献研究法是指通过收集各种文献资料来获得相关信息,从而科学、全面地了解掌握所要研究的教育问题的一种研究方法。文献研究法被广泛应用于各种学科研究中,它能让研究人员了解有关教育问题的历史和现状,帮助确定研究课题;形成关于研究对象的一般印象,帮助观察和访问;得到现实资料的比较资料,帮助了解事物的全貌。(详见第七章)

一、文献研究的主要步骤

对于文献研究法而言,无论对哪一种文献进行研究,其研究的过程都是相似的,都要遵循一定的程序和准则。一般而言,文献研究的过程包括以下几个阶段。

1. 明确研究问题

文献研究法的首要工作就是确定自己研究的问题。研究问题不同,文献的收集范围必然不同,文献分析的重点也必然有差别。同时,研究人员还要明确文献研究法在本课题的研究中是作为一种独立的研究方法来使用,还是作为一种辅助性的研究方法(一般来说,教师的文献研究都是辅助性的),因为这会直接影响文献收集、整理及分析的侧重点和方法选用。

2. 资料的收集与积累

课题的研究过程同时也是一个文献资料的收集与积累过程。文献资料的收集应努力做到丰富与全面。要有明确的指向性,即收集的文献要与课题的研究目标及内容有关。不仅要收集与研究者有相同观点的文献资料,也要收集与研究者观点不同甚至持相反观点的文献资料,尤其需要注意的是不要轻易否定或不自觉地忽视与自己观点相左的材料。

收集文献时,一般可以通过写读书摘要、做读书笔记等方式,有重点地采集文献中与自己研究课题相关的部分。

3. 资料的整理

研究资料的整理必然有一个过程。最初收集到的文献资料一般非常庞杂,必须经过整理才能很好地为研究课题服务。文献资料的整理就是为了使收集到的大量杂乱的原始资料条理化、系统化与类别化,从而揭示教育现象发生与发展的内在规律。

4. 文献的解读

文献的解读一般包括两个阶段。

一是浏览,就是研究者要在比较短的时间内大概了解整理好的文献资料的基本内容,不需要去掌握、理解和记忆其具体的内容。因此要提高文献浏览的速度。可以通过阅读内容摘要、文献的开头和结尾部分以及某段的主题句等方法提高阅读的速度。

二是精读,即理解性阅读。通过精读,研究者要深入理解和掌握文献中对研究有价值和意义的内容,同时要做出正确而客观的评价。这个阶段就是要把文献资料的主要内容与自己的研究课题结合起来。

5. 文献分析

文献分析包括统计分析与理论分析。前者主要是定量分析,采用的主要方法是统计方法、数理方法和模拟法;后者则是定性分析,包括逻辑分析、历史分析、比较分析、系统分析等,采用的主要方法是比较法和构造类型法。

需要指出的是,在文献资料研究的整个过程中,必须对所采用的任何资料信息持有一种科学的批判态度与质疑精神,这是保证文献资料准确的逻辑前提。

二、文献研究的注意事项

1. 参考与引用

面对所收集到的各种文献资料,研究者要注意如何正确使用的问题。如果能合理引用,既可使他人的研究成果在本课题研究中得到继承和发扬,又能丰富和提高研究者本人的学术水平。相反,如果使用不当或者过度引用,就会有抄袭侵权之嫌。一般来讲,对参考文献的引用要力求简短,引文仅可摘录片段,不能整段摘抄。

2. 脚注与尾注

注释最常用的有两种方式。一种是脚注,它位于本页的下方,是标明资料来源、为文章补充注解的一种方法;另一种是尾注,它位于文章的最后,是对文本的补充说明,一般位于文档的末尾,列出引文的出处等。

脚注的编写顺序是按照本页引用文献的顺序进行编排,而尾注的编写顺序是按照论文中引用文献的顺序进行编排,采用中括号数字连续编号,依次书写作者、文献名、杂志或书名、卷号或期刊号、出版时间等。

注释需要注意的一个问题是全角和半角问题,即英文标点+半角、中文标点+全角。

文献类型	期刊	专著	论文集	学位论文	专利	标准	报纸	报告	网上数据库	光盘图书	网上期刊	网上电子公告
英文缩写	J	M	C	D	P	S	N	R	DB/OL	M/CD	J/OL	EB/OL

下面是常见的参考文献格式:

[序号] 期刊作者. 题名 [J]. 刊名. 出版年,卷(期):起止页码.

[序号] 专著作者. 书名 [M]. 版次(第一版可略). 出版地:出版社,

出版年:起止页码.

[序号]论文集作者.题名[C].编者.论文集名.出版地:出版社,出版年:起止页码.

[序号]学位论文作者.题名[D].保存地点:保存单位,年份.

[序号]专利所有者.专利文献题名[P].国别:专利号.发布日期.

[序号]标准编号,标准名称[S].出版地:出版者,出版年.

[序号]报纸作者.题名[N].报纸名,出版日期(版次).

[序号]报告作者.题名[R].报告地:报告会主办单位,年份.

[序号]电子文献作者.题名[电子文献及载体类型标识].文献出处,日期.

第四节 个案研究法

个案研究法是以某个单一的、典型的人或事物为研究对象,通过在一定时期里连续进行直接或者间接的观察与调查,研究其行为发展变化的全过程的一种研究方法,这种研究方法也被称为案例研究法。它能广泛收集有关资料,详细了解、整理和分析研究对象产生与发展的过程、内在与外在因素及其相互关系,形成对有关问题深入而全面的认识和结论。

个案研究有三种基本类型:

个人调查,即对组织中的某一个人进行研究分析;

组织调查,即对某个组织、单位或团体进行研究分析;

事件调查,即对某个事件、现象或问题进行研究分析。

一、个案研究的主要步骤

1. 确定研究对象

研究人员首先应根据研究的目的和内容,确定在某一方面具有典型意义的人或事作为研究对象。比如,要了解中学生反社会行为的特点和形成原因,帮助学生形成和谐的人际关系和利他行为,就应该选择那些真正攻击性强、好争论、喜欢骂人、习惯性打架、人际关系紧张的学生作为研究对象,因为在他们身上才能体现出反社会行为的典型特征,研究他们所得出的结论才能符合研究目的,才有价值。

个案研究的对象应具有三个显著特征:

(1)在某一方面存在显著的、典型的表现性行为;

(2)在某一方面存在与众不同的测量评价指标;

(3)一些重要他人对个案有类似的评价和印象。

值得注意的是,由于这些特征往往是通过非正式或非标准化的测量评估方法进行评价的,难免带有主观性和片面性,因此,研究人员应在他们的初步评价基础上结合标准化的客观评定,才能比较准确可靠地确定研究对象。

2. 收集研究资料

全面、详细、准确地收集有关个案的研究资料,对个案研究的有效进行起着至关重要的作用。研究人员所要收集的资料包括:个案的基本内容,不同种类的材料,以及不同性质的材料等。

(1)基本内容:

身心状况,如身高、体重、生理有无缺陷、以往病史、心理健康状况等;

个人基本情况,如姓名、性别、年龄、出生年月、兴趣、爱好、个性特征等;

有关记录,如就读学校、年级、班级、学业水平、心理测量结果、品德操行评语、获得的奖励与惩罚,以及同伴评价等;

家庭与社会背景,如父母的受教育程度、职业、家庭经济状况、父母的管教方式、对子女的态度、家庭气氛、居住区的文化状况、主要社会关系、人际交往等。[1]

(2)材料种类：包括文字资料、图表图片、测量测验资料等。

(3)材料性质：如某一行为发生的频率、持续时间，发生的地点等。

资料收集可采用多种不同的方式。如用调查表的形式，让相关人员填写；采用测验的方式让被试回答；通过访谈的形式，向相关人员获取口头资料；也可通过直接访问研究对象，当面观察其行为反应，以收集第一手资料。

为了便于研究的开展，可以编制一些固定格式的记录表，以备不时之需，如下表：

---

[1] 张学军.地方教育科研的方法探索（二）[J].当代教育论坛,2007(11):8-11.

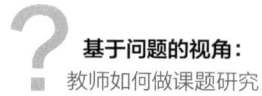

学生个案研究记录表

个案基本情况	姓名		性别		班级	
	学习情况					
	性格与人际					
	家庭情况	家庭结构				
		父母职业				
		经济条件				
		家庭教育				

个案的"问题"表现与特征	
观察与检测的方法	

前测结果	后测结果

备注	

3. 分析与指导

个案有关资料收集后，就要对这些资料进行认真的分析和研究。因为个案研究的主要任务在于揭示个案的问题性质是什么，提示某些特征形成和发展变化的规律，并提出解决问题的建议和措施，而这些都取决于在广泛占有资料的基础上能否做好对资料的深度加工和分析处理。

个案资料的分析可从三个方面着手：

（1）个体动力性分析：目的在于探寻出个案行为发生的内在驱动力，如个体的人生观、世界观与其行为结果之间的关系，以及构成这些动力的内在与外在的因素，如环境、情绪、需要、个性、健康、习惯性影响和对个体来说具有触发意义的重大事件与重要他人等。

（2）过程发展性分析：目的是要了解个案之所以产生那些动力、行为结果或问题的具体原因是什么，它们形成和发展的过程是怎么样的。

（3）临床病理性分析：目的是要探析个案的生理、心理等病理性特点，以及个案的成长发展受当前社会环境的影响程度，发现个案存在着哪些不相适应的地方，并找出这些不适应的关键因素所在。

通过对个案资料的分析，能够找出个案内在和外在的表现特征，从而发现问题的关键所在。但个案研究并不能就到此为止。还应在资料分析的基础上，针对个案的优缺点和存在着的问题因素，进一步设计一套适合个案发展特点的教育方案，因材施教，从个案发展的内外因素上加以成长性辅导。

二、个案研究的具体方法

1. 追踪研究法

个案追踪研究法就是在一个比较长的单位时间内，连续追踪研究单个的人或事件，从中收集各种信息资料，揭示其发生、发展和变化趋势的研究方法。

个案追踪研究法特别适合在以下几种情况中使用：

（1）探索人或事物发生、发展的连续性；

（2）探索人与事物发生、发展的稳定性；

（3）探索某一阶段教育行为对以后其他教育现象与行为的影响。

个案追踪研究法有利于全面系统地收集研究所需要的信息，但是也存在明显的缺点：首先，它耗时长且实施难度大，研究人员想要获得问题的答案往往需要较长的时间，需要花费较多的精力、人力和物力；其次，由于追踪研究的时间跨度大，各种无关变量都可能介入，从而影响研究的结果；第三，由于追踪研究时间较长，研究对象的心理会发生变化，或许不能长期与研究人员合作，研究对象流失，这也是一个问题。

2. 追因研究法

所谓追因研究法，就是指由已经存在了结果，去追寻和探究结果之所以存在的原因。如某个初中学生，初一入学时同学关系还不错，但是到初二就开始与同班同学格格不入，郁郁寡欢，显得非常孤僻，并经常与同学发生争吵，到初三就开始经常不去上学了。研究者去追寻这种心理与行为表现的原因，这就是追因法。

在使用追因研究法时需要注意以下问题：

（1）在明确研究问题时，一定要弄清已经存在的现象和结果是什么；

（2）在假设结果的原因时，要尽可能全面与准确；

（3）在进行纵向与横向对比分析时，要分析原因的主次关系和原因要素之间的关系；

（4）要注意对研究结论进行检验，把那些不真实的原因删除掉。

3. 临床研究法

临床研究法是以面谈为主要形式进行的一种个案研究法，故又称为临床谈话法。这一方法既适用于对陷入心理障碍困境的个案的研究，也适用于对正常（或者表现突出）个案的研究。前者的目的不在于发现一般的心理与行为倾向，而是通过临床研究来分析、诊断陷入困境的个案的特性，帮助他们解决所面临的实际问题，帮助个案走出困境；后者旨在发现由特殊的个案发展到一般的个案的现象与规律。

4. 作品分析法

作品分析法是个案研究的一种重要方法。如通过分析教育活动产品，既可了解学生的知识范围、技能的掌握程度、情绪情感、个性能力等，也可以借此了解教师的教育教学工作情况，分析教师是否贯彻了教学的基本原则，教学是否达到了预期的目标等。

在个案研究中，通常可以收集下列产品为研究对象：

（1）反映一个国家、地区或一所学校的教育工作情况的材料。如有关教育方针政策的文件、工作计划、规章制度、工作报告、报表、会议记录、总结、日志和信件等；

（2）反映某教师教育教学工作开展情况的材料。如教师的工作计划、教学设计、教育教学日志、听课笔记、工作总结、班会活动方案、与学生谈话记录等；

（3）反映学生的学习成绩、思想品德状况、心理健康状况等材料。如成绩册、日记、作文、书信、绘画作品、工艺作品、课堂作业与课外作业、实验报告、试题试卷等。

选择哪种作品作为研究对象要根据研究的目的与内容而定。在运用这种方法时，不仅要研究个案自身的活动产品，还要研究作品制造过程中个案的各种心理活动状态。如通过对儿童绘画作品的分析研究，可以了解儿童的知觉特征和对所绘物体的表象特征，还可以在一定程度上判断儿童的心理健康面貌、智力水平等。

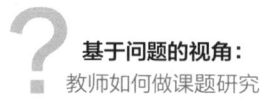

第五节 叙事研究法

叙事研究法就是研究人员以讲故事的方式,对教育教学中发生的典型事件进行详细的描述、分析、论证与反思的研究方法。其特征是通过故事化的叙事来描述人们在自然状况下发生的教育教学经验、教育教学行为以及教育实践知识,从而促进对教育的理解和解释。其研究目的是从已经发生的有研究意义和研究价值的教育教学事件中,发掘隐藏在其中的教育思想、教学理论等,从而发现、解释或揭示教育现象的本质和规律。

一、叙事研究的主要步骤

教育叙事的实质是通过讲述教育故事来体悟教育真谛,并非为讲故事而讲故事,而是通过教育叙事展开对教育现象的思考,引发对教育问题的探究。这是一个将客观、真实的体验与主观的阐释有机结合在一起的一种教育经验的发现和揭示过程。

叙事研究一般包括以下几个步骤。

1. 明确研究的问题

明确需要研究的问题是进行叙事研究的前提。教育叙事研究虽然已明确了总的框架是教育研究,但是教育研究的范围仍然很广泛,问题大小不一。笔者认为,教师进行的教育叙事研究更应关注微观层面的典型教育事件,要更加强调对某些特殊教育现象的观察和描述。

有意义的问题是教育叙事的要义。所谓有意义的问题,包含两重意思:一是研究者对该教育问题确实没有足够的认识与把握,希望通过本课题研究让自己得到一个明确的答案与问题解决的方略；二是该问题所涉及的人物、地点、事件等在当下学校教育过程中是确实存在着的，这对研究者来说就具有现实意义，是值得去关心的问题。总之，只有当研究者确定了研究问题后，教育叙事研究才有了明确的对象、边界与范围。

2. 选择研究对象

一旦明确了研究的问题，就需要选择合适的研究对象，这是教育叙事研究得以进行的关键。有目的、有计划地选取一个（或几个）研究对象，并透过这些对象去认识、把握教育教学的发展规律。研究对象的选择不仅要与所研究的典型问题相关联，还要考虑到研究人员与研究对象的关系，如年龄、性别、地域、个性、态度认同等，这些要素都会对研究人员与研究对象的关系产生一定的影响。

3. 进入研究现场

研究现场就是研究人员需要去观察、了解研究对象的真实环境。进入研究现场即走进来了研究对象工作、学习、生活及活动的时空，从而去认识、把握其典型性的行为、特殊的观念等所赖以产生的深层原因。

研究人员进入研究现场的方式是多种多样的：可以在自然状态下轻松地融入，如研究人员就是与研究对象生活、工作在同一单位；也可以创设特殊的情境快速地融入，如以学校科研顾问的身份；还可以通过学校领导的邀请、通过他人的介绍等直接走进现场等。但是，不管采用什么方式进入现场，都必须征得研究对象的许可。这不仅是研究伦理的要求与规定，也是保证教育叙事研究得到研究对象配合的重要条件。

4. 进行观察访谈

观察访谈既是在研究现场收集资料的重要方式，其本身也是一个研究过程。通过观察与访谈，能够帮助研究人员厘清思路，使研究更加清晰明确，同时，也能促使研究逐步走向深入。

观察访谈事先要有设计，应该围绕着研究问题展开。观察要力求客观，避免受"预设"或"先见"的影响；访谈则力求开放，使被访者在研究人员设计的系列开放性问题中轻松自如地思考并做出回答。

5. 整理分析资料

资料的整理与分析对教育叙事研究来说极为重要。每一次整理、阅读资料的过程，都会使研究人员对教育典型事件产生新的感受与体悟，进而产生新的教育意义之诠释。整理分析资料时要学会"让资料说话"。要特别注意避免研究人员原有观念、认识甚至偏见的影响。同时要尊重研究对象发出的声音。需要强调的是，教育叙事研究是对教育事件本身的分析，是基于资料、事实进行的意义判断，切不可脱离资料、撇开事实进行主观臆测。

6. 撰写研究报告

在前面大量研究工作的基础上进行的总结性归纳，就是教育叙事研究报告。（详见第八章）

二、教育叙事研究的基本类型

教育叙事研究主要包括教学叙事和生活叙事。

1. 教学叙事

教学叙事就是研究人员将某一课堂教学过程叙述出来，使之成为一份相对完整的教学案例。教学叙事不是课堂教学实录，因为课堂教学实录不能表现出教师反思教学行为的改进策略。所以，教学叙事通常采取夹叙夹议的方法，将教师对教育的理解以及对这节课的反思插入到相关的教学环节中，用"我当时想……""我现在想起来……""如果再有机会上一节课，我会……"等方式，来表达自己对教学改进的思考。

教学叙事可以选择从不同的角度切入：

（1）可以选择某一主题单元、一堂课的整体教学设计与实施，叙述其是如何进行的,包括设计理念、教学的基本过程、教学重难点的突破、因材施教、课堂效果总结等。

(2)可以选择一节课中的某个教学环节。如教学过程的某一特定阶段、一段教材内容的典型化处理与调整、教师某一特别有效的教学行为的发生、学生学习方式的改变等。

(3)可以选择课堂上的突发事件。如师生之间、学生之间发生的争吵,教学进程中出现的冷场阻碍了教学的深入,教师受窘于学生故意提出的难题等。

(4)可以有重点地选择研究某一教学阶段发生的特殊事件。如某一公开课前集体备课过程中的争议、课后专家评课引发的讨论等,都是很有研究价值的。

2. 生活叙事

生活叙事即对教育生活故事的叙述,以显示事件中所蕴含的教育生活体验,从而揭示教育生活的意义。

教育生活叙事可以从以下角度切入:

(1)教育活动

除课堂教学外,学校组织开展的各种活动都是学校教育的重要组成部分,包括学校少先队活动、社团活动、班(团)队活动、社会实践活动、研学旅行活动、研究性学习活动等。与教学活动相比,学校教育活动的内容更加丰富,形态更加具有开放性、生成性和不确定性。所以在组织开展这些活动时,必然有许多值得研究的问题。如活动主题的设计、活动的组织形式、教育活动课程资源的开发、教育内外环境的支持、学生的自主管理、教师的等待与介入指导,等等。

(2)教育事件

学校教育工作实际上是由一系列的事件组成的。在丰富多彩的学校生活中,总会有一些典型的事件给人以特别的感受,即使时过境迁,物是人非,有些事件仍会留在人们记忆的深处,触动人的情感和灵魂。关注这些事件,就会发现许多值得去研究的内容。如一次失败(成功)的家访、一次对学困生的个别辅导、一次教室打架斗殴(或失物)事件的处理、一位教师面对自己教育失误的场景、一本记载师生对话交流的作业本、一张学生手绘的"最美教师"的荣誉证书、一张具有特殊意义的节日贺卡,等等。事件的生动感人和事件本身包含着的教育哲理与教育意义,应该是选择事件作为教育叙事研究对象的重要标准。

（3）教育人物

教育的对象是人,课题研究必然是对人的研究。在学校教育生活中,作为研究者的教师经常会对班内某些特定的对象予以特别的关注,并产生进一步了解和研究的兴趣。这些对象可能是一个学习困难(或者有品行障碍)的学生,也可能是一个有特殊天赋的学生,或者是一个优秀的教育工作者。通过对这些人的研究,可以发现、体会和借鉴许多有意义的、宝贵的教育教学经验。

思考题

1. 你平时常用的研究方法有哪些？有哪些方法在运用时还存在问题？
2. 就自己的研究课题制作一份课堂观察记录表。
3. 围绕教育教学中的一个研究问题,设计一份调查问卷。

第五章
好猎手要配好的猎枪：课题研究的常用方法

请写下你对本章的想法和建议

第六章

咬定课堂不放松

教师行动研究的认识与应用

> **基于问题的视角：**
> 教师如何做课题研究

尽管在许多介绍教育科学研究方法的专著中，行动研究被放到与调查法、实验法这类技术性的方法并列的地位，但是它与调查法、实验法却有着不同之处：行动研究只是一种进行研究的工作方式，而非一种方法。因为这种研究方法是由实际工作的人员在实际的情境中进行研究，并将研究结果在同一个情境中应用，至于研究的设计与实施，仍要采用其他各种研究方法来进行。

第一节 行动研究的前世今生

"行动研究"作为一个术语出现，最初始自美国的柯利尔（J. Collier）。柯利尔在1933年至1945年担任美国印第安人事务局局长期间，为探讨改善印第安人与非印第安人之关系的方案，让局外人士参与到研究过程中来，与他和他的同事合作，他称这种方式为"行动研究"。

早期行动研究得到比较系统的阐述得益于美国社会心理学家勒温（K. Lewin）。勒温在他20世纪40年代的著作中比较系统地阐述了行动研究作为一种问题解决策略的目的、方法和步骤。在他看来，行动研究包括：分析问题、搜集事实；制订行动方案计划，执行它们，然后搜集更多的事实并予以评价；这一整个行动循环重复，螺旋重复。20世纪50年代，行动研究的思想被广泛地介绍到教育领域，"教育行动研究"曾经在美国风行一时，柯雷（M. S. Corey）是这一时期教育行动研究的重要倡导者之一。

行动研究在其发展过程中，尤其是在20世纪70年代以来，受到了各种思想的影响。70年代以后，教育界对教育理论与教育实践的关系、研究者与教师的关系等方面进行了经久不衰的争论和研讨。这场争论的结果之一就是行动研究得到了很大的发展。在英国和澳大利亚,斯腾豪斯(L.Stenhouse)在20世纪70年代中期提出的"教师即研究者(teachers as researchers)"的思想为行动研究的发展提供了一种重要的理论背景;在美国,施瓦布(J. J. Schwab)在20世纪70年代提出的课程探究"实践模式"的思想,舍恩(D.Schon)在20世纪80年代提出的"反思的实践者(reflective practioner)"思想,也为行动研究的发展注入了新的血液。

到今天,在教育领域,行动研究已经成为一项声势浩大的"国际性运动"。在国内,行动研究似乎已经成为教育科学研究工作的金科玉律。

第二节 行动研究的基本特征

杰夫·米尔斯(Geoffrey E.Mills, 2006)对"行动研究"是这样界定的:行动研究是由教师、校长、学校辅导员或其他教学相关人员主持的,收集学校的管理体制,教师的教学方式,以及学生的学习情况等方面的信息。收集这些信息的目的在于增长见识,促进反思实践,改进学校环境(或教育实践),以及提高学生的成绩,改善他们的学习环境。[1]

行动研究无论是在实践上,还是在理论上,都已经形成了一个庞大的体系,很难用一个定义把这个体系中各个部分的具体旨趣、范围与途径都概括出来。不过,它们在一些特征上还是一致的。我们可以从下面三个方面来理解行动研究的基本特征。

---

[1] 杰夫·米尔斯.教师行动研究指南[M].重庆:重庆大学出版社,2010:6.

基于问题的视角：
教师如何做课题研究

一、为行动而研究

就传统意义来说，开展教育研究的目的是探寻教育的客观规律，也就是教育的"真理"。但是，行动研究的根本旨趣不是为了理论上的产出，而是为了实践本身的改进。行动研究本身就包含了这个"收获真理的过程"。实践者不但直接参与了研究过程，而且在这个过程中，他是"科学共同体"中平等的一员，而不是某种"权威"教诲的聆听者。如施密斯（D. L. Smith）所说的那样，行动研究的精神在于：它是这样一种革新的过程，这个过程的目的在于某个人或某团体自己的，而不是其他人的实践的"改善"，这个"改善"难有终结目标，因而要求行动研究是一个不间断的螺旋、循复的过程。[1]

二、对行动的研究

如果说行动研究"为行动而研究"的旨趣暗示了这种研究方式是"以实践为中心"的，那么，"对行动的研究"则表明行动研究是一种"以问题为中心"的研究形式。

"问题"（即行动中值得研究的对象）在不同的教育工作者看来可能并不一样。例如，在有些人看来，行动中值得研究的是这样一些问题，这些问题可以通过数据的收集、分析，通过某种技术的创制或应用而得到解决；而在另一些人看来，实践中最重要的问题是让教师了解他的行动"意味着什么（已经或可能在学生身上产生什么样的实际影响）"，这样，问题可能并不是固定的，而是随着研究的深入而不断变化的；另外一些观点可能会认为行动研究应该关注的问题是学生的"兴趣""个性""品德"等非智力因素，或者是"公平""管理"等相对更为宽泛的问题。但不管是哪一种理解，问题的发现与界定都是行动研究的起点。

---

[1] 宋晓云,徐智仕. 教育行动研究中反思的功能 [J]. 南昌高专学报, 2003（4）: 53-54.

三、在行动中研究

行动研究是教师"课堂在场"的研究。所以它既不是在实验室里进行的研究，也不是在图书馆、书房、办公室中进行的研究。教师行动研究的场所就是教师的工作场所（即课堂），教师既是从事研究的人，也是要应用研究结果的人。也就是说，教师的研究是为了更好地改进自己的工作。这双重身份整合在同一主体身上，使得行动研究过程实际上成为教师的一个学习过程。

教师在行动研究过程中，通过不间断地对自己的教育教学行为进行观察与反思，通过与专业的教育研究人员或其他同事的交流，能不断地加深自己对教育实践的理解与反思，并在这种理解与反思的基础上提升自己。这样，行动研究就超越了传统上对研究功能的界定——"真理"知识的增加，而成为人的发展的一个过程。

第三节 行动研究的基本过程

行动研究的不同理论背景使得教育行动研究有了许多不同的模式。每一种模式由于理论假设不同，关注的教育情境与问题也不一样，在实施行动研究的具体步骤上必然也存在着一些差异。但在基本操作层面，行动研究总体上遵循了勒温确立的一些基本研究思想。这些思想包括：行动研究的起点应该是对问题的"勘查"——界定与分析；行动研究应该包含对研究计划及其实施情况的分析与评价，并在这种分析与评价的基础上加以改进；从总体上看，行动研究的进程是一个螺旋循环深入的过程。

杰夫·米尔斯（Geoffrey E.Mills,2006）认为行动研究是教师自己出于自身需

要而进行的,不是别人强加给他们的。它要求教师完成四个步骤[1]:

1. 确定研究问题。
2. 收集数据。
3. 分析和解释数据。
4. 制订行动计划。

从教育研究的实际情况看,整齐划一的行动研究模式既没有必要,也不可行,因为统一的模式本身就与行动研究的主旨不符。行动研究必然可以在遵循它的基本研究思想的基础上有多样的形式。不过,作为一个完整行动研究的过程来说,无论是哪一种理论或者模式,计划、实施与反思这三个环节总是不能少的。

一、行动研究的计划

行动研究的计划阶段需要完成的是:明确问题、分析问题、制订计划。

1. 明确问题与分析问题

在教师的教育教学实践中,总会遇到一些需要解决的问题或难题。比如:自己班上的一些学生对某门课的学习积极性不高;班上的课堂纪律不好;某种教学方法可能对班上的部分学生不能达成预想的效果;想知道某种新的教学方法在这个班上应用会有什么样的效果,等等。要解决这些问题,首先要对问题本身进行确认,要尽可能明确这个问题的性质、范围、种类、形成过程及可能造成的影响。

(1)教师遇到的是一个什么教育问题?是教学方法问题,还是学生的心理问题?是课堂纪律问题,还是学习动机问题?或者是同学关系不良的问题?

(2)这个问题是普遍性的(几乎所有的学校、所有的班级都有这个问题,也就是说,这个问题是这个年龄阶段的学生普遍具有的)问题,还是特殊的(只有某个班上的学生有这个问题,只有这门课有这个问题,或只有某一个学生小团体有这

---

[1] 杰夫·米尔斯.教师行动研究指南[M].重庆:重庆大学出版社,2010:6.

个问题等)问题?

(3)这个问题产生的原因可能会有哪些?是受社会大环境的影响,还是受学校学风的影响,或者只是受这个班的班风的影响?是因为教学内容的原因,还是因为教学方法的原因,或者是因为学生心理方面的原因?等等。

(4)这个问题的存在对课堂教学的效果会有什么样的影响?会不会严重地影响到教学的效率?或者只有改进之后才会比较明显地改善教学效果?等等。

对问题做了界定与分析之后,接下来要考虑如何解决这一问题,提出一个总体的研究计划。

2. 制订计划

行动研究计划的制订主要包括以下要素。

(1)计划实施后预期达到的目标。目标的陈述要尽量可见可行,从小做起。比如要提高学生对某门学科的学习兴趣,应对"学习兴趣"这样一个比较模糊的概念进行更详细的分析,分解为一些可操作、可监测的目标,比如注意持续时间、提出疑难的数量、课后自学时间等等。

(2)课堂教学试图改变的因素。比如为了提高学生对某门学科的兴趣,在充分分析问题形成原因与过程的基础上,可能考虑到要改变教学内容的呈现形式,可能考虑到要改变教师的语言风格,也可能要改变学生座次的安排等等。一般而言,为了便于分析研究结果,一次改变的因素不宜太多。

(3)行动的步骤与时间安排。行动研究的总计划要有灵活性,并具有暂时性和尝试性。因此在研究的进程及采取行动的大致时间安排上也要反映出这个特点。

(4)本研究涉及的人。课堂行动研究不可避免地要涉及一些可能与本研究有密切关系的人,比如校长、其他教师、学生群体等等,行动研究计划应该考虑到如何处理与这些人的关系,如何与他们进行交流,获得必要的信息,如何尽量减少他们可能对本研究造成的不良影响,以及如何使他们配合本研究的正常进行。[1]

---

[1] 赵爱民.中小学研究型教师的培养[D].华东师范大学,2003:21-22.

所以，制订行动研究计划时必须充分考虑到一些现实存在的因素，以期对计划实施的现实性有一个客观的认识。需要考虑的问题有：

(1)本人有无从事行动研究的经验？自身的研究能力如何？

(2)自己所遇到的问题在以往的教育研究或实践中已有什么样的解决方案？它们对本研究有什么参考价值？

(3)有哪些可以一起探讨交流或合作研究的人，即课题组成人员都有谁？

(4)计划实施过程中可能会受到哪些人或事的影响？

(5)在多大的时间跨度上(几个月、一学期、一学年等)可以实施这一计划？

(6)在所处的实际教育教学工作情境中，有哪些物力、人力等方面的限制与支持？

二、行动研究的实施

实施阶段主要包括两个方面：行动及对行动的观察。

1. 行动

把计划付诸行动是行动研究的核心步骤。教师行动研究的根本目的就是要解决教育教学实践(行动)中的问题，改善教育教学实践(行动)的质量。因此，教师行动研究中的行动与其他研究方法(如实验法)中的行动相比，具有更强的情境性和实践性，它是在不脱离正常教育教学秩序(环境)的前提下进行的。所以，在行动研究的实施阶段，按计划行动需要注意到：一方面，教师应当尽量严格地按照预设的计划进行实践研究；另一方面，教师也应当充分考虑到各种现实因素的变化，行动研究的计划在实施过程中要有一定的弹性(灵活性)，需要随时根据实际情况做出必要的调整与修改。

2. 观察

在实施行动研究计划的过程中，另一个重要的任务就是对行动情况进行观察和记录，收集有关资料，以便及时地对计划实施情况有一个大致的了解，并对研究的过程和结果做出比较全面、深透的分析。

根据课堂教学的现实条件,除了不可少的文献研究法、调查研究法等,经常用到的方法主要有:

(1)课堂观察

在行动研究中,教师可以邀请自己的同事或者相关领域的专业研究者到自己的课堂中来,帮助对课堂教学情况进行观察和记录。一方面因为大家有比较共同的经验基础和兴趣点,可能更容易发现问题;另一方面也易于促进交流与合作,而且由别人来观察也比较客观。教师当然也可以自己进行观察,但有必要提醒的是,教师自己的观察要尽量保持客观,不要让主观愿望影响了观察的结果。最好几种观察方法同时运用,相互参照,效果会更好一些。如果有条件,最好能够对课堂教学情况进行录音、录像,这样对行动研究的资料收集与结果分析将有很大的帮助。

【案例】

对研究对象(荣荣)的行为观察、记录与分析[1]

通过观察荣荣在集体生活中与同伴及老师相处的情况,我发现荣荣基本不跟同伴有交流行为,从不跟同伴讲话。最常见的给予同伴的行为就是推开挡住自己的同伴,对于老师的指令和语言全然不给予回应,想干什么就干什么,对任何人对于他的言语表现,基本没感觉。为了了解荣荣的语言表现和反应,我客观地对他进行了跟踪记录。主要记录荣荣对于别人和自己交流时的应答情况,对他自己有所需求时的表达情况也进行了记录。

---

[1] 课题负责人:宁波市奉化区第三实验幼儿园王维维。

时间	地点	事件	对话	反应	分析结果
10月15日	教室	当荣荣口渴时看见盆里有水直接拿起盆子就喝了起来	小朋友:"这不能喝,很脏的。" 老师:"荣荣,要拿杯子喝水,不能这样。"	荣荣不理大家,像是没听到,继续捧着盆子喝里面的水	荣荣真的口渴了
10月16日	教室	小朋友正在安静地画画,突然听到荣荣大声地喊"哎呀呀,哎呀呀!"	老师:"荣荣你怎么了?"	继续"哎呀呀,哎呀呀!"	有支水彩笔的笔帽拔不下来
10月17日	教室	饭菜很香,有些小朋友想继续添饭菜会说"老师我还要……"只见荣荣捧着餐具走到餐车前看着一个个的桶	老师: 1. 荣荣你还想添饭还是菜,还是汤? 2. 是菜吗? 3. 添饭是吗? 4. 是要汤吗?	荣荣只是看着餐车东看看西看看 继续看 荣荣看见汤之后把餐具递给了老师	他想添汤了
10月25日	教室	集体教学时间,小朋友正在认真听故事"小兔子把种的萝卜拿给小熊吃……"突然荣荣发出"小熊,嗯啊咿呀嗯啦……"	老师:荣荣不讲话,听听下面发生了什么?	荣荣继续"小熊,嗯啊咿呀……"	猜想他听到小熊,想扮演小熊表达自己的想法

(2)访谈与问卷

访谈与问卷调查是在行动研究中获得教育教学情况的重要手段,能够透过现象获得对教育教学问题的背景、成因、过程及影响的比较深刻的理解。(详见第五章)

(3)个人资料收集

个人资料主要有两大类:教师的个人资料和学生的个人资料。教师的个人资料是行动研究的重要材料。教师要有意识地记录自己从事教育教学工作的所见、所闻、所感,并适时地分析和总结这些材料,获得对自己实践的比较全面的认识。许多优秀教师的成长过程中都能看到他们积累与记录自身经验的痕迹。因此，教师在从事行动研究的过程中要形成及时记录自己的"教历"的习惯，主要内容可以有：自己对某个单元或者某堂课的教学设计与实施的情况，自己对实际教学过程中出现的一些问题的观察与分析，通过分析提出解决方案，这些方案在接下来的教学经历中的实施情况，等等。教师比较系统地记录个人对教育教学实践的设计、观察和思考，并进行分析与总结，不但能对自己的实践有一个比较清晰的反思性认识，而且也能为开展行动研究提供真实情境的材料。

学生的个人资料可以包括学生的家庭背景情况、学习简历、学业成绩与品德表现、兴趣爱好、个性特点等等。行动研究是以改善教育教学实践为宗旨的研究，因此也应该鼓励教育教学实践中的主体——学生，参与到行动研究中来。这样不但能给行动研究的推进带来积极的意义，而且也可以收集到更多有价值的资料，为进一步研究奠定基础。

三、行动研究的反思

教师行动研究的具体展开可能会在实践中表现出不同的外在形式。这些具体的行动研究过程是不是科学、可行，是每一个在进行行动研究的教师都应该反思的问题。反思的主要任务是在经过一段时间的研究检验、收集了相关数据资料后，对原先的分析、计划和实施进行必要的调整。

反思性调整需要建立在对行动研究科学、准确评价的基础上。对教师行动研究的评价，大致可以从以下六个方面进行：

1. 问题界定是否明确？问题边界是否清晰？
2. 行动研究的操作要义是否清楚掌握？
3. 行动研究的计划是否合理、周详？
4. 研究者是否按研究计划全面执行？
5. 个人资料的收集与记录是否详尽，有没有遗漏或错误？
6. 行动研究结果与结论的信度与效度如何？

行动研究的反思和认识

第四节

我国著名教育家叶澜教授曾指出:"一个教师写一辈子的教案不一定成为名师;如果一个教师写三年的反思,则可能成为名师。"没有反思的经验,只能是狭隘、片面、肤浅的经验,不会反思的教师,其教学、研究能力和水平至多只是经验的累积。只有能够不断反思的教师,其教育智慧和研究水平才会随之不断提高。所以对行动研究的反思,是更好运用行动研究法、提高研究质量的保证。

一、选好研究的课题

行动研究的重点或基本对象,决定了其研究的目的或任务是要通过行动研究来回答、解决实际教育教学中存在的问题或困惑,为提高教育教学质量服务。所以,行动研究选题的基本要求是要选择教育或课堂教学中遇到的实际问题,突出某一角度或层次的问题,或出现的新情况,有针对性地提出解决这一问题或困惑的具体措施。这样的研究才有实际意义,研究的成果才有实际应用价值。

行动研究的好选题必然来自教育教学的实际问题,比如下面这些选题都是适合行动研究的选题:

- π 空间站:小学数学卷入式学习的载体设计与运作
- 基于标准化学试题研制的教学行动改进研究
- 小学数学"求联"思维方式培养的课例研究
- 初中数学课堂自主学习新范式的构建与实践
- 基于"微学案+"的初中导学新常态的实践研究

- 小学美术"活作业"架构的实践与研究
- "探案式"评课：改进教研全过程的实践研究
- 中学课堂"问题链"导学法的行动研究
- 基于认知规律的物理习题教学策略实证研究
- 儿童绘画作业在立体造型中的应用研究

二、把握好研究的逻辑起点

研究课题选好后，就要把握好课题研究的逻辑起点，根据逻辑起点，选择好本研究的核心概念，并对核心概念进行深度研究，认识、理解和掌握其应有的内涵、外延、特点和对本研究的价值。

比如，"初中科学课教学中'发现法'是否能比'讲授法'产生更好的效果"这一课题，其研究的逻辑起点是"效果比较"。而要达到预期目的、完成预期任务，首先就要研究"发现法"和"讲授法"的教学特点，比较其效果的内涵、外延、操作等，最后才能够通过比较判断出哪一教法更好。

三、厘清研究的基本思路

根据行动研究的逻辑起点和涉及的基本概念，要厘清研究的基本思路：

一是通过查阅大量的文献，了解与自己研究课题相关的、已有的研究成果，从中吸收营养；

二是通过比较，了解自己所选课题的研究价值、研究目标、研究对象、研究方法等特点；

三是根据前期的比较了解，制订科学、合理、可行的行动研究方案；

四是根据研究计划，执行落实到位，并在行动中不断调整研究计划。

研究思路是否清晰，撰写的研究提纲是否恰当，是决定其研究达到预期目标的关键。

四、客观分析和组织论据

分析和组织论据,要坚持围绕研究提纲进行,特别是分析调查问卷、访谈内容(包括原话、原始数据)时,应兼顾其在统计上的意义及实际意义,而后者尤为重要。在论述或解释结果时,应当客观且特别注意所得资料的准确性,用词、用句、用料的准确性、充分性、内在逻辑性和严谨性,不可主观推出结论,更不能无中生有或胡编乱造。

行动研究是一种值得推广的应用教育教学研究方法,它弥补了专门理论研究的不足,是一种将中小学教育教学改革引向教育科研之路的、接地气的好方式。为了更好地实施行动研究,使之产生更大的研究收益,并将收益转化为提升教育质量的生产力,希望教师在实施行动研究的过程中,尽量争取专业的教育研究人员的指导,甚至可以开展合作研究,以提高行动研究的科学性和成效。

第五节 寻找识字教学的正确坐标[1]
—— 教师行动研究案例

一、缘起:识字教学"失位"现象

当我第一次拿到部编版语文书时,我仅仅停留在惊讶于它的外观发生了改变,拼音不再成为小学语文的第一块砖,仅此而已。听着学校老师讨论着部编教材的编写意图,我心想着再怎么改革,只要自己认认真真备好每节课,上好每节课,再变也是一样的吧。那时的我无知无畏,还不知道这场"改变"对我的影响有多大。

但是很快,我就意识到我错了。在上第一次展示课时,我以教师范读和

---

[1] 2018年宁波市优秀教研论文评审材料。作者佚名。

领读来作为指导学生识字的主要方法,听着孩子们流利的读书声,我想识字目标应该是达到了吧。可是在随后的反馈中老师们对我提出了几点问题:识字方法老式,不够新颖,课堂气氛不够活跃;教师讲授过多,学生积极性不高;识字教学与阅读教学脱离,效果不理想。问题像一把把利剑刺向我,令我哑口无言。我细细地回顾了我的每一节语文课,发现在阅读教学中,识字教学的处境十分尴尬,其和阅读彼此不融,甚至失去了自己正确的定位。在实际教学过程中,各种"症状"层出不穷,真令人忧心忡忡。

症状一:孤立症

将识字从阅读教学中抽离出来。只在课的开头和结尾象征性地安排生字认读。没有实质的着力点,只重复做一些量的叠加——带音节读,去音节读,指名读,开小火车读,齐读——将识字完全孤立起来,与阅读教学没有丝毫的关联。

症状二:肥胖症

将识字作为教学的"重中之重"。教师循循善诱地带读字音,分析字形,讲解字义。学生不厌其烦地记忆字形,组词扩词。识字过程"大腹便便"。

症状三:消瘦症

识字成了阅读的累赘。教师将所有精力都集中在阅读教学上,认字读词如蜻蜓点水般一带而过,识字成了可有可无的摆设。

二、探究:识字教学"复位"对策

发现了问题,我决定不能再坐以待毙了,要重新探究一下手中的教材。这才发现部编教材的识字板块是亮点满满,而我之前竟未发现。首先编排上遵循"识写分流、多认少写"的原则,其次拓展了识字的渠道——集中识字(识字单元)、课文识字(课文单元)以及园地识字。这无不彰显着新教材对学生识字能力的重视。那么如何提高学生的识字能力、培养学生对识字的兴趣?这成了首要解决任务。针对目前现状,根据"失位"缘由,我觉得首先应在思想上明确识字教学融合在阅读教学中的重要性,然后结合行为实践,帮助低段阅读教学中的识字教学"复位",努力营造识字与阅读和谐相处的美好境界。

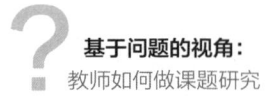

（一）学而不思则罔——明确意图

《义务教育语文课程标准（2011年版）》第一学段阶段目标对识字教学提出了这样的要求："喜欢学习汉字，有主动识字的愿望。""认识常用汉字1600～1800个，其中800～1000个会写。"面对如此艰巨的识字任务，教材又是如何编排的呢？我对部编教材一、二年级识字量分布进行了统计：

教材册数	总识字量（个）	阅读课中识字量（个）	所占比例	识字课安排（课）
第一册	300	147	49%	10
第二册	400	246	61.5%	8
第三册	450	340	75.6%	4
第四册	400	310	77.5&	4

从上表中可知，识字是低段教学的重点，年级越低识字任务越重，部编教材第1—4册安排的识字量占小学阶段识字总量的86%。识字与阅读关系密切，绝大多数的生字认读穿插在阅读教学之中，所占比例随年级上升而有所递增（学生差不多平均每课要学习13个以上的汉字）。教材如此编排，意图显而易见：

一是顺应《义务教育语文课程标准（2011年版）》理念，将识字融合在阅读之中，以"儿童熟识的语言因素作为主要材料"，通过具体的语境认字读词，让文本成为识字的重要依托，让阅读成为识字的重要途径，最终达到"多认少写"的目的。

二是遵循学生的认知规律，摒弃以往依靠枯燥乏味的认读和课后大量机械抄写的识字方式，借助阅读帮助学生建立字形与音、义的联系，让识字成为学生情感过程和认知过程相互统一的优化过程。

（二）思而不学则殆——行为跟进

那么在实际的操作过程中，该如何将识字教学融合在阅读教学之中呢？我认为教师可从三方面入手，从而实现两者的巧妙融合，帮助识字教学恢复应有的地位。

1. 借助微课,激发识字兴趣

低年级的学生还处于形象思维阶段,对新鲜事物充满了好奇,尤其对丰富的色彩、直观生动的动画画面感兴趣。兴趣是最好的老师,只有学生对这个知识点感兴趣了,才会产生强烈的学习愿望,从而主动去学习。而微课正好可以利用其生动形象的动画视频把陌生抽象的知识点变得具体生动,从而达到让孩子更好地理解的效果。

如在上《日月明》一课时,因为学生第一次接触"会意字",如何让学生了解到会意字的特点、感受古人的构字智慧的同时,又能让他们感受到识字的乐趣、激发他们的自主识字热情,就成了这节课的难点。于是我利用微课将会意字的特点制作成4分钟左右的动画视频,以学生最熟悉、最吸引他们的动画形式来解释对他们来说陌生抽象的会意字。通过微课,学生们不仅了解掌握了会意字的特点,感受到了古人的构字智慧,还表现出了对识字的极大兴趣。

可能会有教师认为微课和我们语文老师是没有关系的,但是微课可以有效地创造充满活力的课堂氛围,提高学生的学习兴趣,从而达到良好的学习效果。因此微课作为创新元素加入课堂教学是很有必要的。

2. 字理识字,强化识字方法

加一加、减一减、换一换是一年级识字教学中常见的形式,我们不难发现语文课堂中老师在识字方法上对此的依赖。诚然在最初进行识字教学时,由于学生的识字量少,认识生字有一定难度,"加减换"有效地帮助了学生通过已经认识的字去认识新字。但过度依赖"加减换",就导致了识字方法单一,识字过程冗长。

另外,汉字主要是表意文字,每个字大都含有一定的文化意义,也就是含有一定的字理,可表达一定的意思。每个字都是一个载体,一定的文字必然载负着一定的文化、思想、感情。只将汉字做粗暴的切割和模式化的纠音组词,而不去理解汉字背后的文化思想,还怎么感受到汉字的博大精深呢?而在这点上,其实通过字理识字法就可以帮助教师从汉字字义上引导学生认识汉字各部分组合的内在联系及合理性,使学生理解字的构形、读音、表义的道理,使字的音、形、义统一。这样不仅会使学生比较牢固地掌握字的音、形、义,而且会理解汉字的造字原理,使之掌握得更加牢固,识字过程也不会拖沓。

如在《咕咚》一课中,对"家"的识字教学上,我先是出示了"豕"的字形演变,引起学生的兴趣,然后对其进行读音释义。再通过"豕"解释"家"的意思——古代生产力低下,人们多在屋子里养猪,所以房子里有猪就成了家的标志。这样用字理识字法一解释,学生不仅记住了"家"的音、形、义,还知道了"豕"的读音,明白了豕就是猪的意思。而且整个识字过程中学生都自发地提出疑问,表达了强烈的学习兴趣,比反复"加减换"、读音组词更有效果。

字理图可以在教学中帮助教师引导学生在观察中感悟汉字的演变规律,引导他们发现图变字的规律,学会用"字理"识字。知其然,知其所以然,这样学生们便能掌握独立识字的方法,形成识字技能。

3. 组块学习,提高识字效率

一节语文课40分钟,在有限的时间里,教师往往会把精力更多地投入到阅读教学,识字教学更多会放在开始几分钟一笔带过。但是每篇课文都有10~14个生字的量,时间投入少,而生字量却很大,学生的识字效率并不高。但是汉字的神奇之处在于它们彼此之间有一定的联系,这就可以利用"组块学习策略"。"组块策略"就是将零散的构件组成有意义的单元。从信息加工的角度来看,组块是人对信息进行组织或再编码。可以说,要想增加阅读的容量,提高阅读教学的信息加工效率,组块是关键。根据材料的意义性程度,组块大致可以分为两种不同操作:对意义性不强的、难以归类的材料,力求从材料中创造某种联系并赋予它们一定的意义;对于意义性强的材料,力求抓住字面意义背后的深层意义,进行深水平加工。而这种联系可以是汉字之间的联系,也可以是汉字与生活之间的联系,找到这种联系,打开学生的想象力,就可以有效地提高学生的识字效率。

如在《树之歌》中出现的生字一半以上带木字旁:梧、桐、桦、松……这些都是带木字旁的字,所以都和树有关,这些都是树的品种。此外,这些字又有"形声字"的共同点,有了这个联系,读音上就可以借助声旁来很快熟悉。汉字是有功能奇特的部件的(如部首偏旁),在识字教学中可以通过对它们的归类来批量识字，只要抓住字与字之间的内在联系，就可以轻轻松松地学会一大串字。

教师应引导学生发挥想象发现汉字中的联系，系统大量地识字，从而提高识字的效率，而学生识字效率的提高又有助于推动阅读教学的进程。

三、反思：识字教学任重道远

在实践中，我们不难发现，为低段阅读教学中的识字教学"复位"，首先应把握时机，增加"复现"频率，体现教学的层次性。其次，要防止识字孤立无援的教学模式，想方设法让其与阅读教学整合。但是两者的整合又不是简单的相加，而是在阅读教学中，有机进行识字教学，有效识记生字；同时在识字教学的过程中促进阅读教学，增强学生的阅读能力，强调两者相互渗透、相互作用。另外，可采取多样、科学、趣味的教学方式，让学生学得有趣、学得扎实。

当然，课堂存在不确定性，识字教学更不能机械重复，整齐划一。这就要求教师有正确的教学理念、高超的教学机智、灵活的教学手段，针对不同的教学文本，因文而异，随文进行教学，让识字目标在阅读教学中落实，让识字能力在阅读教学中提高。

实践证明，只要方法得当就能有效缓解阅读"一方独霸"，识字"一方独宠"等不良症状，激发学生的学习兴趣。因此，让我们一起再接再厉，努力打造识字与阅读和谐相处的美好境界。

思考题

1. 如何理解行动研究是教师"课堂在场"的研究？
2. 联系自己的一个研究课题，谈谈行动研究的具体实施过程，并反思存在的问题。

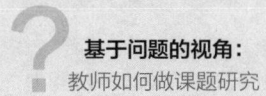

基于问题的视角：
教师如何做课题研究

请写下你对本章的想法和建议

第七章

研究无难事,只怕有心人

研究资料的收集与分析

对教师的研究来说，研究过程中要重视的是善于"找米"与"借力"，这个所谓"米"与"力"，就是课题研究的资料。教师要学会各种研究资料的收集方法与途径，并能对其加以整理、分析与处理，这样才能揭示各种具体的教育现象背后的本质与规律，从而取得良好的研究效果。

课题研究资料的收集

课题研究资料是指课题研究者在研究过程中所收集与使用的与课题研究相关的信息材料。每一个课题研究都离不开研究资料，它不但能使课题研究者了解掌握相关研究领域的已有研究成果、发展历史以及当前的研究趋向，以帮助研究者正确地选择研究课题，同时还可以为课题的开题论证提供充分的理论与事实依据。更为重要的是，一些重要的研究资料还能启发与拓宽研究思维，激发研究者的创作灵感，从而使研究更科学、深入。所以，我们应该形成这样的研究意识：从教育课题研究的起始一直到研究的终结都要使用研究资料。从一定程度上说，课题研究的过程就是对资料的收集、整理、分析和再利用、再创造的过程。

一、研究资料收集的路径

1. 通过文献阅读收集资料

开展教育课题研究，文献阅读是最基本的资料收集途径。教师在研究过程中一定要养成阅读的好习惯，并掌握阅读的基本方法，通过阅读来汲取营养，丰富自身的研究修养。

阅读有三种最基本的方式：略读、精读与泛读。在学习和研究过程中，三种方式都是不可缺少的。

略读着眼于通观大意，有针对性地寻找自己所需要的研究材料，对资料中与自己所研究的课题没有太大关系的材料就可以略去不看。其阅读要点是看文本的题目与文中各级标题。

精读指的是在略读的基础上，对有典型参考意义的文章，或者某一文章中的重点内容，进行逐字逐句的研读，不但要透过文章的字面意思去深入领会其所表达的深层含义，还要准确把握文章的实质性思想、整体性观点，并及时做好阅读笔记，做好摘录，搜集目录索引，以供之后使用。

泛读是指教师在阅读中不要拘泥于自己的学科领域，要适当进行一些跨学科的阅读，同时也要经常阅读一些国外的教育类专著与杂志。

2. 通过互联网收集资料

互联网的普及应用为广大教师提供了无限的研究资源。通过互联网收集相关的教育研究信息，可以让教师更快捷、有效地获取教育研究所需要的资料。但是要注意的是，通过上网收集教育信息，首先要利用好各种搜索引擎，要准确掌握目标网站的相关网址（如各类学术期刊网、数字图书馆等），同时也要学会检索的方法，如通过主题字、作者名、篇名和关键词等进行检索。

通过互联网收集教育研究资料，要注意取材的严谨性。尽量不去良莠不齐的"百度"等网站。建议适当延伸阅读与课题研究领域相关的硕士、博士论文。

通过互联网收集教育研究资料，要掌握"在线查询为主、下载阅读为辅"的策略。

3. 通过日常教育教学工作收集资料

在日常教育教学工作中，教师一定要做一个有心人，要养成善于收集、积累各种研究资料的好习惯。比如教师自己的教学设计、课堂观察记录、阅读笔记、学生作业、考试试卷、教学日志、实验数据等教学信息，就可以收集起来，精心保管，另外还可以收集、积累各种学生管理手册、班队活动设计、课外活动计划、社团活动计划等教育管理方面的资料。此外，想通过教育教学研究来提升自己业务能力的教师，还要养成在每节课、每单元教学后写教学后记的习惯。这样做不但能及时总结教学的经验，通过吸取教训改进自己的教学行为，而且还能将教学过程中产生的灵感记录下来，这对于开展教育研究是大有裨益的。

4. 通过听课观摩收集资料

同学科、跨学科教师之间相互听课观摩是一项常规性的教学活动，也是教师们相互学习、共同提高的有效教研形式。确定课题的研究方向后，研究者要带着问题去听课，做"课堂在场"的研究。有些教师仅仅是为完成学校（课题组）布置的任务去听课，也有教师在听课时仅仅是抄一些板书，拍几张课件的照片，这样的听课是无法为课题研究收集到有用信息的。

要在听课中获得对研究有用的信息，掌握好的听课方法是很重要的。要带着研究的视野去听课，要学会去观察分析授课教师是如何处理教材的，是怎样根据教学目标及学生学习的需要去创设教学情境、突出重点和突破难点的，是如何组织课堂结构、形成良好的课堂氛围，从而发挥学生学习的主体性、调动学生学习的积极性和创造性的，是怎样处理课堂的预设与生成的关系的，是如何科学地使用现代多媒体技术形成智慧课堂的，等等。同时还要善于比较：如果我来设计教学，会是怎么样的效果？与之前听过的课堂教学相比较，分析优劣得失。当然，通过听课收集研究信息时，别忘了记录他人教学中的优点与长处，记录那些最有价值的环节、细节或教学方法，并及时总结。

5. 通过细心观察收集资料

明确了课题研究方向后，教师就可以有目的、有针对性地对各种教育教学现象进行观察。比如对研究对象身心成长发展变化的轨迹进行观察，既可观察优秀学生各方面成长进步的点滴经历，也可以观察问题学生的不良行为发生过程和形成的原因，并通过各种技术手段随时记录。事实证明，许多富有成效的教育研究资料的收集就是来自日常的教育观察。（详见第五章）

6. 通过调查收集资料

调查是收集课题研究资料的有效方法之一。通过调查,能收集到一些难以从直接观察中获得的资料。前面讲到的通过观察来收集资料会受到时空的限制,而调查则不受时间、空间的限制。调查法还具有效率较高的特点,能在短时间内收集到大量的信息资料。更有意义的是,调查过程本身就能起到推动有关工作进展的作用。

调查的方式一般有抽样调查、典型调查等。方法上,可通过举行座谈会、个别访谈、问卷调查等进行。(详见第五章)

7. 通过教育教学改革实验收集资料

通过亲身参加教育教学改革实验来收集相关的研究信息,取得第一手研究资料,对课题研究来说具有特殊的意义。随着新课程改革的推进,许多地区开办实验学校,一些学校设置各种创新实验班,许多教师进行教改实验,这些都带有教育实验研究的性质。

教师在开展教育教学实验时,要精心设计、严密组织、不断总结、及时改进。在实验过程中,一定要及时记录各种实验数据与文本,既要收集研究成功的资料,也要收集研究失败的、需要改进的各种信息。对教育研究来说,实验过程中得到的数据都是宝贵的、有价值的。

8. 利用教育工具书收集资料

课题研究资料的收集还有一个重要的渠道,就是充分利用各种教育类工具书。教育类工具书可以分为检索性工具书和参考资料性工具书两种。

有关教育的检索性工具书主要有书目、文摘、索引三类。参考资料性工具书包括教育类辞书、教育类百科全书、教育类年鉴与手册这三大类。

(1) 教育类辞书典:《教育大辞典》《世界教育大事典》《简明教育辞典》《西方教育词典》等。

(2) 教育类百科全书:《中国改革全书(教育改革卷)》《中国大百科全书(教

育卷)》《简明国际教育百科全书》等。

(3)教育类年鉴与手册:《中国教育年鉴》《中华人民共和国教育大事记》《中国教育统计年鉴》《中国近代教育大事记》等。

二、研究资料的分类

课题研究过程的一般性资料可以分成下面几类。

1. 课题研究的基础性资料

课题研究起始阶段所形成的各类研究资料就是课题的基础性资料。它是课题研究的前期准备性资料,包括课题研究前期已有的相关资料(文献研究资料及各种与课题相关的成果性资料)、课题研究方案、课题立项通知书、课题开题论证表、课题研究组成员的相关信息等,还包括课题研究所做的调查、测量、检索、研讨等工作中产生的各类资料,如课题的开题报告,专家对课题的意见与建议,各种问卷调查表与数据(学生学业情况、兴趣特长、思想品行、家庭状况、教师的教育教学素质等),前期观察记录,实验前测数据等。这些资料无论是对课题的最终决定,还是理论假设的形成、课题的开题论证,或是课题研究的运作,都具有基础作用。

2. 课题研究的过程性资料

任何一项课题研究,在研究过程中必然会形成各类大量的资料,这些资料就是过程性资料。过程性资料一般会以课题研究记载册的形式去收集与积累。如果一项课题研究的是关于某种教学方式的改进,那么诸如教学设计、课堂实录、课的音像资料、课题组成员的听课记录、教师和学生的访谈记录、课堂观察记录、教研组评课记录、学生听课的反馈意见、课堂练习与课后作业、学生考试成绩、家长反映等,都要随时随地收集、积累并整理在册。

3. 课题研究的专题性资料

根据课题研究的需要，在研究过程中会经常组织开展一些专题研究活动，以此形成的资料就是专题性资料。如课题的专题研讨会材料与活动记录、专题讲座的文本与课件、发表的专题论文（专刊）等。这些专题性资料对课题研究的深化与拓展具有重要的意义。

比如在"填补断层，生长思维：小学'画数学'教学设计与应用研究"课题研究中，课题组成员就形成了以下专题性资料：

1. "画数学"教学专题设计包；
2. "画数学"教学策略专题讨论包；
3. "画数学"设计专栏发表包（典型设计12篇连载发表）；
4. "画数学"四个专题资料包：活动方案、活动流程、执教者的教学设计、课件与反思；
5. "画数学"论文专辑发表包（六篇研究论文同期刊载）；
6. "画数学"专题讲座汇总；
7. "画数学"学生作品专题刊发（一到六年级学生不同类型的作品）。

4. 课题研究的成效性资料

在课题研究的中后期，会逐步产生一些阶段性成果，这些成果就是成效性资料。如开发的校本课程教材、自制的教具、发表的研究论文、教学设计、各种与课题相关的获奖证书、实验数据的统计资料，还有如学生制作、设计的作品，检测的试卷、答案及成绩统计，相关通讯报道等。这些资料是形成最终成果的主要资料。

课题实施的各个阶段都应该有阶段性成果出来。到课题研究的收尾阶段，还应有来自课题组与课题组成员个人的专题性或综合性总结，这些总结对课题终端成果的形成具有直接意义。

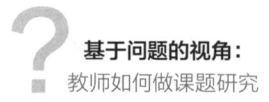

第二节 课题研究资料的整理与汇总

整理与汇总课题研究资料的目的是保证所收集到的研究资料有效和有意义。通过整理汇总，可以对所收集到的研究资料有一个系统的把握，也可以为下一步的资料分析提供方向和依据。

研究资料通过整理与汇总，变得条理化、系统化，才能成为有"组织"的材料。这里所谓"组织"，是指将研究资料汇总后

- 跨学科主题协作教学发表论文
- 跨学科主题协作教学分类策略
- 跨学科主题协作教学各类获奖证书
- 跨学科主题协作教学各种照片资料
- 跨学科主题协作教学课题申报方案
- 跨学科主题协作教学课题组成员信息
- 跨学科主题协作教学文献资料
- 跨学科主题协作教学主题设计包
- 学生跨学科主题研究项目汇总

整理成一个科学的结构体系，或按照序列关系进行分类。所以也可以将整理与汇总合称为研究资料的"编码"过程。以笔者主持的课题"基于问题解决的跨学科主题协作教学研究"为例（见右图）。

一、文本资料的整理与汇总

研究资料中，文字方面的资料肯定是占多数的。在汇总整理文本资料时，要注意下面几点。

1. 理解原始资料的含义

研究者需要熟悉原始资料的内容与性质，理解其含义，以准确分析并把握资料之间的相互关系与结构组成。所以说理解文本是进行资料分类的前提。比如对"学业语言发展视角下幼儿大班主题讲述情境教学研究"这一课题研究资料的汇总，就要科学把握"学业语言"这一核心概念的含义，理解所谓"学业语言"其实

就是规范化的口头语言。而且"学业语言"是国外的研究者提出来的,很多的文献资料是英文的,所以研究者专门请专家进行了翻译,再进行阅读理解,分类汇总。

2. 挖掘文本资料的"意义"

在整理文本资料时,我们不能将研究资料的阅读仅仅停留在简单感知的层面,而应当尽可能地从各种不同的视角去审视文本所蕴含的"意义"。比如从研究的主题层面、目标层面、内容层面等去发现文本中各事物、人物之间的联系,也可以从文本表述中的语言、语境、语用等方面去挖掘资料的含义,以紧紧抓住文本资料的内涵与特征。

比如笔者在阅读与整理西方的哲学资料时,有一个存在主义哲学概念"人的在场"引起了笔者的兴趣,笔者通过挖掘"在场"这个词背后的"意义",引申到对课堂教学的认识与研究,于是产生了"课堂在场"这一新的概念。

3. 归类整理文本资料

按照课题研究资料的主题、性质、内容、途径、策略等特征去选择分类标准,将有相同或相近特征的研究资料归于同一类别,将具有不同性质与特征的研究资料归入不同的类别,为以后的资料分析做好准备。

例如,课题"农村学校教学质量的评价研究"认为教学质量可能与"办学条件""师资水平""学生认知基础""家庭经济条件""家长教育素养""社区支持力量"等有关,那么上述这些方面就是研究资料分类的标准。

二、数据资料的整理与汇总

研究过程中会获得大量的数据,需要对它们进行整理与汇总。教师大多都是通过手工操作来完成这项工作的,不但烦琐,费时费力,而且研究效率低下,更容易出现差错,导致数据失真。现在的课题研究,特别是实证类课题研究,如教育实验、教育调查等,所收集到的数据量往往是相当大的,若还是沿用过去简单的操作方法进行数据资料的整理与汇总,势必会耗费大量不必要的人力、精力与时间。

目前教育科研中的数据资料整理大都由计算机完成，比如对全班、全年级及至全校学生进行所有学科的学业水平检测，试卷批改、分数的汇总处理等，都可以在相应的数据平台上进行，也可运用 Excel 或 SPSS 来进行。

数据资料的处理一般需要两个步骤。

1. 数据分类

对数据资料进行分类，首先要确定分组标志。因为是对研究对象（个体）的某种属性特征的测量，该特征可以是数量性的，叫数量标志，也可以是属性的，叫品质标志。不论是数量标志还是品质标志，都可以作为分类的标准。

例如课题"初中学生校园欺凌现象的调查研究"需要进行问卷调查，那么在问卷中，调查对象即初中学生的"性别""学习成绩""家庭性质"等都可以算是品质标志，若按"性别""学习成绩""家庭性质"对全部数据分组，就称为品质标志分组。也可以按"年龄""身高"或"体重"分组，这属于数量标志分组。

2. 数据汇总

把研究数据进行分组处理后，就要将数据导入到统计软件相应的组别（或类别）中，根据需要统计出该组别的频次、比率或曲率等，然后编制各统计项目（次数、频率等）的分布表和其他统计表。

第三节　课题研究资料的分析与处理

对所收集到的课题研究资料进行分析与处理，是教育研究的重要组成环节。而且，研究资料的分析与处理是伴随研究的全过程的，课题研究到哪里，研究资料也必然分析到哪里。

对课题研究资料的分析与处理一般有两种方法：一种是定性分析与处理，另一种是定量分析与处理。当然，许多课题研究中的资料分析与处理都是将定性与定量相结合的。

一、研究资料的定性分析与处理

前面提到过，课题研究资料的获得有许多途径，有些是在自然的（没有控制）教育状态下获得，通过课题研究者与研究对象的面对面接触，其间不断进行沟通和交流，通过观察、谈话、调查记录、作品分析等方法。这些研究资料涉及面广，量大，且有很强的情境性与时空的规定性。所以这些资料必须通过定性分析来处理。

1. 定性分析的概念与特性

定性分析是指课题研究者对所收集到的各种文字、音像、照片、图片等资料进行系统的汇总与归类，通过判断、概括、抽象等思维过程，进行有教育意义的分析处理，从而揭示教育教学内在规律的研究过程。教育研究中的定性分析也被称为"质的研究"，是课题研究中的一个重要方法。

教育研究中定性分析的特性有以下几点。

（1）以把握教育现象的质的规定性为目的

定性分析在研究内容上关注教育现象发生发展的过程以及各教育要素之间的相互关系，在"教育发展与人的发展"大背景下，将课题研究的对象作为一个整体加以理解与分析，揭示教育教学过程各个组成因素之间内在的逻辑关系，透过资料的文本、数字、图片等表面信息去深入探究教育的内在本质，从而分析总结研究对象发展及变化的真正原因，并推理其今后的发展趋向。

（2）以反映教育现象的质的描述性资料为对象

课题研究中所收集到的许多资料都属于描述性资料，如教学设计、读书笔记、教研活动记录、现场观察记录、学生作品等，这些资料通常以语言文字、音像或图片等形式表现出来。

（3）以反映教育过程的动态变化为基本要素

研究资料的定性分析有一个特点，就是研究的过程不固定，研究程序具有一定弹性与不确定性。比如观察某一现象的发展时可能会出现一定的偶然事件。教育现象的发展动态性决定着研究结果的多样性，这就使定性分析的研究过程常常具有很大的灵活性。

（4）以对研究者及背景的敏感性为影响因子

定性分析以研究者对资料的主观认识理解为基础，是以课题研究者为中心的分析处理过程。所以，研究者本人的知识经验、研究能力、已有的观点、受暗示性等影响因子，与对资料科学而准确的分析有很大的相关。从另一角度说，课题研究对象所表现出的行为总是与特定的教育教学情境相关联的，一旦离开某一特定的情境，某一教育行为就可能会发生量与质的改变，因此定性分析也应该关注对教育现象背景的分析。

2. 定性分析的常用方法

定性分析的方法多种多样，选取哪一种分析方法是根据具体的研究需求和研究者的研究习惯、研究擅长而决定的。下面介绍几种常用的方法。

（1）因果分析法

因果分析法是利用教育教学现象发展变化的因果关系来进行预测的研究分析方法。它以教育教学发展变化的原因与结果之间的关系为依据，抓住教育教学发展的主要矛盾与次要矛盾的相互关系建立数学模型，进行预测。

探求因果关系有以下一些具体的方法：

一是条件求同法。即当我们要寻找某一教育事件 A 发生的原因时，若通过观察、调查等发现在若干情境下 A 都发生了，而这些情境中只有一个共同的条件 X 是同时存在的，于是我们可以认为条件 X 是可能引起教育事件 A 的一个原因。

二是条件求异法。即某一教育事件 A 在某一教育情境下发生，在另一教育情境下没有发生，这两种情境中仅条件 X 不同，其余的条件都相同，于是我们可以认为这唯一不同的条件 X 是可能引起教育事件 A 的原因。

三是条件共变法。在其他条件都不变（相同）的几种教育情境中，只有一个条件 X 发生了变化,比如分别以 X1、X2、X3 来命名所变化的状态,而结果 A 随之变化,依次取 A1、A2、A3 等,那么可以说条件(因素)X 是可能引起 A 变化的原因。

(2)比较分析法

有比较才有鉴别与判断。在教育教学研究的情境下,将两个或者多个教育问题的研究资料加以比较分析,通过问题的性质、数量、因素、结构变化等因子的对比,找出其共同点和相异之处,以总结教育教学现象发生、发展的规律性认识,这就是课题研究的比较分析法。

比较可以从不同的角度入手。例如对同一教师配置的两个初中班级学生的学业情况进行比较,从起点看变化:从初一入学开始,按照学科成绩、学习过程、学习方法与策略、班风学风、家庭教育方式等因素去比较,找出学生学业水平发展的异同点,从而找出影响学生学业发展的因素。

(3)归纳分析法

所谓归纳分析法,就是从影响教育教学现象发生、发展的某些个别性因素推导出一般属性和本质的思维方法。归纳分析法从研究对象的个别事实和直接经验开始,推演出有关教育现象与行为变化必然产生的结论。

归纳分析法可以分成完全归纳法和不完全归纳法两种。完全归纳法是从教育研究的全部对象和所有发生的情况中分析得出普遍性的结论。这种归纳方法使用比较少,因为教育现象的纷繁复杂性使我们在进行研究时不可能穷尽所有的教育变量要素。不完全归纳法指对教育研究中的部分对象的资料进行分析,进而得出研究结论。这种方法在教育研究中的使用是比较广泛的。比如,某一数学教师所带的班级,数学学科成绩的平均分总是名列前茅。学校对他的教学方法进行了研究分析,发现这个教师一个与别的教师不一样的地方就是他特别重视学生"错题本"的建设。根据收集到的资料,可以分析出是"错题本"的科学应用使得学生的考试成绩提高。

(4)枚举分析法

将导致教育现象产生的所有可能的答案(因素)一一列举,然后根据条件判断此答案是否合适,合适就保留,不合适就舍弃,这样的资料分析方法就是枚举分析法。它是将有代表性的事实列举出来以证实研究结论的方法。枚举是一个个具体的教育现象与实例的列举，使具有数量化特征的研究资料在活生生的教育事实的映衬下更具真实性和生动性。

在运用枚举分析法时要注意以下几点：

首先，被列举出来的教育问题与事实必须是真实而典型的。只有这样，通过研究分析得出的结论才有代表意义。

其次，课题研究者要用科学的思维方法去把握教育现象的本质属性。教育问题非常复杂，影响一个教育现象（行为）发生、发展的原因很多，我们进行资料分析的一种方式就是抽象，即在分析中要紧紧抓住教育教学的本质属性和联系，把一些非本质的属性和联系撇掉，这样才能形成对教育现象规律性的认识。

第三，要防止枚举分析法因使用不当而产生的片面性与不科学性。枚举法总体上与不完全归纳法相似，是以部分代表性的事例来概括教育现象的总体发展趋势，若分析处理不好，就容易造成结论性偏差。

二、研究资料的定量分析与处理

对收集到的各种数字化的研究资料与信息，用统计学的方法进行处理，得出结果并对结果进行分析，进而形成研究的结论，这种资料分析方法即定量分析法。数理统计分析有很强的理论性与技术性，专业性要求比较高。教师由于专业的局限性，对数理统计方法很少能做到运用自如。所以这里只从普通教师做课题研究的实际应用需要出发，从实例分析着手，适当介绍一些简单、常用的统计技术，包括图表技术和一些常用统计量的处理方法。

1. 定量分析的概念与特性

定量分析亦称统计分析法，是指研究者借助数学化、信息化的手段，通过对教育研究对象的人数、规模、速度、程度等数量（变量）关系的分析研究，从而对某一教育现象（行为）的发生、发展做解释与预测的研究方法。

进行数据资料定量分析的主要手段是统计分析，即利用各种统计手段对所收集到的数据资料进行说明、解释与分析，并在一定条件下由样本（部分）特征推断相应的总体特征。目前，随着大数据统计分析技术的推广和应用，定量分析法已成为教育科学研究中不可缺少的研究方法。具体有统计分析法、模式分析法、图表技术等。

2. 数据统计图表的编制

研究资料的定量分析，常用数据统计图表的形式把大量的数据资料形象地组合起来，合理地排列，以便展示资料的整体特征，为分析资料、发现教育现象之间的联系提供方便。

（1）统计表的编制

统计表的构造比较简单，但是在绘制时要讲究规范，否则会使研究报告的科学性受到影响。统计表一般包括表号、标题、主题、宾栏、数字资料、备注或资料来源等多项内容。

下面是对高一化学课两种教学方法比较试验后编制的表格：

表7.1 高一化学课两种不同教学法的测试结果比较（单位：分）

班级	平均分数($\bar{x}$)	标准分数（S）	人数（n）
边讲边实验班	64.23	6.21	40
先讲后实验班	58.78	6.02	39

在这个表中，"高一化学课两种不同教学法的测试结果比较"是标题，也是统计表的名称，简要说明了表的主要内容，使人一看便知道表所展示的信息。"表7.1"是表号，表示这是第七章的第一个统计表。一个课题研究报告如果有两个以上的表格，就应该在标题前加表号。在表的左边位置是研究主题（内容），填写被说明的事物，常以事物的一个主要标志（如不同的实验方法）划分类别。表的上方是宾栏，该栏说明研究对象某一方面的情况，可以是有关数量的指标，如算术平均数、标准差、方差、人数、百分比等，也可以是等级差别。备注栏说明资料的来源或者对部分数字资料做有关文字的说明。

统计表有许多种类，有主栏按一个特征分类的分组表，也有按两个或两个以上特征分类的综合表(复合表)。表7.2 就是以地理学习策略教学前后的检测情况为统计内容的统计表。

表7.2 学科成绩综合差异比较表

学科	时间	实验班	对照班	t
地理	前测	63.2±0.59	60.4±0.77	0.76
	后测	71.7±0.62	62.8±0.78	2.98**
	t	0.87*	0.72	

(*$P<0.05$ **$P<0.01$)

在编制统计表时要注意下面三点:

1.一个统计表一般只表示某一个研究的中心内容,如果有多个研究内容,则可以把它们分列成几个表。

2.统计表的各种数字资料都要认真核实,以保证真实性与科学性。在统计表的布局上要做到数位整齐,有效数要一致。需要列出总计数的统计表则必须使部分数之和与总计数相等。

3.统计表的线条不宜过多,表的两边不加纵线,左上角尽量不使用斜线。

(2)统计图的编制

统计图有很多种类,教育研究中常用的统计图有条形图、圆形图与曲线图三种类型。尽管现在的技术使这些图都可以通过计算机上的表格转换软件自动生成,但是本书作为教育研究方法的普及性读本,依然有说明的必要。

①条形图。条形图是用条形的长短表示某一变量(数量)的多少。条形图的图形基线有两条:横轴标出的是要求相互比较的项目因子,表示不同的研究内容;纵轴表明数量,如人数、成绩、频次等。

图7.1 游戏式数学活动对幼儿思维发展的影响对照图

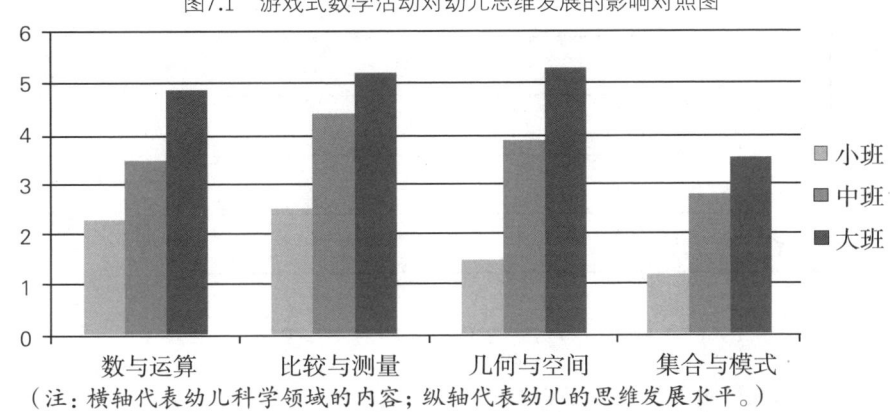

（注：横轴代表幼儿科学领域的内容；纵轴代表幼儿的思维发展水平。）

②圆形图。圆形图是以几何图形的面积来说明总体中各部分的比重。圆形图可以清楚地表示出研究数据的部分和总体分布，以及部分和部分之间的数量关系。圆形图中扇形的面积对应圆心角成正比。每一项扇形圆心角的大小等于360度乘以该研究项目占总体的百分比。

图7.2 "你觉得做数学探究作业有意思吗？"调查情况图

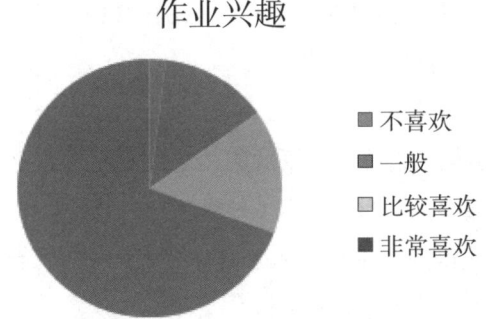

③曲线图。曲线图是通过曲线的升降来表明某种教育现象动态变化趋势的统计图。它可以反映数据代表的变量之间的依存关系，如学生练习次数对学习成绩的影响，学生掌握学习策略的水平和学习成绩的关系等。也可以表明现象的动态变化，如分析不同年级学生学习能力的测试成绩来反映学习能力的变化情况。

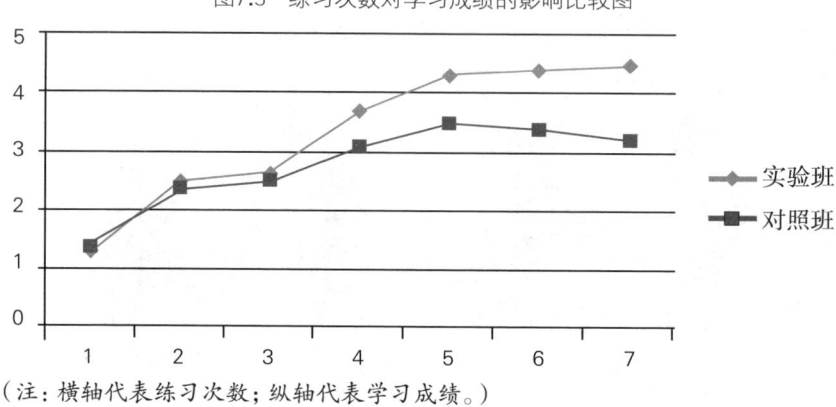

图7.3 练习次数对学习成绩的影响比较图

（注：横轴代表练习次数；纵轴代表学习成绩。）

3. 定量分析中的几个常用统计量

在进行研究数据的分析时，必须恰当地选用统计量来表达数据的意义。统计量选择得正确、合理与否是决定研究结果是否有效的关键因素。

在教育课题的定量分析中，运用最多的统计量有算术平均数、标准差、差异系数、标准分数和相关系数。这些统计量可以分别对数据的集中趋势、离散程度、相对位置、相互关系等进行测量与分析。

（1）算术平均数（均值）

算术平均数代表某一组统计数据的集中趋势和平均水平，它是中小学教师进行课题研究时用到最多的一种统计量。它是把一组数据中的所有数据累加后再除以数据的数目而获得的一个统计量。算术平均数通常简称为"平均数"或"均值"，计算中用 $\bar{x}$ 表示。其计算公式为：

$$\bar{x} = \frac{\sum_{i=1}^{n} x_i}{n}$$

其中，$\sum_{i=1}^{n} x_i$ 表示 $x_1+x_2+\cdots x_n$，n 表示观测值的数量。

例：某次数学考试，A组6名学生的成绩分别是：95、85、75、65、55、45；B组6名学生的成绩分别是：73、72、71、69、68、67。那么，两组学生成绩的算术平均数分别是：

$$\bar{x}_A = \frac{95+85+75+65+55+45}{6} = 70$$

$$\bar{x}_B = \frac{73+72+71+69+68+67}{6} = 70$$

算术平均数是根据所收集到的全部观测值计算得来的，能代表整体，简明易懂，计算方便，是最简单、最可靠、最严密、应用最为广泛的一种集中量数。但是，有时它会受到少数极端值（特别大或者特别小）的影响而削弱其代表性。

（2）标准差

在教育研究统计中，标准差是一种应用极为广泛的差异量，它表示一组数据的内部差异情况或者数据的离散程度，用字母 S 表示。标准差大说明一组数据的内部差异大，标准差小说明数据的内部差异小。将标准差与算术平均数结合起来分析研究，可以了解一组数据的全貌，从而弥补算术平均数存在的问题。同时，算术平均数的代表性如何，可以用标准差来说明。标准差大，说明算术平均数的代表性小；标准差小，则说明算术平均数的代表性大。

$$S = \sqrt{\frac{\sum(x-\bar{x})^2}{N}}$$

其中，Σ 表示相加求和，x 表示各数据，$\bar{x}$ 表示算术平均数，N 表示数据个数。

按此计算公式，可算出上述例中，A 组标准差 $S_A = 17.08$，B 组标准差 $S_B = 2.16$，这就说明：A 组同学成绩分化现象比较严重，B 组同学的成绩则差异不大。虽然两组的均值都是 70，但 B 组标准差仅为 2.16，均数 70 能代表该组，数据具有典型意义；A 组的标准差高达 17.08，差异十分显著，说明均数 70 没有典型意义。

（3）差异系数

差异量一般有两种：相对差异量和绝对差异量。标准差代表的是绝对差异量，它是有单位的；另一种代表相对差异量的即差异系数（又叫变异系数），它没有单位，用比率表示，记为 CV，计算公式是：

$$CV = \frac{S}{\bar{x}} \times 100\%$$

其中，S 表示标准差，$\bar{x}$ 表示算术平均数。

有了绝对差异量还要引出相对差异量，是因为有些教育现象或行为不适宜用标准差来比较两组研究数据内部差异的大小。如两组变量的单位不一致，或者两组变量的单位一样，但是当算术平均数相差很多，去比较两组变量之间的内部差异就不能用标准差，而要用差异系数。

例：在某次学业水平统一测验中，A 班学生的平均分为 63.82 分，标准差为 6.24；B 班学生的平均分为 31.38 分，标准差为 2.62。问，该次测验哪个班级学生成绩的内部差异大？

解：$CV_A = \dfrac{S}{\bar{x}} \times 100\% = \dfrac{6.24}{63.82} \times 100\% = 9.78\%$

$CV_B = \dfrac{S}{\bar{x}} \times 100\% = \dfrac{2.62}{31.38} \times 100\% = 8.35\%$

结论：A 班学生成绩的内部差异大。

（4）标准分数

测验所得的是原始分数是一种绝对分数，还有一种是相对分数，也叫标准分数，用 Z 表示。它是把测验所得的每个分数减去平均分所得的差除以标准差后得到的商。它反映了原始分数所代表的个体在团体中所处的相对位置，是一个没有单位的量。其计算公式为：

$$Z = \frac{X - \bar{x}}{S}$$

其中，X 为各原始数值，$\bar{x}$ 为各原始数值的算术平均数，S 为标准差。

例：某生在班级第一次考试中得到 74 分，该班平均分为 69.3 分，标准差为 7.9，经计算得到标准分数为 0.59。该生在班级第二次考试中得到 91 分，这次考试的平均分为 86.2 分，标准差为 10.4，经计算得到标准分数为 0.46。从上述计算中可以看出，虽然该生第二次考试的分数比第一次提高了 17 分，但是该生在班级中的实际相对地位却下降了。

（5）相关系数

相关系数代表的是两列变量之间的相互关系。例如学生的身高与体重的关系、学习策略与考试成绩的关系、语文成绩与数学成绩的关系、教师职称与教学效率的关系等。

相关系数是用来表示相关程度的数量指标，用 r 表示。计算公式为：

$$r = \frac{\sum_{i=1}^{n}(x_i - \overline{x})(y_i - \overline{y})}{\sqrt{\sum_{i=1}^{n}(x_i - \overline{x})\sum_{i=1}^{n}(y_i - \overline{y})^2}}$$

其中，x_i（$i = 1, 2, \cdots, n$）是 n 个第一类变量，y_i（$i = 1, 2, \cdots, n$）是 n 个第二类变量，$\overline{x}$ 是第一类变量的均值，$\overline{y}$ 是第二类变量的均值。

相关系数的取值范围应是：$-1 \leqslant r \leqslant 1$。当 $0 < r \leqslant 1$ 时为正相关，是指一个变量增加，另一个变量也随之增加。当 $-1 \leqslant r < 0$ 时为负相关，其意义与正相关恰好相反。而 $r = 0$ 时叫零相关，表示两变量的变化互不相关。

根据相关系数的不同数值，教育统计上分别给予了相应的程度名称：0.0—0.3 为低度相关；0.3—0.5 为普通相关；0.5—0.8 为显著相关；0.8—1.0 为高度相关。当数值为负数时，则表示相应的负相关程度。应该说明的是，当两个变量相关时，只表明它们之间存在某种联系而已，并不意味着它们之间必定存在某种因果关系。

例：某教师想知道练习率与考试合格率之间的相关情况，随机抽取班级中 15 名学生进行调查，得到如下资料：

学生编号	练习率（%）	考试合格率（%）
1	15.2	55
2	60.6	80
3	37.9	70
4	7.6	50

续表

学生编号	练习率(%)	考试合格率(%)
5	90.9	92
6	7.6	58
7	15.2	60
8	37.9	68
9	98.5	95
10	45.5	75
11	7.6	52
12	0	30
13	75.8	90
14	15.2	55
15	45.5	80

代入计算公式，得出 $r=0.95$，说明15名学生的练习率和考试合格率呈高度正相关。

4. 定量分析中的统计检验方法

通常，我们用平均分来比较两个班成绩的优劣，但这不严谨。如某次数学考试，初一（1）班的平均分低于初一（2）班的平均分，不一定说明初一（1）班学生的数学成绩比初一（2）班差。这是因为一个班的平均成绩具有统计意义，存在抽样误差，其平均成绩在一定范围内波动。假如再进行一次考试，也许初一（1）班的平均分会高于初一（2）班的平均分。所以比较成绩时应用平均数差异的显著性检验更科学。

统计检验中的一个最常用的检验是统计假设检验，即差异显著性检验。它是利用两个样本特征量之间的差异是否显著来检验其和总体参数之间是否有差异的一个推断方法。差异显著性检验的基本思路是用反证法来检验所要获得的结

论。差异显著性检验是推断统计中最重要、应用最普遍的统计方法,其基本做法是:

首先,建立虚无假设"$H_0: U_1 = U_2$",即假设被比较的样本均数没有显著差异。

这种假设在统计学上叫作"零假设",用 H 表示。接着,分析推断"零假设"成立的可能性,用 P 表示。共有以下四种水平:

若 $P \leq 0.001$,拒绝 H_0,差异非常显著;

$P \leq 0.01$,拒绝 H_0,差异十分显著;

$P \leq 0.05$,拒绝 H_0,差异显著。

$P > 0.05$,接受 H_0,差异不显著。

统计学中,平均数差异的显著性检验时,通常规定一个显著性水平。经过检验,所得差异超过这个显著性水平,表明这个差异不属于抽样误差,确实存在差异,反之属于抽样误差。这个平均数差异的显著性检验在教育科研统计中总结为 Z 检验或 t 检验。

一般地,样本容量大于 30 时,用 Z 检验;样本容量小于 30 时,用 t 检验。

(1)Z 检验

Z 检验适用于大样本($n > 30$)的均数差异分析。具体有两种方式:单总体的 Z 检验与双总体的 Z 检验。

①单总体的 Z 检验,即对来自一个总体(单总体)的大样本平均数差异进行显著性检验。用公式表示为:

$$Z = \frac{|\bar{x} - U_0|}{\frac{s}{\sqrt{n}}}$$

其中,$\bar{x}$ 表示样本平均数;U_0 表示总体平均数;s 表示总体标准差;n 表示样本的容量。

例:某区一次英语考试成绩平均分为 71 分,某班 40 名考生平均分为 80 分,标准差为 15。问,该班学生的英语成绩是否优于区水平?

检验步骤为:

第一步,建立虚无假设。

$H_0: U = U_0$

第二步,计算 Z 值。

$$Z = \frac{|80-71|}{\frac{15}{\sqrt{40}}} = 3.79$$

第三步,查 Z 值表,确定检验水平的临界值,$Z_{0.001}=3.30$。

第四步,比较统计量与临界值。

$P = 3.79 > 3.30$,从 Z 值表查出 $P < 0.001$,拒绝虚无假设 H_0。所以,可以认为该校英语考试平均分非常显著地高于区平均分。

② 双总体的 Z 检验,即对两个全然无关的组别随机抽取的样本均数进行显著性检验,且 $n > 30$。用公式表示为:

$$Z = \frac{|\overline{x}_1 - \overline{x}_2|}{\sqrt{\frac{s_1^2}{n_1} + \frac{s_2^2}{n_2}}}$$

例:从某初中一年级中随机抽取男生 60 名,女生 60 名,分别计算其数学成绩的平均数和标准差。问,男女生数学成绩是否存在显著性差异?

某初中一年级男女生数学成绩差异检验表

性别	人数(n)	平均数($\overline{x}$)	标准差(S)
男(样本 1)	60	83.16	20.19
女(样本 2)	60	91.77	16.82

检验步骤为:

第一步,建立虚无假设。

$H_0: U_1 = U_2$

第二步,代入上面的公式计算出 Z 值。

$Z=2.54$

第三步,查得 $Z_{0.01}=2.58$,$Z_{0.05}=1.96$,$2.54 > 1.96$,$P < 0.05$,拒绝虚无假设 H_0。所以,可以认为该年级男女生数学成绩存在显著差异。

（2）t 检验

t 检验适用于小样本（$n < 30$）的均数差异分析。t 检验的方法与 Z 检验基本相同，也分为两种：单总体的 t 检验与双总体的 t 检验。

①单总体的 t 检验，即对来自一个总体（单总体）的小样本平均数差异进行显著性检验。用公式表示为：

$$t = \frac{|\bar{x} - u|}{\frac{s}{\sqrt{n}}}$$

自由度 $df = n-1$

例：某班学生语文期中考试成绩平均分为89分，标准差为10。期末考试后，随机抽取15人，其平均成绩为83.5分。问，该班学生语文成绩是否有显著进步？

检验步骤为：

第一步，建立虚无假设。

$H_0: U = U_0$

第二步，代入公式计算出 t 值。

$$t = \frac{|89 - 83.5|}{\frac{10}{\sqrt{15}}} = 2.13$$

第三步，自由度 $n-1 = 15-1 = 14$

第四步，查表得 $t_{0.05}(14) = 2.145$

$t < t_{0.05}(14)$，$P > 0.05$

接受虚无假设 H_0。说明该班级学生的语文成绩进步不显著。

②双总体的 t 检验

用公式表示为：

$$t = \frac{|\bar{x}_1 - \bar{x}_2|}{\sqrt{\frac{n_1 s_1^2 + n_2 s_2^2}{n_1 + n_2 - 2}\left(\frac{1}{n_1} + \frac{1}{n_2}\right)}}$$

自由度 $df = n_1 + n_2 - 2$

例：一小学进行教学改革实验，随机抽取实验班与对照班各15名同学参加。改革前实验班15名同学的平均成绩是66.4，标准差为2.58；对照班15名同学的平均成绩是65.3，标准差为3.32。改革后实验班的15名同学的平均成绩是71.2，标准差为4.22；对照班15名同学的平均成绩是为66.7，标准差3.73。评价这项教学改革的成效如何？

① 实验前两班均数的差异性检验：

第一步，假设 H_0：$U_1=U_2$，即两班成绩无显著差异。

第二步，将有关数据代入公式，计算后得：$t_1 = 0.98$。

第三步，自由度 $df = 15+15-2 = 28$。

第四步，查 t 表得：$t_{0.2}(28) = 1.313$，$0.98 = t < t_{0.2} = 1.313$，$P > 0.2$。

接受 H_0，两班不存在显著性差异，换句话说，两个班级的原始基础大致相当。

② 实验后两班均数的差异性检验：

第一步，假设 H_0：$U_1=U_2$，两班成绩无显著差异。

第二步，将有关数据代入公式，计算后得：$t_2 = 2.99$。

第三步，自由度 $df = 15+15-2=28$。

第四步，查 t 表得：$t_{0.005}(28)= 3.047$，$2.99 = t_2 < t_{0.005} = 3.047$，$P < 0.005$。

拒绝 H_0，即两班存在显著性差异，换句话说，实验班成绩显著优于对照班。

综合上述两次检验，可以确定地说该项教学改革是有成效的。

思考题

1. 在你自己的日常研究中，资料收集是通过什么途径进行的？

2. 尝试运用个别访谈法，准备好访谈提纲，对自己班的一个学生进行访谈。

3. 根据选题方向，运用文献研究法进行资料的收集。至少要收集同类文献30篇，并做好资料的积累。

第七章
研究无难事，只怕有心人：研究资料的收集与分析

请写下你对本章的想法和建议

第八章

风姿花传
课题研究总结报告的撰写

课题研究的最后一项工作，就是要对整个研究过程的各构成要素及研究结果进行认真分析与总结，充分利用所收集到的各种资料和统计出来的数据，选择适当的形式将研究成果准确、科学地表述出来，形成课题研究总结报告，这是课题研究的最后一个重要的程序。

第一节 撰写课题研究总结报告的意义

把课题研究的过程与成果加以总结，形成课题研究总结报告，其意义有：

（一）呈现课题研究的结果和价值，使研究成果能得到社会的鉴定、评价和承认，并能得以推广，取得良好的教育研究效益；

（二）可以借此形式提供有关本课题研究的过程性资料，以利于教师之间开展学术讨论、交流与合作；

（三）通过撰写课题研究总结报告，进一步回顾和总结课题的研究过程，促使课题研究的深化与研究成果的扩展。

（四）总结过程也是提高研究者分析综合能力、逻辑思维能力和表达能力的过程。还可以通过课题研究总结报告来扩大研究者的学术影响力。

此外，我们应该认识到，课题研究成果的数量多少和质量高低，无论对参与课题研究的中小学教师本人，还是对一所学校来说，都是衡量其学术水平高低和学术影响力大小的重要标志。因此，课题研究者应及时、慎重地对研究成果加以总结。

第一节 课题研究总结报告撰写的基本要求

课题研究总结报告的撰写要遵循一些基本要求。这些要求可概括为以下几点。

一、要有求实的科学态度

在总结研究成果的时候，要准确、恰当地反映课题的研究所取得的成果，决不能凭个人的主观臆断或猜测而下研究结论。总结研究成果时，既不能随意夸大，也不能故意拔高，一定要持之有据，总结成理。即使认为自己在研究中确实有创新，或有重大的发现与突破，也应留待今后的教育教学实践去进一步检验。在总结时，如果自己的研究课题确实是在他人研究成果的基础上开展的，要在撰写报告时加以说明，准确地做好注释、写明参考文献，以尊重他人的知识产权。

同时，在课题研究总结报告撰写中还要坚持实事求是的学科研究精神。特别是在研究资料的收集、整理分析与使用上，要充分体现求实的思想。如研究资料必须真实，调查统计得出的数字与结论必须确凿无误。

二、要有严密的逻辑思维

研究者在撰写课题研究总结报告时，必须具备严密的逻辑思维能力。比如，课题研究总结报告中的核心概念界定要准确，周延、种概念与属概念之间的关系要理解清楚；对研究资料的分析判断要正确，推理过程要符合逻辑规范；应了解论证和反驳的种类和规则，如演绎论证、归纳论证等。在研究目标、研究方法与研究内容的说明中，相互间要有一致的逻辑关系。

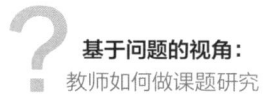

三、要有严格的语言规范

撰写课题研究总结报告必须使用标准规范的学术性语言,要学会用简练、准确、朴实的语言风格来进行表述。特别要注意这几点:第一,要使语言符合约定俗成的语言规范要求,使用规范的汉字,准确表达概念,遵循语法规则。第二,不宜使用文学色彩过浓的语言,力求准确、朴实、明白、晓畅,否则会影响报告和论文的严肃性和科学性。第三,要慎用模糊词语和比较词,尤其是定量、定性的用词更要准确无误,不能模棱两可。第四,要注意行文的分寸,在评价别人的文章或观点时,在与人商榷问题时,在同别人争鸣时,用语要恰当。[1]

第三节 课题研究总结报告的撰写要领

课题研究成果的表现形式是多种多样的。课题的研究总结报告一般以结题报告为主,但是也可以以教研论文、调查报告、实验报告、教育案例等形式呈现成果。研究方法不同,研究成果的体例也必然不同,其结构及撰写要求也不尽相同。这里着重介绍教师比较生疏的结题报告、调查报告、教育案例等成果形式的撰写要求。

一、结题报告的撰写

1. 结题报告的文本结构

结题报告,也称课题研究报告,是一项课题研究完成后,研究者客观、概括地

---

[1] 王铁军. 中小学教育科学研究与应用[M]. 南京:南京师范大学出版社,2002:41.

介绍研究过程,总结、解释研究成果,向科研部门申请结题验收的文章结题报告是课题研究所有材料中最主要的部分,也是科研课题结题验收中最主要的依据。

结题报告基本结构一般可以有以下构成要素。

(1)题目

结题报告的题目一般应该与课题立项时一致。但是也有这样一种情况,随着研究的进展,可能会发现原来的题目需要调整。如果调整尺度比较小,是允许的;如果调整尺度比较大,就需要提前申请课题变更,然后再在结题时做出修改。

例如,"第二学段'画数学'学科拓展性课程的设计与实践研究"是2017年宁波市教育科学规划重点课题。2019年结题时,课题组把课题名称修改为"填补断层,生长思维:小学'画数学'教学设计与应用研究"。

又例如,"普通高中国际级刮版画教学基地建设研究"是2017年浙江省规划立项课题。2019年结题时,课题组修改课题名称为"大面积提升美术素养的高中刮版画教学研究"。

(2)成果概要

成果概要是向社会公布和介绍成果的主要文本,是对研究报告主要观点的高度概括,应做到文字简洁,通俗易懂,字数不超过800字。成果概要应全部用文字叙述。文中请勿使用图表,或采取"具体见××附件"的表达形式。

成果概要的内容可以包括:研究的背景与理论依据、研究的内容、问题解决的过程与方法、研究实践的成效等。以笔者主持研究的课题"高中地理开展学习策略教学的实践研究"为例:

> 学习策略教学(Learning Strategy Instruction)是指教师在课堂上通过系统的讲授,把有效学习的程序、规则、方法、技巧及调控方式传授给学生,使学生从课堂经验中形成丰富的学习图式,以致面临某一新的学习情境时,能采取相对应的学习策略,以更有效地解决问题。
>
> 本课题研究以高中新课程理念与当代认知心理学理论为指导,按照地理知识掌握与能力发展的目标系统,以策略开发与策略教学为两条基本实施途径,分别建立了以"策略分解—策略命名—策略设计"为要素的学习

策略开发模式、以"知识与技能、一般能力、特殊能力"为构成要素的地理学习策略内容体系和以"策略导入——策略剖析——策略应用——策略反思"为要素的学习策略课堂教学结构,原创性地构建了地理学科学习策略教学体系。

在研究实践中,课题组共设计开发出12个通用性学习策略和37条地理学科学习策略,并形成相应的系列化教案。

研究证明,通过学习策略教学,能有效提高中学生的认知水平,减轻学生的学习负担,大面积提高学生尤其是"差生"的学习成绩,提高教学效率。使学生真正实现"会学,善学,乐学"。

研究期间,浙江省教研室组织专家专门来我校听课和听取课题成果汇报,课题得到了高度的重视与好评。本课题成果2008年在苏州大学举行的"教育部十五规划课题'中小学学习策略开发与研究'结题大会"上做经验介绍。

学习策略教学的研究也能促进教师对自身发展提出更高要求。本课题从研究开始以来,成员们完成相关的学术论文27篇,其中发表在《地理教学》《教学月刊》《中学文科》等国家级核心期刊上的论文有13篇。专著《高中地理学习策略教学的设计与应用》即将由上海三联书店出版社出版。相关研究成果获得中国教育学会教育科研成果一等奖,浙江省教研室规划课题成果二等奖,浙江省基础教育教学成果二等奖,宁波市基础教育成果一等奖等。课题研究期间,有两位教师被评为宁波市教坛新秀,一位年轻教师荣获全国地理优质课评比一等奖。

(3)目录

结题报告中,一般要求建好目录。目录要求能呈现报告的主体结构,这样有利于读者形成对报告的认知结构,更加清晰、快速地把握报告的内容。

目录一般包括两部分:一是主报告的目录,最好能做到四级目录;二是与主报告附在一起的附件的目录。如果是单独附的,也需要在目录中注明"另附"。

(4)正文

一份规范的课题结题报告正文,其基本结构大致包括以下几个部分(字数一般控制在10000字左右):

①课题提出的背景

具体请参见第三章。

②研究力图解决的问题

前面说过,教师的课题研究是基于问题出发的,所以在结题报告中也要呼应这一点,陈述本课题研究想解决的主要问题是什么。

【案例】

"大面积提升美术素养的高中刮版画教学研究"[1]
研究力图解决的主要问题

1. 通过在普通高中美术教育中注入刮版画这一新鲜血液,利用刮版画在艺术欣赏、艺术创作方面的独特性,从而解决如何大面积提升学生美术素养的问题;

2. 如何通过进一步挖掘刮版画的文化属性,探索在已有的古为今用的舞龙特色文化的基础上,发展洋为中用的刮版画特色文化,从而形成自己的办学特色;

3. 通过总结9年刮版画研究经验,从课堂教学、课外活动等角度探索高中美术刮版画教学范式,使其"教有定法",解决怎样教的问题;

4. 如何通过本课题研究,实现建设集"课程建设、教学推广、作品创作、教师培养、国际交流"五大功能为一体的刮版画教学基地这一目标,从而真正达到刮版画教学高级别、全方位的辐射功能。

③问题解决的基本阶段

可以概要地叙述课题从立项到结题所进行的全部研究过程,以分阶段的形式,阐述每一阶段的起讫时间,主要完成的工作,所取得的阶段性成果等。还是以笔者主持研究的课题"高中地理开展学习策略教学的实践研究"为例:

---

[1] 本课题获宁波市第十一届基础教育教学成果一等奖。课题负责人:宁波市奉化区高级中学方松。

研究阶段	研究时间	研究内容	取得的阶段性成果
第一阶段：尝试探索阶段	2004年—2005年	通用性学习策略教学	开发通用性学习策略教学设计，并在高一年级，安排每周一节的《学习策略指导课》。
第二阶段：重点实验阶段	2005年—2008年	地理学科学习策略教学	按照地理知识掌握与能力发展两大目标，边开发策略设计边进行教学实验研究。
第三阶段：推广应用阶段	2008至—2010年	政治、历史、地理学科学习策略教学	以前两阶段实验成果为依托，在高考文科综合学科上进行拓展，并在宁波市内外进行推广实验。

④课题研究的过程与结果

这部分是课题研究报告的重点，也是应该着墨最多的部分。要通过对研究过程所收集到的各种有价值的信息进行整理、分析、归纳、判断等一系列思维活动，提炼出符合教育教学发展与变化的规律来。

具体陈述课题研究的主要过程，如通过哪些途径来进行实践研究，采取了哪些教育实践的方法与措施，运用了哪些教学或者管理策略，探索出了怎么样的教育模式与教学结构，等等。

在总结研究过程时，要注意以下几点：

●各级小标题的表述要准确到位，要有提炼，同级标题要尽量对称、平衡，提升形式美；

●尽量运用结构图来呈现研究内容与过程的复杂性；

●每一个部分的陈述，力求语言精练，观点突出。可以用"总—分—总"的体例来表达（即观点在具体展开描述之前）。同时，要注意理论与实践相结合。教师的研究报告，当然以实践经验提炼为主，但是也不能忽视理论的说明与总结；

●举例说明时，案例的篇幅要恰当，不宜过长，只要能说明原理即可。案例部分可以适当变换字体，以示区别；

●注意图表的运用，力求图文并茂。

⑤课题研究成效

课题的研究成效是课题研究取得成功、有所收获的标志。一般都可以分为隐性成果和显性成果两大部分。显性成果包括学生学业水平(学习成绩和能力)的提高、教师专业能力的提升(如论文的发表和获奖)、学校的发展和获得的荣誉称号等,还包括通过研究而开发出来的校本课程、编写的校本教材、形成的教学范式等具体操作性做法的总结。在总结研究成果时,同时也要注意隐性成果(即所引证的教育观念、思想、观点、教学理念方面的收获)的归纳和提炼。实际上,那些隐性成果恰恰说明了诸多显性成果获得的道理和原因,这也正是课题研究能让教师终身受益的最宝贵的财富。

由于受结题报告篇幅的限制,研究成果的总结陈述不能过长。所以,选择最重要的成果,用恰当的形式进行总结是关键。这里,高度概括化了的统计图、表等,能起到定性与定量相结合的作用,使研究成果的表述更加有说服力。

【案例】

"填补断层,生长思维:小学'画数学'教学设计与应用研究"[1] 研究成效

(一)从内隐到外显:形成了让数学思维看得见的"画数学"教学体系

1. 构建了"画数学"目标框架,完成了断层填补设计

研究从既定教材的教学"改进"与扫描断层后新增内容的"补充",双维度设计了"画数学"教学的内容,最终形成一套"画数学"教学的断层弥补教学设计,有效填补了学生"画力"发展的断层,丰富了小学数学教材体系。

---

[1] 本课题获2019年浙江教育科研规划课题一等奖。课题负责人:宁波市奉化区实验小学刘善娜。

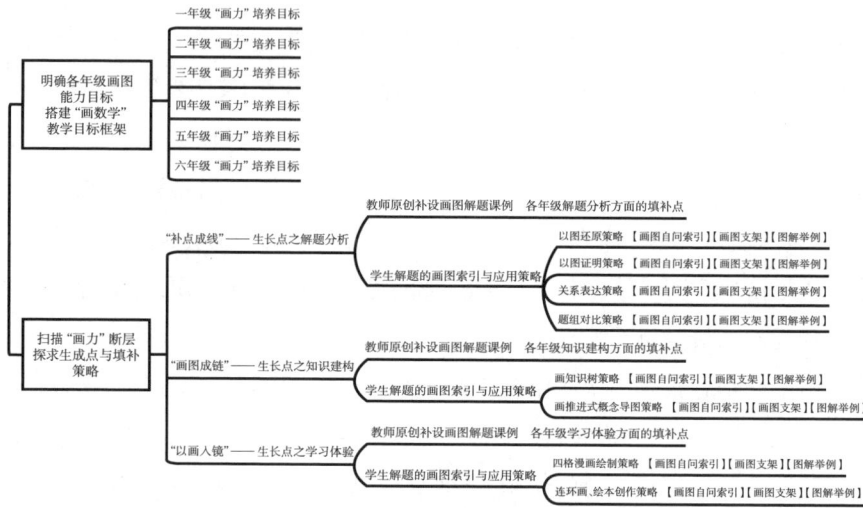

2. 探索了"画数学"教学的方法与问题的设计方略

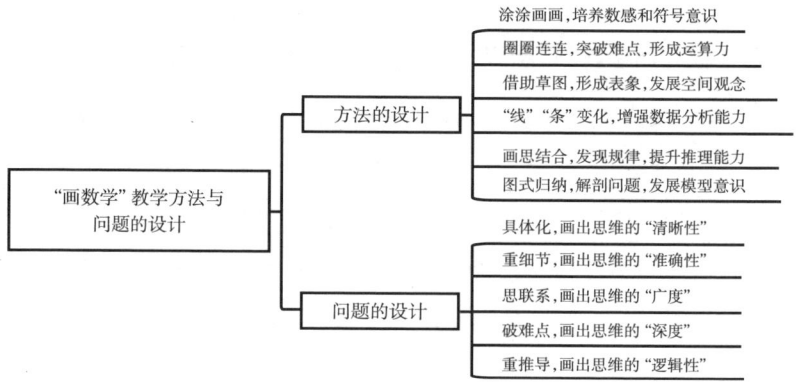

3. 达成了"画数学"教学的操作共识

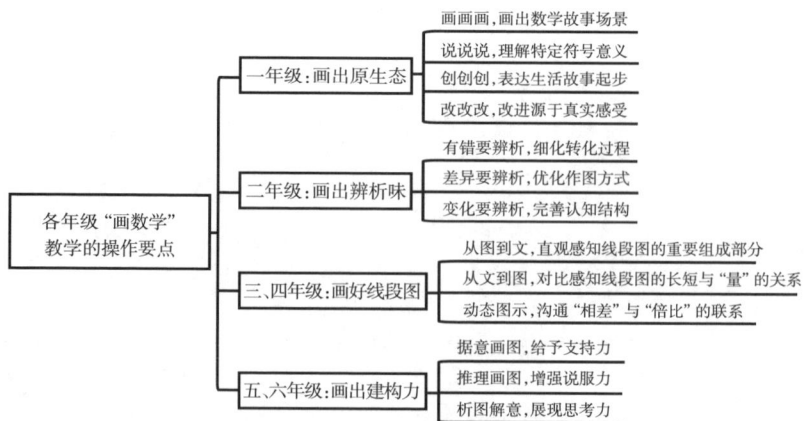

4. 实践了"画数学"教学的实施路径

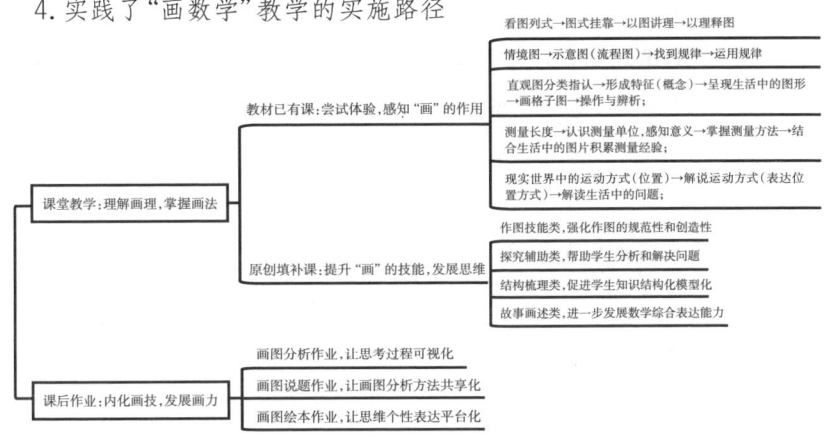

（二）从技能到素养：学生数学思维与核心素养有了进阶式增长

1. 有效提高了学生数学学习的兴趣，养成了用图形表征数学问题的习惯

对实验班学生和对照班学生进行"你眼中，数学是怎样的？"问卷调查，发现实验班学生认为数学"有意思"的百分比大大高于对照班学生，对数学画图的功能也有更深刻的认知。可见，画数学使儿童长期积累了积极的情感体验，对数学所承载的意义也有更丰富、多元的理解。同时，学生通过训练，养成了善于运用图形来表征数学问题的良好习惯。

2. 进一步优化并加速发展了学生的数学思维与能力

通过系统的"画数学"训练，如通过"画数据"，解读隐含的有用信息；通过"画推理"，提供清晰的思维路径；通过"画对比"，辨析直观的通联差异；通过"画验证"，培养可视的逆向思维等，学生的思维得到明显的优化。通过实验前后各班学生智力平均水平的差异情况对比分析，两个实验班的学生思维发展水平与对照班存在显著差异（$P<0.01$）。

（三）从教学到研究：教师获得了教学理念与专业能力双提升

课题组教师在研究期间（2016年到2019年）公开发表了24篇论文，多次获得宁波市教研论文一、二等奖。专著《倾听与反思——特级教师修炼日志》中，展现了"画数学"日常教学的部分思考。专著《把数学画出来——小学画数学教学实践手册》由教育科学出版社出版，全方位体现了本课题研究的思考与实践。

（四）从试点到推广：有效推动了画图教学的变革，扩展了学术影响力

从三年前的本班级、本年级组开始做试点研究，到今天通过各种形式面向区域内、外的立体式推广，有效推动了画图教学的变革，课题的学术影响力也在不断扩大。

课题组教师举办区级以上的"画数学"专题展示课38节。中国创课、甬城汇智课堂特设"画数学"专场，邀请课题负责人分享课题组的研究成果。嘉善、临安访学团专程设计"画数学"学分培训，来课题负责人所在学校取经。《小学教学设计》《小学数学教师》《小学生数学报》连发专辑和专栏连载，将学术影响力传递各省。"外滩教育""掌上奉化""浙派"、《宁波日报》从课堂和作业两个层面予以采访报道，文字、视频、图像全方位呈现"画数学"相关成果。其中，上海"外滩教育"在"超级教师报告"中以"这位特级教师有妙招"为题、上海"悦远教育"以"刘善娜：当一道复杂的数学题变成一份画图说明书"为题，呈现了"画数学"教学的特色。"搜狐网""北京教育播报"等网络媒体纷纷转载。

⑥课题研究的创新性

创新性是选题的一个基本原则。在总结研究成果时，要说明本研究所表现出的创新体现在什么地方。一般而言，一个课题研究的创新性，体现在研究理论的创新，观点的创新，研究方法与技术运用的创新，研究材料的创新，管理机制的创新等。但是要注意的是，研究成果总结要实事求是，不能一味拔高，夸大课题研究的创新性。

【案例】
"研究型课程大规模实施智能支持平台研发及实施模式探索"[1]
课题研究的创新性

(1) 观点创新：提出"教为不教，学为再学"的理念，丰富了叶圣陶关于"教是为了达到不需要教"的思想内涵。践行理念，平台提供了精准化、可选择、泛在化的育人环境和方式，促进了"人人爱学、时时能学、处处会学"的终身学习能力发展。

(2) 技术创新：移动教学平台运用目前最流行的 HTML5+CSS3 网站前端编程技术，实现了移动终端的跨平台集成应用。为师生搭建了一个"学前、学中、学后"的便捷通道，打破了时空约束。数据采集功能成本低、使用方便、更新快、能耗少，实现了精准分析和应用。

(3) 方式创新：丰富、优化了信息化环境下服务学生个性发展的方式。依托数据采集与分析系统实现学生发展的全纳、快速、精准诊断，指导学生学会选择，扬长补短；"微辅导"为代表的前置学习指导学生学会学习，提升自主学习能力，促进高阶思维的发展；游戏化学习充分彰显学生个性，提升学生自我效能感；线上线下的混合学习使学习与生活融为一体，提升学生泛在学习、终身学习的意识与能力。

(4) 机制创新：形成了问题反馈与快速响应机制、学生自主选择与自我调适机制、同伴互助与教师辅导机制、教研共享机制。推进"学分制""免修制""积分制"的落实，促进学生个性发展。

(5) 参考文献

要把撰写研究报告时所参考的文献一一列举出来，这是对他人知识产权的一种尊重，也是学术道德的重要体现。（详见第五章）

---

[1] 本课题获 2018 年基础教育国家级教学成果一等奖。课题负责人：上海市电化教育馆张治等。

2. 优秀课题结题报告选

高中地理开展学习策略教学的实践研究[1]

一、研究背景与意义

（一）研究缘起

1. 高中地理新课程改革提出新的要求

国家教育部发布的《基础教育课程改革纲要》中明确提出课程改革的核心任务是改变原来单一、被动的学习方式，建立和形成充分调动、发挥学生主体性的多样化学习方式，促进学生在教师指导下主动地、富有个性地学习。这里，学生对学习策略的掌握便成了改变学习方式的重点所在。

2. 高中地理教学现状亟须改变

目前高中地理教学过程中存在很多值得探讨的问题。如：学生缺乏地理学习的方法和能力，未能形成切合地理学科特色的地理思维；以知识传授为核心的课程倾向较少关注学生地理学习方法、能力和思维的培养；此外，学生对地理学习普遍存在着兴趣不足、学科恐惧、理解难度大、解题困惑等方面的问题。这些问题产生的关键在于学生对地理学科特点认知不足，教师在教学中学习策略的渗透不够，未能构建教与学策略的良性互动，未能对学生学习能力的形成产生有效的影响。

因此，如何深化地理课堂教学改革，培养学生地理学习的能力，最大限度地发挥学生的学习潜能，提高学生学习地理的兴趣和信心，实现教与学的最优化，就成为本实验研究的缘起。从2004年开始，我们开展了高中地理学习策略教学的实验研究。

（二）研究意义

学习策略教学（Learning Strategy Instruction）是指教师在课堂上通过系统的讲授，把有效学习的程序、规则、方法、技巧及调控方式传授给学生，使

---

[1] 本课题获2008年宁波市第六届基础教育教学成果奖一等奖。成果发表于《教学月刊》2009年第12期，并被中国人民大学《复印报刊资料：中学历史、地理教与学》2010年第5期转载。课题主持人：吴伟强。

学生从课堂经验中形成丰富的学习图式,以致面临某一新的学习情境时,能采取相对应的学习策略,以更有效地解决问题。其研究意义是:

首先,学习策略教学的着眼点是实现"为迁移而教"。通过课堂上系统的教授,让学生理解并掌握有效学习的最佳策略,帮助学生形成良好的运用策略进行学习的习惯,使学生在真正意义上达成学会学习,并能实现有效的迁移。

其次,通过学习策略的掌握,帮助学生克服学习地理的畏惧心理。地理是高中学生普遍感到难学的一门学科。地理学习策略的教学,旨在破解学生学习中的重难点,使学生领悟学习策略的本质,从而更好地掌握概念,运用地理思维解题,提高地理学习的信心。

第三,学习策略教学能提高学习的质量与效率,并使学生终身受益。如果依靠学生自发地掌握学习策略,不仅需要花费大量时间,走太多弯路,而且大部分学生难以靠自己的力量获得。因此,通过学习策略的教学,使学生在较短的时间内掌握学习策略,是此研究的意义所在。

第四,学习策略教学的研究也能促进教师对自身发展提出更高要求。学习策略教学的研究,教师是研究的主体,教师的课堂教学活动是研究的客体。而且,教师需要学习掌握当代最新的认知心理学知识,努力使自己成为学习策略的培训者、学习困难的诊断者和学习问题的咨询者。因此,通过教与研的一体化,能不断促进教师的专业成长。

二、研究力图解决的主要问题

1. 针对现行教材中出现的学习策略教学的断层现象,通过研究,结合高中新课程的教学目标,尝试构建地理学科学习策略教学新体系。

2. 针对学科教师缺乏学习策略教学的设计能力现象,通过研究开发出系列化的地理学科学习策略教学的具体教学设计,并探索出地理学科学习策略教学的课堂应用模式。

3. 针对目前中学生普遍不会策略性学习的现象,通过开展学习策略教学,使学生掌握并能运用系统科学的学习策略,从而提高学习效率,逐步形成自主发展的自我学习风格。

三、研究的主要方法

1. 调查法：以问卷调查为主要形式，自编了《高中生学习情况调查》《高中生学习策略调查》两套调查问卷。了解学生学习策略的现状、水平和发展情况，以增进对学生的了解，加强策略教学的针对性。

2. 实验法：主要是对总结、提炼的学习策略进行教学实验，考察学习策略教学的效果，以进一步完善总结的策略。第一年（2004年）以高一（10）班（56名学生）为实验班，高一（9）班（56名学生）为对照班。2005年开始，在所有高一年级地理学科教学中推广实验。

四、研究开展的主要阶段

按照研究内容与工作重心的不同，我校开展"学习策略教学"的实验研究经过了三个阶段：

表一　课题研究进展表

研究阶段	研究时间	研究内容	取得的阶段性成果
第一阶段： 尝试探索阶段	2004年— 2005年	通用性学习 策略教学	开发通用性学习策略教学设计，并在高一年级，安排每周一节的《学习策略指导课》。
第二阶段： 重点实验阶段	2005年— 2008年	地理学科学 习策略教学	按照地理知识掌握与能力发展两大目标，边开发策略设计边进行教学实验研究。
第三阶段： 推广应用阶段	2008年 —今	政治、历史、 地理学科学 习策略教学	以前两阶段实验成果为依托，在高考文科综合学科上进行拓展，并在宁波市内外进行推广实验。

五、研究的主要内容与过程

（一）构建地理学习策略教学体系

本课题研究以高中新课程理念与当代认知心理学理论为指导，按照地理知识掌握与能力发展的目标系统,以策略开发与策略教学为两条基本实施途径,初步构建了地理学科学习策略教学体系(见图一)。

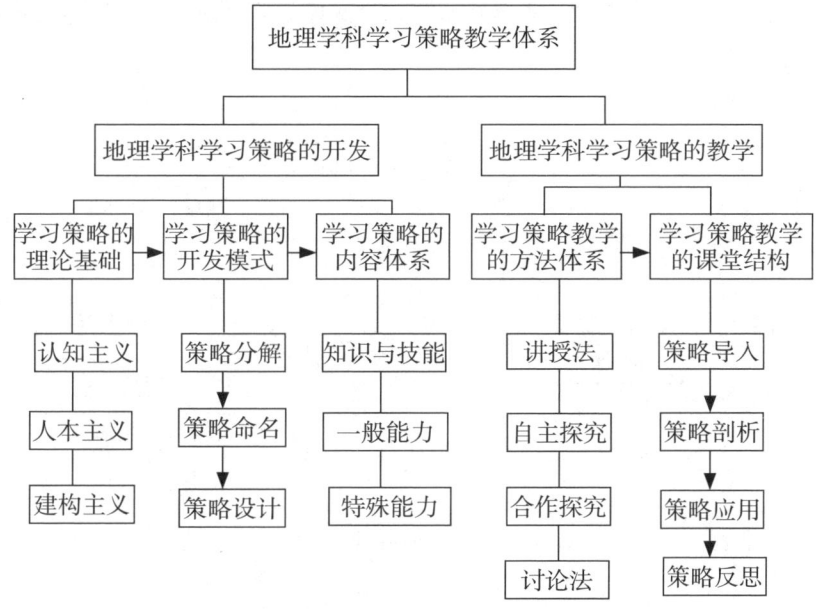

图一:地理学科学习策略教学体系结构图

(二)开发地理学习策略的教学设计

根据新课标的理念,构建学科学习策略的内容体系(见图二),提炼精要的学习策略,编写学习策略教案。在设计开发中要求每一个教案必须结合课程内容,以知识为框架,策略为主线,每个策略选取最适宜的知识点来说明策略的运用。

学习策略的开发分三步进行:

1. 策略分解:把地理内容体系进行分块,分成地理知识与技能、一般能力、特殊能力等,而知识与技能又能分解为地理概念、地理原理、地理技能等三大块,每一块再进行分解。如把地理图分解成等值线图、统计图、区域图、分布图、示意图、日照图等;

2. 策略命名:在对一个具体策略进行命名时,要注意体现学习策略的实质与教学思路,力求简短、新颖。如"地理原理的模式识别策略""等值线图判读和应用的'三步走'策略"等。

3. 策略设计：策略设计是指教师根据教学对象和教学内容，将学习策略以符合认知心理学的程序与规则，选择合适的教学方法，以教案的形式文本化。

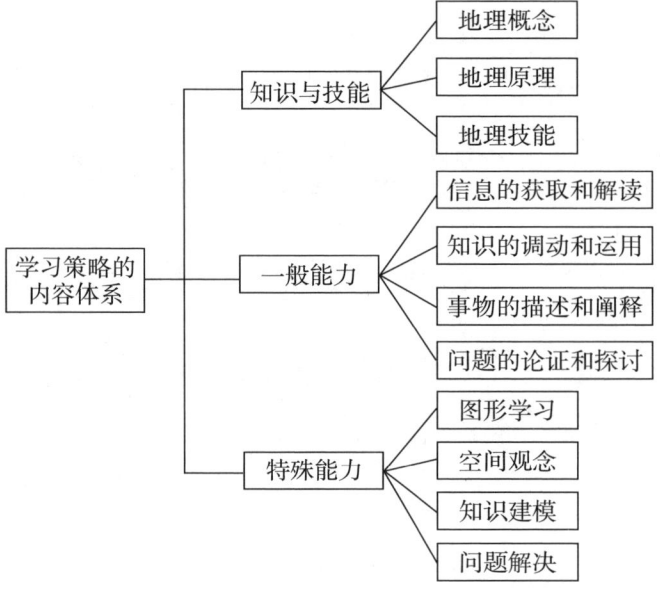

图二：地理学科学习策略的内容体系结构图

在研究与教学实践中，课题组成员共开发出12个通用性学习策略教学设计（见表二）。

表二　通用性学习策略设计

策略单元	策略组成
认知学习策略	"选择性注意策略""组织学习策略""精加工学习策略""高效记忆策略""问题解决的学习策略"
元认知学习策略	"元认知学习策略""学习动机激发策略""时间管理策略""学习计划策略"
思维训练	"横向思维之PMI思维策略训练""横向思维之CAF思维策略训练""横向思维之C&S思维策略训练"

通用性学习策略教学主要是矫正学生地理学习中存在的一般性问题，比如：学习自我组织能力弱、记忆效果欠佳、不能合理管理学习时间等。通用性学习策略具有普遍适用性，能够迁移应用到具有类似问题的其他学科学习中。

此外，课题组依据地理知识和能力开发出 37 个地理学科学习策略教学设计，基本上形成了地理学科学习策略教学系统（见表三）。

表三 地理学科学习策略设计

内容体系	策略单元	策略组成	策略教学的目的
知识与技能	地理概念学习策略	"地理概念理解策略""地理概念的归纳演绎学习策略""地理概念联想记忆策略""地理概念自定义对比理解策略""'自学——听课——应用'三步地理概念学习策略""地理概念复习策略"	针对学生在地理知识和技能学习中普遍存在的问题：地理概念识记困难，理解不够透彻；地理原理理解困难，应用能力差；地理图示分析能力欠缺。
	地理原理学习策略	"地理原理的图、文结合策略""地理原理、规律学习的实验模拟策略""地理原理、规律学习中的类比迁移策略""地理原理复习策略"	
	地理技能学习策略	"地理示意图判读的'程式化'策略""地理统计图的多要素综合分析策略""高中地理图形转化策略""高中地理学习中的作图策略"	
一般能力	地理信息的获取和解读策略	"高中地理'分析法'解题策略""高中地理'条件结合法'解题策略"	这些策略的教学主要帮助学生学会如何尽快把知识转化为能力，提高学生信息获取、知识调运、地理阐述和地理问题探讨的能力。
	地理知识的调动和运用策略	"错题集中'习题知识注解'策略""单元知识复习中的'知识建模'策略"	
	地理事物的描述和阐述策略	"地理事物描述和阐述的'建模化'策略""运用参考答案'自我对比纠错'策略"	
	地理问题的论证和探讨策略	"论证和探讨地理问题四部曲策略""自主合作探讨地理开放性问题策略"	

续表

内容体系	策略单元	策略组成	策略教学的目的
特殊能力	地理图形的学习策略	"等值线图判读和应用的'三步走'策略""区域地图的三步联想记忆策略""区域图判读和应用的策略""地理分布图的判读策略""日照图的判读策略"	通过这些策略的教学，帮助学生较为有效地掌握地理图示判读、空间观念培养和空间建模的方法，从而突破地理学习中的难点。
	空间观念培养学习策略	"地理图像空间定位策略""以活动培养学生的空间观念策略""'动口'和'动手'相结合的空间观念培养策略"	
	地理知识建模学习策略	"应用习题构建地理知识结构的复习策略""区位专题复习中的模式化策略""地理原理的模式识别策略"	
	问题解决能力培养策略	"地理材料阅读题的 PQ2R 学习策略""地理选择题解题策略""高考地理综合题解题策略""地理解题后反思策略"	

以上学习策略涵盖了地理学习中最为核心的重点、难点知识和技能。这些策略较为具体，学科针对性强，直接面对学生地理学习中的具体问题，能有效提高学生地理学习的成效，促进学生地理思维的养成，从而熟练解决地理问题。地理学习策略教学和通用性学习策略教学相互促进，优势互补，最终实现学生地理学习的高效和优质。

（三）开展地理学习策略课堂教学

学习策略设计与开发的目的在于应用。因此，开展学习策略教学是本课题研究的重心所在。我们要求每个策略教学的结构一般由以下四个板块组成：策略导入——策略剖析——策略应用——策略反思。具体过程如下：

1. 策略导入

教学要点：通过对话或有趣的事例，引入本策略的教学。也可先让学生自发地完成某个学习任务，待其产生困惑或无力解决时，再呈现新策略。教学中要注意以不同的方式，多样化的手法激发学生学习策略的欲望与动机，使学生处于一种渴求学习的积极情感状态。

▷导入设问：地域性是我们地理学科两大特性之一，以区域为基础的图示也是地理学习和地理考试中经常碰到的重要图示，蕴藏的是具体一个区域的地理环境要素分布情况。请同学们看投影屏幕上这张以区域为基础的等水量分布图（图略），请一位同学来说说，你拿到这张图是如何一步步把图读透彻的？

2. 策略剖析

教学要点：教师深入浅出地说明策略的实质，详细揭示策略的运用过程，选择较多的恰当事例说明其应用的多种可能性。选择的实例应利于学生接受，阐述策略的知识点应在学生已有的知识背景中选择，应符合学生的接受能力。此外，通过实例说明策略运用的过程，要尽可能详尽地展示内隐的思维过程，步骤具体，使学生充分体会到策略运用的过程与有效性。

教的要求：让学生清晰地理解所教的学习策略，并懂得如何在学习情境下运用该策略。

学的要求：本阶段要让学生产生掌握有效学习策略的强烈愿望，在教学中结合自身的学习特点，认真听课钻研，领会策略的要求。

▷我们在学习或者分析这一区域图的时候可以使用"定位置—析要素—列问题"三步骤判读的策略（以"析要素"环节为例）。

教师：区域由一定的地理环境要素组合而成，所有的地理问题无非就是这些地理环境要素的衍生，所以我们第二步必须分析和回顾本区域的地理环境组成要素的情况。我们请一名同学来分析下中亚地区的地理环境特征。

学生回答：……（一般很难有条理地分析清楚，往往会遗漏个别要素）

教师小结：……所以分析要素可以从以下8个方面入手：1. 地形……，2. 气候……，3. 河流……，4. 植被……，5. 土壤……，6. 资源……，7. 农业……，8. 工业……

3. 策略应用

教学要点：教师设计或精选能运用该策略的典型习题，呈现的材料应尽可能丰富、多样，从不同角度进行尝试。

教的要求：通过练习，使学生能切实掌握各种学习策略，并运用于日常的学习中。

学的要求：运用新教的学习策略，解决教师布置的课堂作业和平时学习过程中经常遇到的实际问题。

▷活动探究：以小组合作探究活动的形式

活动要求：利用已经学过的区域图判读策略判读和分析区域图，把每一步判读的过程用文字书写在白纸上；利用判读的结果解答问题，并把你们组答案写在白纸上；完成以后上交，一组展示他们的成果。

（探究材料略）

4. 策略反思

教学要点：教师在策略教学结束后，提供学生一个机会来评价他们在运用学习策略过程中取得的成效，增强他们对自己学习过程的元认知意识。培养学生自我反思能力的活动包括：学生在操作后向别人请教或传授情况，研究学生对有关策略运用的记载，通过开放式问题或封闭式问卷等材料让学生表达他们对某些学习策略有效性的评价。

教的要求：在引导学生反思的过程中，使学生获得掌握学习策略的成功体验，形成正向的自我效能感。

学的要求：针对策略应用阶段所出现的问题，学生反思自己对策略掌握、理解的程度，发现存在的问题，及时与老师、同学交流。

▷教师活动：

1. 教师点评学生成果，并指出成果中的不当之处和优点。

2. 教师表述策略三个过程：首先，定位置；其次，从地形、气候、河流、植被、土壤、资源、农业和工业8个方面分析区域背景因素；最后，列特例，列举学习过或者能联想到的与本区域相关的问题。

3. 教师分析学生在应用过程中观察到的问题。

▷学生活动：发现和纠正应用过程中的问题，理解和记忆策略三步骤。

六、研究实践的成效

经过历时五年的实验,共进行了37班次和跨班级群体实验,参与学生达到2010人次,获得有效数据28组。实验证明,学生通过学习策略教学,系统掌握了科学的学习策略,如对学习材料的选择、组织、加工、记忆等,提高了阅读能力与记忆水平,大面积提高了学生尤其是学困生的学习成绩,并减轻了教学的负担,提高了教学效率。

(一)学习策略教学能有效提高中学生的认知水平

这也就是说,学习策略可以通过课堂教学训练而获得。通过学习策略教学,学生学习策略的运用水平都有明显的提高,实验能广泛地取得这样显著的效果,说明进行专门的学习策略训练是可行的、有效的(见表四)。

表四 通用性学习策略的掌握对比表

		实验班		对照班		t	P
		$\bar{x}$	S	$\bar{x}$	S		
元认知策略	计划策略	12.35	3.01	12.40	2.40	0.104	>0.05
	监控策略	15.44	2.67	14.35	2.53	2.139	<0.05
	反思策略	14.04	2.73	12.52	2.62	3.29	<0.01
认知策略	组织策略	19.94	3.45	18.15	4.11	2.293	<0.05
	复述策略	20.18	4.06	19.02	4.44	2.052	<0.05
	精加工策略	27.52	5.52	25.44	4.42	2.104	<0.05
	记忆策略	18.15	3.56	17.69	3.68	0.668	>0.05
资源管理策略		25.18	4.77	20.00	4.54	1.59	>0.05
总分		167.71	18.24	157.71	19.08	2.730	<0.01

表四调查结果数据表明,实验班与对照班的总体差异水平均呈极显著水平($t=2.73, P<0.01$)。其中主要是认知策略的掌握与内化。这就充分说明,

通过通用性学习策略教学指导课的训练,实验班学生都能科学地掌握学习策略,学习策略的运用水平要明显好于对照班学生。也就是说,学生的认知水平通过教学有了明显的提高。

(二)学习策略教学,使学生真正实现"会学,善学,乐学"

学习策略教学课由于提高了学生的认知水平,给了学生一把自由打开知识大门的"钥匙",减轻了学习负担,受到学生的广泛欢迎。实验班级普遍反映出学生学习兴趣浓厚,学习的积极性、主动性高,课堂回答时思维更敏捷,作业错误率降低,作业速度加快。

以第四学期期末考试为后测数据,实验班无论是两年纵向成绩对比,还是与对照班横向成绩对比,都呈显著的差异($P<0.01$)。

表五 学科成绩的综合差异比较表

学科		实验班	对照班	t
地理	前测	63.2±0.59	60.4±0.77	0.76
	后测	71.7±0.62	62.8±0.78	2.98**
	t	0.87*	0.72	

($*P<0.05$ $**P<0.01$)

(三)学习策略教学能大面积提高学生尤其是学困生的学习成绩,提高教学效率

学生通过学习策略的学习,系统掌握了科学的学习策略,如对学习材料的选择、组织、加工、记忆等,提高了阅读能力与记忆水平,学习负担大为减轻。

以2007届学生为例,我们抽取了每年一次的宁波市八校联考地理学科成绩排名进行分析。

表六　策略教学实施后学科成绩排名变化表

时间	策略教学实施第一学年（1）	策略教学实施第二学年（2）	策略教学实施第三学年（3）
平均分	70.90±0.43	72.85±0.87	73.72±0.69
t	1.77	2.59**	3.95**

（*$P<0.05$　**$P<0.01$）

从上面统计中可看出，通过学习策略教学的实验，我校在地理学科上的成绩排名是随着实验的深入而不断提高的。

同时，从实验结果来看，学习策略教学对提高中差生的学习成绩尤其明显，而中差生占全体学生中的绝大部分。因此可以说，学习策略的专门训练探讨出了一条大面积提高教学质量的有效途径。

表七　实验班学生实验前后优差生人数变化表

成绩	实验前	百分比	实验后	百分比	X^2
优	16	28%	28	48%	29.58**
中	28	50%	23	41%	38.93**
差	12	22%	5	9%	20.76**

（*$P<0.05$　**$P<0.01$）

从上表可以看出，学习策略教学的实施，使大部分学生的学习水平都在原来的基础上有了提高。实验班的优差生人数变化，经方差检验，差异的显著水平相当高。这充分说明学习策略教学促进了学生在知识掌握、能力培养等方面的和谐发展。

（四）六年的教研一体化实验研究不断促进着课题组教师的专业成长

本课题从实验开始以来，实验成员完成策略教学的研究报告和学术论文34篇，其中发表在《地理教学》《教学月刊》《中学文科》等国家级核心期刊上的论文有20篇。相关研究成果获得中国教育学会教育科研成果一等奖，浙江省教研室规划课题成果二等奖,宁波市教育科研论文一、二等奖,等等。课题组成员也因为参与研究而迅速成长。在本课题研究期间,有两位教师被评为浙江省、宁波市教育科研先进工作者,两位教师被评为宁波市教坛新秀,一位年轻教师荣获全国地理优质课评比一等奖。

七、成果特色与创新

(一)原创性地构建了地理学科学习策略教学体系。按照地理知识掌握与能力发展的目标系统,以策略开发与策略教学为两条基本实施途径,分别建立了以"策略分解——策略命名——策略设计"为要素的学习策略开发体系,以"知识与技能、一般能力、特殊能力"为构成要素的地理学习策略内容体系,以"讲授法、自主探究、合作探究、讨论法"为要素的学习策略教学方法体系和以"策略导入——策略剖析——策略应用——策略反思"为要素的学习策略课堂教学结构体系,从而完整地构建了地理学科学习策略教学体系。

(二)通过"策略分解——策略命名——策略设计"三步走路子,形成了完整的、系列化的地理学习策略教学设计的操作程序。在研究实践中,课题组共开发出49条学习策略,并形成了相应的系列化教案。

(三)富有成效地探索并实践了"策略导入——策略剖析——策略应用——策略反思"这一学习策略课堂教学新模式,为进一步推广应用打下了扎实的基础。2008年5月,浙江省教研室组织专家专门来我校听课和听取课题成果汇报,课题得到了高度的重视与好评。

(四)2008年5月,课题成果在苏州大学举行的"教育部十五规划课题'中小学学习策略开发与研究'结题大会"上做经验介绍,受到国内多位学习策略教学专家、教授的肯定。全国18个省市的多所学校向本课题组索要相关资料与研究成果,有三所省内外中学专程来我校听课和听取课题研究经验与成果介绍。

"双轮驱动"构建初中自主课堂的研究与实践[1]

一、研究背景与意义

（一）基本背景

新课程改革推行以来，对我国基础教育产生了深远影响。但初中课堂"讲风太盛"，学生普遍处于一种"受逼"学习的状态仍未得到根本改观，学校推进课堂教学改革的校本化之路缓慢、迷惘。主要原因有：

一是课堂"重教轻学"现象严重，对初中生的自主学习能力尊重不够。

二是课堂理念范式、目标定位模糊。目前课堂教学改革大多定位"高效课堂"，其实质还没有真正转变课堂的育人模式，赋予课堂多元能力的增值定位。

三是课堂改革的样本、路径单一。杜郎口中学、洋思中学是初中课堂改革的典型，但它们办学基础薄弱，改革属"被逼无奈"，产生影响后课堂模式固化。众多仿效者大都无疾而终。

为破弊清源，办一所真正具有教育学意义的学校，创建"轻负担、高质量"的宁波样本，我校自2008年开始进行自主课堂的研究与实践探索。

（二）力图研究与解决的主要问题

我们的课堂教学改革没有套用流行的"高效课堂"，而是明确提出"自主课堂"，对课堂赋予了多元能力的增值定位。开展自主课堂的研究与实践，以落实学生的主体地位为宗旨，以构建学为中心的新型教学结构为着力点，培养学生的自主能力和实践创新能力，逐步形成自主发展的人格。

学校突破思维惯性，坚持"关怀生命、整体优化、和谐关系、动力内化"的方针，从改课做起，建立教学模式，优化教学要素，双轮驱动，探索实现自主课堂。推进自主课堂改革，力图解决好三大问题：

一是如何重建教与学的关系。改革"教师讲、学生接受；教师问、学生被动应答；教师先教、学生后学；教的结构完整、学的结构零散"等现象。

二是如何赋予课堂多元能力的增值定位。通过自主课堂的实施，让学生不

---

[1] 本课题获首届国家级基础教育教学成果奖二等奖。课题负责人：宁波国家高新区外国语学校、宁波万里国际学校校长林良富。

仅获得知识与技能，而且培养学生多元能力，让学生主动学习，学会学习。

三是如何探寻课改的校本化路径。课堂教学改革不是简单地遵循"临摹、入帖、出帖"的课改路径，而是探索一条富有校本特色的创新之路。

学校历时六年多，以自主课堂为主题，开展全员、全程、全方位的研究与实践，从构建一套自主课堂模式入手，研究相关要素、保障机制、评价策略等。

（三）主要价值与意义

一是从立意层面上看，自主课堂不仅成为学科教学的课堂，更是育人的课堂。

二是从机制层面上看，自主课堂使学校形成一种独特的教学文化，促进了学习型组织建设。

三是从教师专业层面上看，自主课堂激发了广大教师专业发展的内在动力，教师逐步建立起自己的教育文化立场和教育文化表达。

四是从实践层面上看，自主课堂为正在苦苦寻求学为中心的课堂的学校提供了可借鉴和推广的操作范式，为课堂教学改革的校本化探索提供了新的思维与路径。

二、解决问题的过程与方法

学校采用诸多科学研究法，从构建基本模式入手，研究教学要素、保障机制、评价策略等，经历五个阶段，历时六年多。

（一）准备阶段：转变教学观念

2008年开始，着手改变教师观念。通过参观学习、专题论坛、阅读思考等解放思想，初步建立自主课堂的教学理念，调动教师改课内驱力。

（二）尝试阶段：构建基本模式

2009年，尝试课堂改造。坚持"先学后教、以学定教、自主学习、合作探究"，渗透自主理念，力求教师少讲、学生多学，从教学走向学教。通过课堂实践、专题研讨、专家引领、自主反思，逐步形成"三环六学"基本模式。

（三）发展阶段：优化教学要素

2010年，进行自主课堂教学要素的研究，如优化导学案、小组合作、白板展示、小先生制、分层走班等。通过主题式论坛、专项赛课、小课题研究、专家观评课等方式,推进改课。成功承办全国三大流派"同课异构"研讨活动。

（四）丰富阶段：完善教学评价

2011年,开展自主课堂评价研究。关注学习行为的"三维九面"式评价、学习情态的"五维百问"式评价和学业发展的"多卷备考"式评价,进一步丰富自主课堂教学的内涵,促进课程开发。成功招标宁波市基础教育首批教学行动研究项目"以学定教的初中课堂教学改革研究"。

（五）推广阶段：自成教学体系

2012年以来,成功承办浙江省初中课改联盟学校首届自主课堂教学展示、2012年宁波市教育科研管理研究会年会暨"'三环六学'自主课堂教学模式"观摩研讨活动等,引起热烈反响。2013年初,英国顶尖中小学校长代表团莅临我校考察后,高度赞赏了"三环六学"教学法。

三、成果的主要内容

（一）构建"三环六学"基本模式

自主课堂指在以学生发展为本的教育观念指导下,努力创建一种让学生自主进行有意义学习的课堂。我们先从构建"三环六学"模式入手来促进学习方式的转变,然后着力研究自主课堂的要素,从而探索自主课堂的路径。

"三环"是用整体的、联系的、动态的观点来认识课堂教学的各种因素。可以是一节课中的三环——自学质疑、展示探讨、巩固达标,可以是课前、课中、课后三段教学结构,也可以是预习课、展示课、反馈课不同课型的体现。

"六学",是指渗透在上述"三环"中的引学、自学、组学、展学、研学、固学等学习活动程序。

引学,即引出学习,通过情境创设、目标定向等实现,目的是为新知识学习做好认知和心理准备。

自学,可分书中学和做中学两类。书中学是在导学案的指引下,学生自学课本,尝试理解课本中的知识点,可在课前预习,也可随堂完成；做中学是根据引入的问题情境,学生尝试活动,尝试解决问题。

组学,是组内学生在独立预习、独立尝试后的成果交流,或达成共识,或引发问题讨论。

展学，即展示学生的学习成果，暴露学生的潜意识。是组内学生把对重难点的理解和各自的"相异构想"，通过白板或口头讲述等方式展现出来，进一步引发学生展开质疑。

研学，主要指在学生组学、展学的基础上，教师引导学生进行适度的引领和提升，以便更好地达成目标。

固学，即通过多层次、多形式的练习，巩固学生所学，做到达标验收，及时反馈。

其基本框架如下：

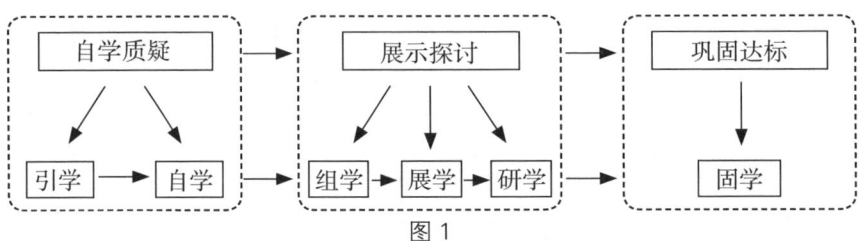

图1

框架图中的"三环"，前者为后者做铺垫，后者是前者的外显与提升。根据学生自学达标情况的不同和教师介入指导的不同，"三环"又具体表现为三个闭合的环路：

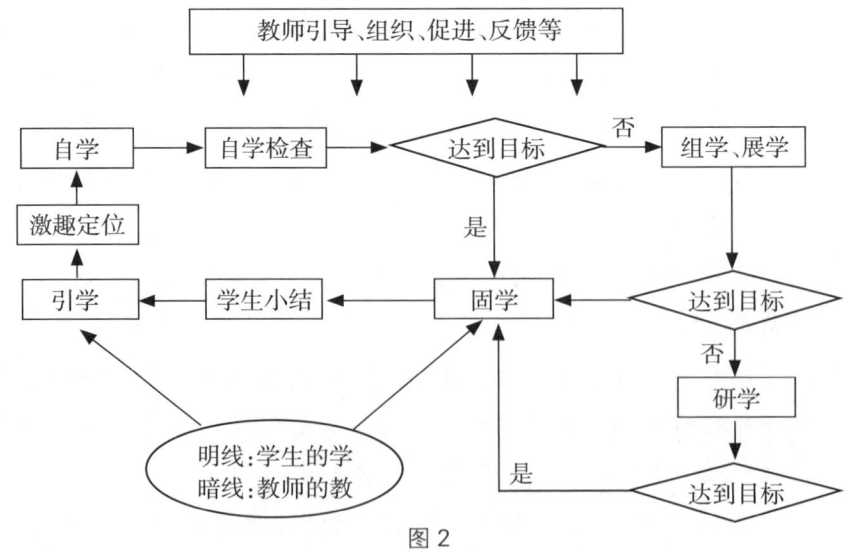

图2

第一环路是引学——自学——固学；第二环路在第一环路的基础上增加了组学、展学，学生通过自学尚没有达到目标要求，通过组学、展学，即集体讨论可以解决；第三环路在第二环路的基础上增加了研学，即教师讲解，以解决学生自学和组内交流尚不能解决的问题。这样的流程把学生的学置于教学的核心地位，教师则起着指导、促进的作用。

在实践中，各学科形成了基于学科特点的"三环六学"自主课堂教学基本模式。如思想品德国情教育课的"三环六学"教学流程就表现为：

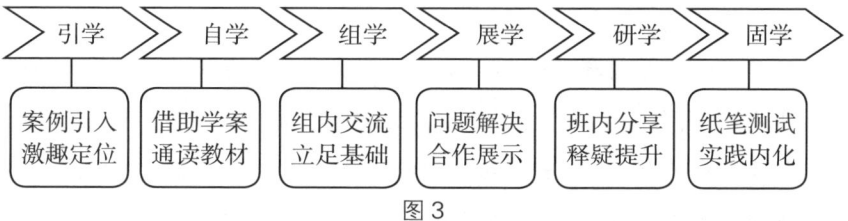

图3

运用过程中，"三环六学"在不同学科、不同课型中呈现出不同的表述方式。如下图为数学课和语文课的变式：

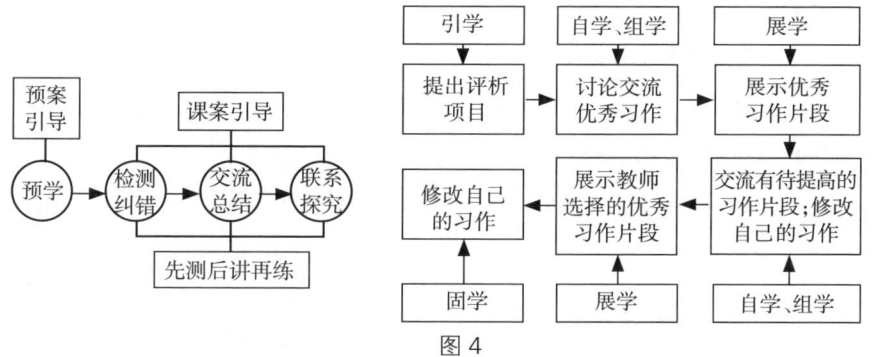

图4

"三环六学"教学模式的提出，确立了一种新的教学哲学与原则，构建了一种完整、有序的学的结构，成为实现自主课堂的"拐杖"和推手。

（二）优化自主课堂要素

在探寻构建自主课堂的过程中，我们及时关注影响课堂教学推进和教学质量的要素，并对要素进行了研讨。我们主要优化了五个要素，如图所示：

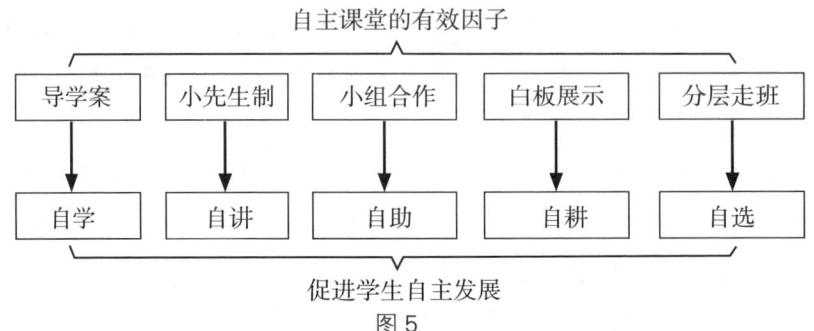

图5

1. 导学案:让学生学会自学

导学案是学与教的重要依托。我们把导学案界定为:从学生的终身发展出发,教师结合教与学应达到的要求与学生原有的实际,通过问题、活动、实验及任务的设计,把教材转化为以学生自主学习为主的"学材"的所有材料。导学案主要用来对学生进行目标、任务、过程、思维、方法的导学。编写时遵循前瞻性、专题性、逻辑性的原则,做到去教材化、习题化、零散化。

数学的"预学案和课堂学案":预学案主要指导学生课前自学,然后利用课堂学案自测,由此确定学习重点,在小组内讲解突破,最后教师点拨总结。

科学的"书中学和做中学学案":有的学案引导学生自学课本,教师引导学生总结提升。有的学案是先引导学生进行观察、实验、调查、参观等一系列的科学活动,后由教师引导学生解决问题,总结提升。

各学科导学案不断发展,逐步形成了自己的特色。以下是语文与社会导学案所经历的三个阶段:

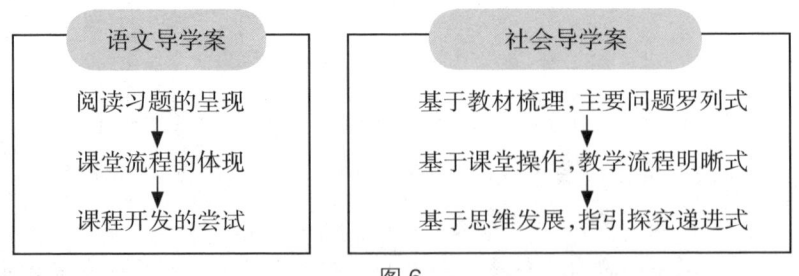

图6

2. 小先生制:让学生学会自讲

自主课堂力图让学生讲起来,人人争当小先生。学生开口讲,是一种出声思维。许多问题学生听懂了，未必真懂；但他们讲清楚了，则一定是真懂了。学生讲给学生听是积极有效的。我们在全校推行小先生制。每个老师都要在教学生如何讲上下功夫。我们从培训小组长开始，让他们率先成为榜样；在课堂教学设计中要求让每个学生都有讲的机会。通过班级—年级—校级小先生比赛，营造浓厚的学生主讲氛围，真正发挥学生主动学的作用。以数学课为例：

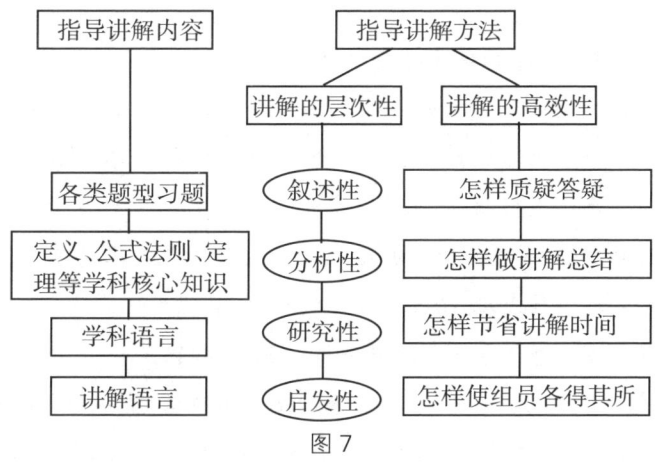

图7

3. 小组合作：让学生学会自助

组内异质的分组原则使组内四人存在程度差异，创造条件使组员在小组学习活动中得到最大限度的发展是我们的追求。四人一组、分组讲的活动方式中，采用一对三、一对一的方式讲解交流，最大限度地提供学生讲解、质疑、研讨、求助与辅导的机会，学生在小组活动中对"讲比听高效""讲者应该感谢听者"有了深刻的体验，优生更加乐意帮助薄弱学生，不同程度的组员各得其所。

4. 白板展示：让学生学会自耕

教室里撤掉讲台，四周挂上白板，给每个学生提供一块天地，以呈现学生自己对重点问题的所思所学，让组内同学或其他同学来评判、补充，这样最大限度地发挥了学习资源的功效，也能及时"暴露"学生在学习过程中的思考痕迹，方便学生交流、快速跟进。在这里，展学得到了充分体现，它使资源利用最大化。以下是白板展示形式图：

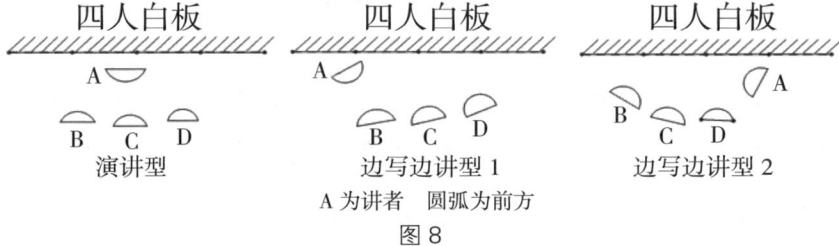

图8

5. 分层走班：让学生学会自选

学校均衡分班，尊重学生平等享有受教育的权利；坚持分层走班教学，满足学生个性化的教育需求。社会、音乐、体育、美术、电脑、劳技等学科，以行政班为单位进行教学，数学、科学、英语三门容易产生两极分化的学科，以两个行政班组成的合作组为基础，进行AB分层走班教学，不同层有不同的学习要求。分层走班，给学生自选的机会，让优生吃得饱，学困生学得会。分层是在过程中寻找学生最近发展区的科学举措，是一个动态概念。人员在一定阶段后可以滚动。走班，走出来的是快乐自信，是不同程度的提升。

导学案、小先生制、小组合作、白板展示、分层走班等，每一个做法无不彰显出以生为本、尊重学生并引领学生发展的教育理念，为真正实现自主课堂提供了强有力的保证。

（三）丰富评价机制

为确保课堂教学改革的持续推进，我们在评价机制上做了有益的探索与坚持，注重评价的侧重点、多元化和动态性，实现激励人、发展人的评价目的。

1."三维九面"，关注学生的学习行为。

我们先后举行了五届自主课堂教学评比活动，每届重点不同，但关注的核心高度一致，即关注学生是怎么学的，学习的过程是否紧凑、愉悦和有效。我们在研究中用三个维度、九个方面来观察学生在课堂

图9

中的表现(见图9)。我们认为,一位好教师,不在于自己讲得多么精彩,而在于其能否把学生带进思考的状态。一堂好课,必定是学生积极参与、学习快乐、互动生成的课。

2."五维百问",关注学生的学习情态。自主课堂,不仅关注学生学业达成,更关注学生学习情态的发展与提升。我们依托北京师范大学的专家,在实验前后对全体学生进行问卷调查,分析数据,为教改推进提供依据。问卷调查使用华东师范大学庞维国教授的《中小学生学习自主性量表》,量表由113道题目构成,分学习动机、学习内容、学习时间、学习方法、学习过程、学习结果和学习环境七个维度来测评,为转变观念、改进教学、促进学生发展起到了积极作用。

3."多卷备考",关注学生的学业发展。用一张试卷来考评学生,会导致部分学困生的学习自信心严重受损。为此,我们尝试在过程中进行分层评价,即针对分层走班的A、B层学生,采用不同的试卷予以阶段性学习效果检测。A卷在能力要求上更高些,让学有余力的孩子往更宽、更深发展;B卷突出双基,让学困生跳一跳能摘到,增强信心,从小进步走向大进步。学生可根据自己的情况选择试卷。分层教学、分层考评,让每个学生都得到充分的发展。

"三环六学"的教学模式提供了学为中心课堂的操作程序。"三维九面"的课堂评价规范了学生的学习行为,确保了学生自学的有效、投入。"五维百问"的自主量表进一步解决了"情感、态度、价值观"目标的测量问题,促进了学生学习情态的持续发展。"多卷备考"的评价方式则增强了每名学生的学习自信心。

(四)促进课程开发

随着自主课堂改革的不断深入,课程的生成和开发成为必然。

整合教材,优化基础课程。我们适时打通教材,组合教学内容,将知识的深度和宽度延伸,让课堂向课外延展,体现课程教学的专题性、连续性、综合性、研究性和时代性。例如语文的"组教学":把主题相关、写法相关或相同作家的作品组合到一起,如《老王》组合《我们仨》,胡适的《我的母亲》组合老舍、邹韬奋的《我的母亲》，打通课内、课外阅读界限，实现对整本书的阅读指导、研究性学习、专题写作的教学。

用好资源，办出特色课程。利用教师特长，进行版画教学，要求学生自创、自刻、自染、自印。从多道工序中培养学生对生活的观察，对美的审视，提升学生的计划性、意志力和专注度。

着眼发展，开发创新课程。学校从人才培养的高度出发，在综合实践活动课程中开发了《创新》《工艺美术》《剪纸与编织》等课程，让学生在实践创新中培养兴趣、启迪思维。

（五）寻找校本化的课改之路

许多学校的课改选择了简单的"临摹、入帖、出帖"路径，但我们基于对教师专业能力的信任，对教学模式的辩证思考，坚持走"上下结合、双轮驱动"的校本化课改创新之路。"上下结合"是学校先规划学为中心课堂的蓝图，做好顶层设计；然后，每个学科教师以"先学后教，以学定教"为基本理念进行自主探索，在探索中百花齐放；再次，让教师带着自己的收获与问题走出去，广泛借鉴别人的课改精髓。把"自上而下、顶层设计"与"自下而上、摸着石头过河"相结合。"双轮驱动"是指从初期的模式推动走向持续的要素推动，形成一条课改"软着陆"的校本化之路，为迷茫的后来者指明方向。

四、效果与反思

（一）促进学生综合素质提升

自主课堂是学科教学的课堂，更是育人的课堂。它力求面向每一个学生，既重视学生知识、技能的获得，又促进学生健全人格的发展。

1. 促进学生自主意识的形成

推行自主课堂教学，极大提高了学生学习的主动性，改变了过去"等、靠、要""老师不讲我就不会学"的思想。北京师范大学教育学专家经过连续三年的实地考察、蹲点研究和问卷分析，认为：学校推行的自主课堂教学，在提升学生自主学习能力方面取得了显著成效，有效激发了学习动机，增强了学习兴趣，改进了学习策略。问测的首届毕业生自主学习时间占总学习时间的百分比由开始的 30.4% 提高到 66.6%。

		Group Statistics		
		N	Mean	Std.Deviation	Std.Error Mean
学习动机	实验前	159	2.1638	.30207	.02137
	实验后	159	2.8088	.47127	.03737
学习内容	实验前	159	2.0996	.42801	.03010
	实验后	159	2.9224	.45226	.03887
学习时间	实验前	159	1.8920	.36993	.02281
	实验后	159	2.6245	.49004	.03886
学习方法	实验前	159	2.1021	.37493	.02021
	实验后	159	2.7885	.49915	.03959
学习过程	实验前	159	1.8102	.34380	.02770
	实验后	159	2.8602	.54151	.04294
学习结果	实验前	159	2.0573	.46303	.01931
	实验后	159	2.9044	.39365	.03122
学习环境	实验前	159	1.8304	.39077	.02149
	实验后	159	2.7011	.45605	.03817
自主性	实验前	159	2.0314	.30582	.01964
	实验后	159	2.8749	.38645	.03665

注：实验前后用的是同一批学生进行问测。

图 10

2. 促进学生多元能力的增值

以"三环六学"为基本流程的自主课堂，激发学生潜能，促进学生多元发展。自学，增强自主意识与探究能力；组学，增强合作意识与分享能力；展学，增强思辨意识与表达能力；固学，增强反思意识与迁移能力。学生收获的不仅是学业成绩的提高、学习力的提升，更使自信心、责任心、创造性、社会交往能力等得到持续的、常态化的培养与发展，让学生未来的发展充满了更多可能。事实证明，学生在自主课堂上的收获提高了他们在同龄同学中的竞争力，他们在口语大赛、发明专利、艺术创作、劳技比赛、信息竞赛、小先生比赛等各类活动中表现出色：在 2012 年"希望之星"英语风采大赛中，我校共有 6 人获省一二三等奖；在"21 世纪杯"全国中小学生英语演讲比赛中，我校 7 人获特等奖（共 45 人），进入浙江省决赛，另有 2 人获得一等奖，12 人获得二等奖，19 人获得三等奖。学生们热爱生活，坚持锻炼，发展特长。学生体质健康测评合格率高达 98%，申请发明专利 26 项，获市级二等奖以上达 135 人次，自主组织开展有影响力的活动 54

个,如"模拟奥运会""迎新年风采展示""模拟大专辩论赛"等,展现出良好的主动性和创造性。问及成功的原因,学生总自豪地说:"学校的自主课堂培养了我们,给了我们充分锻炼的机会。"

3. 促进学生自我效能感的增强

通过自主课堂,学生的自我效能感增强。我们采用美国密歇根大学Pintxich教授等人编制的"MSLO问卷"(用来测量学生的自主学习能力的自陈量表)对同区域学生进行调查,统计发现,我校学生在区域内优势明显:区域平均得分42分,我校平均得分58分(满分63分)。

因子项目	题目	区域均分	本校均分	备注
自我效能感（满分63分）	与班里其他同学相比,我希望学习更好。	42	58	得分越高,说明自我效能感越强
	我肯定自己能够理解这堂课上讲的内容。			
	我期望自己在班里学习非常好。			
	与班里其他同学相比,我相信自己是名好学生。			
	我敢肯定我能够出色地完成老师布置的作业和任务。			
	我想,在班里,我能够得到一个好的等级分数。			
	与班里其他同学相比,我学习能力优秀。			
	与班里其他同学相比,我想我对学科知识知道得更多。			
	我知道自己能够学习课堂上呈现的学习材料。			

自主课堂为学生成长提供了充足的机会和保障,学生的发展令人欣慰,学业成绩逐年攀升。几年来,对口升入我校的学生100%稳定,就读我校的流动人员子女也无一人辍学。升学考试中,保送生100%升入重点高中,统招生超过20%升入重点高中,66.7%的毕业生进入普高就读。学生普遍阳光自信,积极上进,乐于表现,乐学好学。许多来观课的教师评价说:"原以为初中生死气沉沉的,但高外学子打破了这一刻板印象,他们有朝气,有气质,自主发展的愿望和能力都很强。"

(二)促进教师观念转变和专业发展

学校逐步形成了三种教师专业发展文化:梦想文化、行动文化、反思文化。六年多来,学校教师全员参与,开展了45次教改专题研讨,逐步扩大教师在教改领域的话语权,拓宽专业之路,强化专业情意。每个教师、教研组都有小课题,学术研究氛围浓厚。课改让年老教师重新焕发了教育热情,让年轻教师迅速成长,成为课改的中坚力量。学校高级教师占到全体教师的46%。2013年,学校教师中有2人获区名师,1人获市学科骨干,2人获市教坛新秀,"青年教师教改攻坚组"获市区"青年文明号"称号,3个课题成果分获宁波市教科研成果一二等奖。20余篇课改论文在《课程·教材·教法》等核心刊物上发表。

(三)促进学校内涵发展

自主课堂教学改革的推进促进了学校自主发展文化的形成,以自主课堂为主线,带动了自主德育、自主研修和自主管理的发展。2012年,学校被推举为浙江省初中课改联盟理事单位(全省共五所)。学校承办了全国三大流派"同课异构"研讨、省初中课改联盟学校首届自主课堂教学展示暨教改论坛、2012年度宁波市教育科研管理研究会年会暨"'三环六学'自主课堂教学模式"观摩研讨活动等,受到广泛好评。浙江省教研室领导来校观课后感慨:"教室中的空气都充满了学习的味道。"浙江省教科院领导观课后评价说:"宁波国家高新区外国语学校是圆我教育梦的地方。""尝试教学法"创始人邱学华老师来校观课后评价说:"你们推行的自主课堂教学改革是颠覆性的,在彻底改变,是真正由教到学的改革。"2013年,英国顶尖中小学校长代表团一行25人莅临我校蹲点考察学习一天,对"三环六学"教学法高度赞赏,并表示会将其写进呈报给英国教育部的报告中。

学校先后被评为省、市教科研先进集体,浙江省艺术特色项目学校,宁波市文明单位、宁波市以学定教行动课题研究基地学校等,英语学科组被评为市级三星教研组等。《光明日报》《中国教育报》《基础教育课程》《中小学德育》等多家媒体、杂志均从不同层面报道了我校课改情况。2011年,宁波市教育局为我校林良富校长举办"林良富自主发展教育思想研讨会",引起了与会教育同行的热烈反响。是年,林校长应国务院参事室邀请,参加了在钓鱼台国宾馆举行的"为了孩子健康快乐成长"教育论坛,并做主旨发言《破解"教育过度"困局的思考与行动》,中央电视台和中国教育电视台进行了采访报道。学校先后接待了来自省内外同行观课交流100多批次,学校领导和一线老师在外做专题讲座或输出上课 50 余次。课题"'三环六学'自主课堂教学的实践研究"先后获宁波市优秀教科研成果一等奖,宁波市第六届教学成果奖一等奖。

学校通过"双轮驱动"构建自主课堂的研究与实践,实现了学生快乐成长、教师专业发展、学科建设飞跃等方面的多赢效果。但研无止境,在推进课堂教学改革中,我们清醒地知道,教学需要模式,但绝对不能模式化,我们要超越模式,继续坚持"促进学习"的取向,尊重学科性质,加强教学要素研究,着力课程开发,以达到自主课堂的理想境界,在进一步的实践中辩证反思,继续前进!

高中美术模块教学本土化策略的研究与实践[1]

一、问题的提出

2006 年浙江省实施高中新课程,美术学科九大模块像"满汉全席",提供了内容可选择性和教学可多样性的契机。但要合理把握,高效实施,需要因地制宜,形成"本土化策略"。

(一)主要动因

1. 新课程前,高中美术只有"美术鉴赏"一个教学内容,新课程后增加到九大学习模块,教师选教其中三个模块。但由于课时因素,每个模块实际只能选择部分内容进行教学,教学中容易出现随意性和盲目性,需要对教学内容选择策略进行研究。

2. 美术模块教学强调开发本地的课程资源,形成有地域特色的校本模块。但本土资源如何系统、有序地融合到课程体系之中,是个难题,需要对本土课程资源开发策略进行研究。

3. 对新增的 8 个模块,教师没有教学经验,怎样教?怎样安排学生实际操作?怎样进行教学的监控和调节?相关的课堂教学策略,需要进

---

[1] 本课题获基教类 2014 年国家级教学成果奖二等奖。课题负责人:宁波市教育局教研室骆建钧。

行研究。

因此,在国家美术课标组专家的指导下,本课题研究与浙江省高中新课程实施同步进行,以期切实解决教师在美术模块教学中的实际问题。

(二)解决的主要问题

1.探索美术模块教学内容的选用和构建的策略,寻找美术模块内容与本地实际最有效的结合点以及多元发展的方式,解决教什么的问题,促进所选内容系统化、科学化和校本化。

2.研究美术模块课堂教学的策略,从策略的高度科学地看待教学方法,对教学的要素,如目标、内容、方法、手段、本土情境和有个性的学生等进行整体的思考,解决怎样教的问题。

总课题研究的主要任务是区域本土化策略实施;子课题研究的主要任务是学校校本化策略的实施。

区域本土化策略是指课题组根据课标要求,开发、利用本地区教育资源,研究本地区高中美术教师教学中策略运用的问题,开创教学研究本土化的特色,达到提高本地区高中美术模块教学质量的目的,并为其他区域美术模块教学提供经验。

校本化策略是指学校教师根据本校实际,选择美术模块教学内容和组织安排教学活动的策略,是本土化策略的"具体研究""个案研究"和"点的研究"。

(三)价值意义

本研究根据教学本土化理论,提出高中美术模块教学本土化的理念、原则、范式、36个策略及操作的方法,公开出版4本专著;用教研的方式开展有效的实践,在整体思考、优化选择、经验提升、监控和调节的过程中,形成有序的模块教学实施状态;区域推进本市美术教研和教学发展,成果显著,《中国美术教育》杂志多次发专题推广,课题组受邀到全国20多个课改实验区进行推广,这为我国高中美术新课程改革提供了成功的范例。

二、解决问题的过程与方法

2001年以来，我们进行了开发本地美术教师资源的"双创"课题研究，开展本土文化资源的"地之缘"课题研究，以及模块教学本土化策略的实施与研究。历经"开发教师资源""开发地域资源"和"开发本土化策略"三个研究阶段。2007年，本课题成为全国十一五教育科学规划课题（批准号GLC070039）及浙江省教研重点课题。

（一）研究的过程

本研究历时六年，共五个阶段。（见图1）

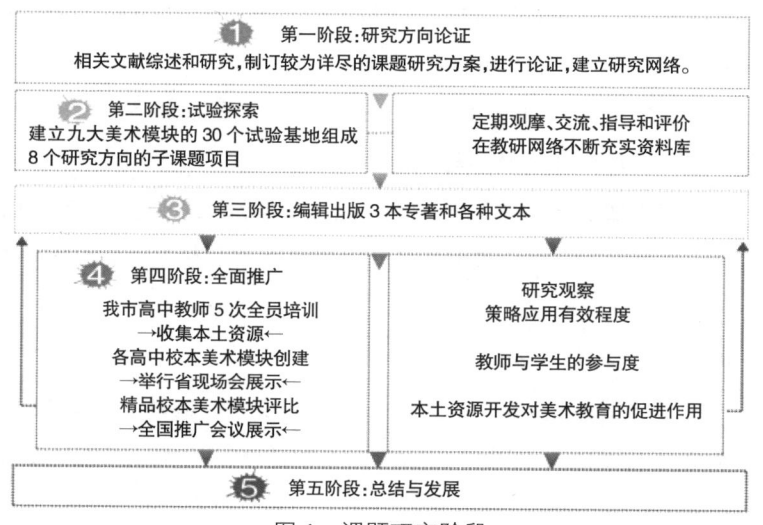

图1 课题研究阶段

（二）研究方法：课题、教研与教学"三位一体"的互动网络模式

研究以课题组为核心，教研员、子课题教师为两翼，带动本地和外地教师进行研究、交流和分享。不断把实践经验转化为理论成果，进行多元、多级的参与式、互动式的培训，确立教学本土化的理念和策略，并因地制宜落实。如图2：

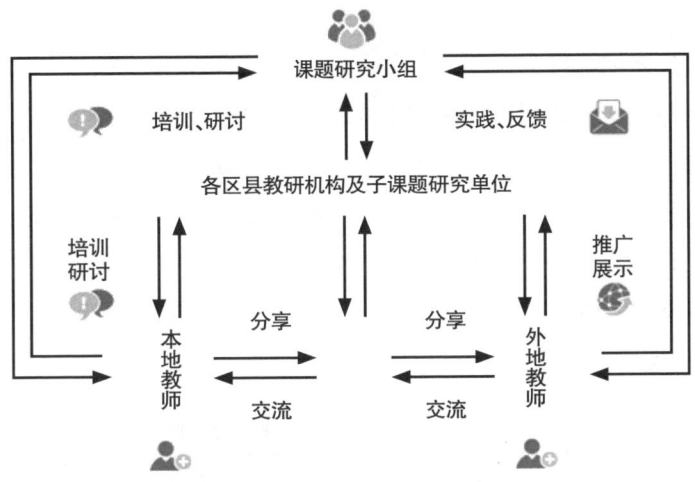

图2 课题研究互动网络

为使我市大多数高中教师的参与见成效,在培训的基础上我们确定了8个子课题研究方向,30多个子课题立项,进行指导、交流和展示。

8个子课题研究方向中,4个为内容本土化策略,如学生兴趣选择美术模块教学内容的策略、教师特长组织美术模块教学内容的策略、地域文化突出美术模块中相应内容的教学策略和学校特点建构美术模块校本化的教学策略;另4个为教学本土化策略,如基于学习方式变革的美术模块教学策略、基于发展创意思维的美术模块教学策略、基于创作引领的美术模块教学策略和基于美术模块整合的教学策略。

教师根据自己的特点确定校本化子课题研究的方向,在草根式研究的基础上推进相关策略的研究与实践。

三、成果主要内容

(一)本土化策略理论研究总框架

1. 理论借鉴

建构主义的理论和教学本土化理论是本土化策略的依据。具体体现:以本地学生的学习需求构建模块课程;重视学习者在一定的本土文化情境下放眼世界的重要性;借助各种本土教学资源对模块学习的环境进行创设,通过意义建构的方式提高学生美术素养。

2. 研究框架

构建本土化策略与新课程理念相适应的理论研究框架，注意原则和策略的价值趋向，使其拥有鲜活的本土生命，在富有情境体验的美术模块课堂中，生发出各个模块个性多样的校本化策略。并从理论与实践相结合的高度，分析本土化课堂的教学结构和形态特征，研究其教学原理，从而形成教学本土化策略的完整体系：以本土化为基点，分生两个系统，四项原则，多个策略，解决不同问题。如图3：

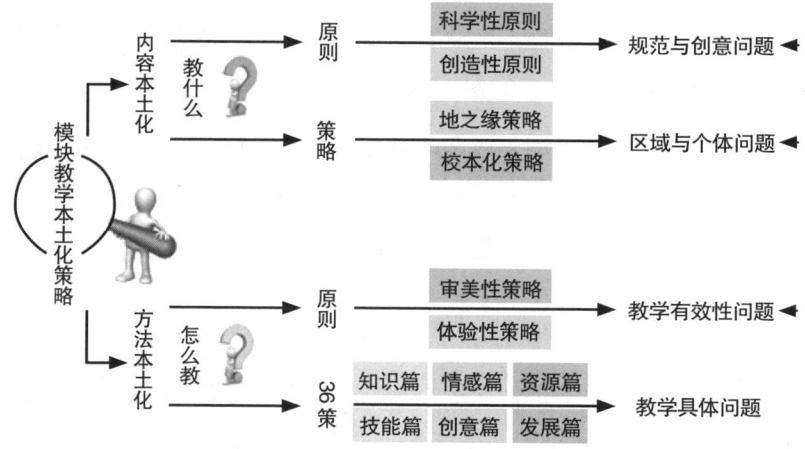

图3 高中美术模块教学本土化策略理论研究总框架图

(二)内容本土化原则和策略

1. 科学性原则和创造性原则是本土化问题的两个基本点

科学性原则强调模块内容本土化必须以课标为依据，遵照教育规律；创造性原则是提倡最大化地运用本土资源，创造性地开发模块课程。如图4：

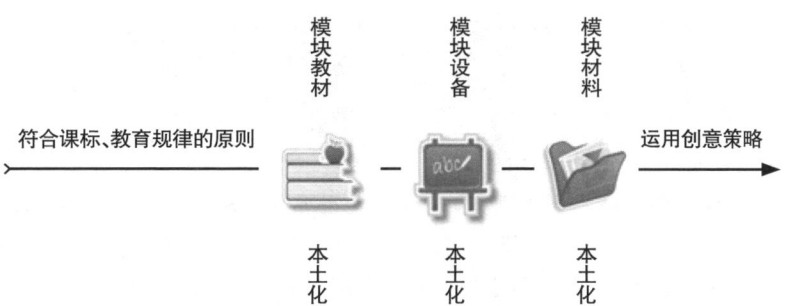

图 4　模块内容本土化的原则和策略运用图示

教师构建校本化美术模块课程的策略,需要行走在规范与创意之间。阶段研究成果已由宁波出版社出版成书——《示范与创意》共6章,约35万字,书中配有大量图片。

2."地之缘"策略和校本化策略是本土化问题在区域和个体层面操作的方式

"地之缘"策略是总课题组大方向上的操作策略。一是寻"缘",二是找"发展",从而区域推进教学内容本土化。如图5：

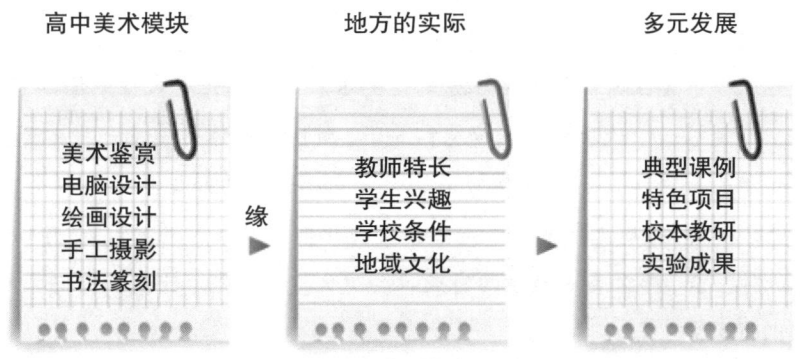

图 5　"地之缘"策略运用图示

"地之缘"策略阶段研究成果由湖南美术出版社出版——《地之缘》共3章,约12万字,书中配有大量图片。

校本化策略是子课题操作的导向性策略,提供给教师的是"校本化五步融合操作模式"。其一是与课标的关系,其二是与本土资源的关系,其三是实施程序,从而为子课题组研究提供了方向性的策略指导。如图6：

243

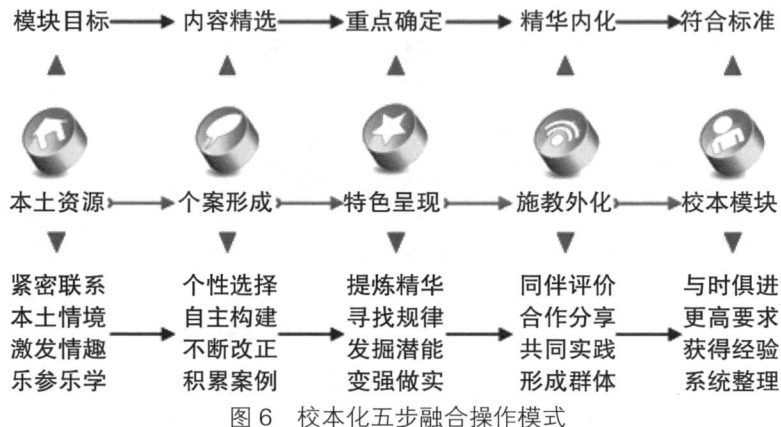

图6 校本化五步融合操作模式

这一图示揭示了校本化模块课程各个环节的构建过程。从利用本土资源、个案形成、特色呈现、施教外化,到校本模块课程建立,每一环节都与课标、国家模块教材相联系,与教师教学实践紧密结合。充分发挥师生建构校本模块课程的积极性,使模块课程转化为自己的课程、体验的课程、生态的课程,使高中学生乐参乐学。

(三)方法本土化原则和"36策"

1. 审美性原则和体验性原则是美术教学本土化有效性的保证

美术教学必须在主体审美需要下,对情境的体验建立一种心理场景,唤起学生审美和创意的知觉经验,从而使概念性的知识转化为各个层次学生能接受的、有本土情境的审美经验。因此美术教学如果把审美、体验、本土化进行整合,那么美术教学的有效性会更大,这就是为什么我们倡导教学本土化的课堂理念。

2. "36策"是方法本土化的具体实行

如果说上面所述的策略是大方向的策略,那么"36策"就是教学实施的具体操作策略。"36策"是课题组在收集了300多个本土教学案例分析的基础上形成的教学本土化策略的完整体系。为什么要"36策"?因为"36、72"在中国的数字概念中象征变化无穷,这里暗喻教无定法,我们可以在"36策"的基础上活学活用,派生出无穷尽的教学方法。如图7:

- 知识篇6策 ▶ 正本清源 ▶ 以美对话 ▶ 观图寻式 ▶ 分门别类 ▶ 古为今用 ▶ 着眼未来
- 技能篇6策 ▶ 一专多能 ▶ 以用促技 ▶ 以意图形 ▶ 各尽所能 ▶ 循序渐进 ▶ 点石成金
- 情感篇6策 ▶ 以美育人 ▶ 设景导思 ▶ 各抒己见 ▶ 润物无声 ▶ 物我两忘 ▶ 步入美境
- 创意篇6策 ▶ 温故知新 ▶ 知识迁移 ▶ 千里姻缘 ▶ 举一反三 ▶ 头脑风暴 ▶ 蝴蝶效应
- 资源篇6策 ▶ 主题先行 ▶ 善于发现 ▶ 系统归纳 ▶ 厚积薄发 ▶ 交流互助 ▶ 建库分享
- 发展篇6策 ▶ 常规做起 ▶ 特长发挥 ▶ 小技大能 ▶ 滴水成河 ▶ 区域拓展 ▶ 特色形成

图7　美术模块怎样教的本土化"36策"

"36策"从纵向看，是对模块教学6个方面的整体要求，可以作为评价指标；从横向看，是教学6个方面策略的具体实施，形成六六三十六策，每一策都有系列性的课例说明。策略的运用需要对全局有清晰的把握，有系统性的理解。

①知识策略

"36策"的第一策"正本清源"说明了这么多美术内容中什么是根本性的知识，什么是基础性的源头知识。如图8：

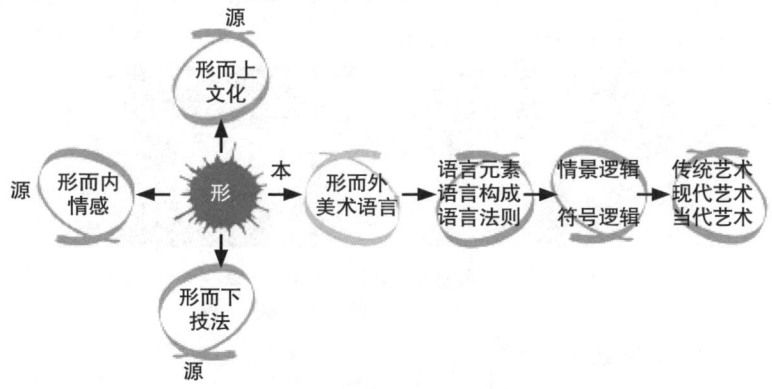

图8　"正本清源"策略运用图示

以上图示说明，美术的本体研究"形"，"源"是与"形"相联系的"形而上""行而下""行而内"，是变量，与本土文化和历史发展密切相关。而"形而外"是语言元素、语言构成和语言法则,是相对不变的。因此只要抓住了美术语言这条主线,文化、情感和技法策略的实施才不会偏离美术知识系统。"正本清源"策略的运用,体现了中小学美术教学"以美入道"的原则。为什么有些老师把美术课上成了历史课、技法课和情感课,就是不明确"源"和"本"的关系,忘了"美"的内涵。"正本清源"也可以是对一个领域、一个主题、一个内容、一个单元、一节课的美术知识的梳理。

②技能策略

技能策略是由"一专多能 — 以用促技 — 以意图形 — 各尽所能 — 循序渐进 — 点石成金"组成的。这些策略是针对美术教学技能多、繁、难、偏、怪等现象,根据本地实际选择的一种以技能为主进行拓展的策略。以实用为切入点,获得点石成金的能力。

如一课题实验基地,把高中绘画模块中的装饰画拓展到应用领域中的工艺模块和设计模块等,这就是采用了"一专多能"的策略。如图9:

学生作品:画装饰画 → 用在包装袋上 → 设计在年历上 → 美化在T恤衫上

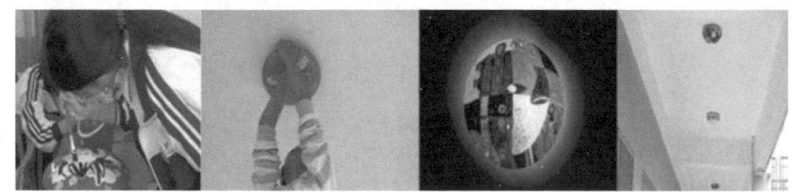

→ 画在灯罩上 → 装在校园的走廊上 → 点亮 → 成为校园风景

图9 "一专多能"策略运用图示

③情感策略

情感策略是由"以美育人 — 设景导思 — 各抒己见 — 润物无声 — 物我两忘 — 步入美境"组成的。针对美术教学中教师讲述太多枯涩的理论,假大空的说教和教师一言堂的状况,提出了情境体验式的"唤起审美和创意知觉经验"的教学策略。现代教学论研究表明,学生的学习存在两个心理过程:一个是感觉—思维—知识、智慧(包括知识技能的运用)的过程;另一个是感受—情绪—意志、性格(包括行为)的过程。前者是一种认知过程,是智力活动;后者是情感过程,是非智力活动。两者密不可分,缺一项都不能成为真正合理的学习过程。根据这一理念和以情动人的美育要求,建构起的就是"润物无声"和"步入美境"的情感策略。

如:课题组成员上美术鉴赏课《新的实验》,学生不理解什么是"行为艺术",教师就运用"设景导思",让学生"各抒己见"的策略。向对行为艺术持不同观点的学生派发不同色纸,学生把代表自己观点的色纸贴在黑板上,形成了一幅行为艺术的抽象画。学生在不知不觉中创作了行为艺术的作品,"步入美境"的同时也懂得了行为艺术的概念。在情感的体验中获得知识,是实施情感策略的目标。如图10:

图10　情感策略运用图示

④创意策略

创意策略是由"温故知新—知识迁移—千里姻缘—举一反三—头脑风暴—蝴蝶效应"组成的。这些策略主要是应用于设计模块的教学。设计需要创意思维,有创意才能更好地传达信息。而创意思维的形成需要对学生进行基于已有经验的联想训练,也就是需要在本土的情境中进行由浅入深、由表及里、由形到意的联想,从而达到"异想天开"。这一策略在《示范与创意》一书中有所阐述。

⑤资源策略

资源策略是由"主题先行—善于发现—系统归纳—厚积薄发—交流互助—建库分享"组成的。这些策略是针对教学资源越来越多的现象,如果不从模块的主题出发去收集信息，就会无所适从。怎样在发现中优选，进行系统的归纳处理，直到有效应用和资源共享？这一策略先期实施后产生了优秀案例，被收录在《地之缘》一书中。

⑥发展策略

发展策略是由"常规做起——特长发挥——小技大能——滴水成河——区域拓展——特色形成"组成的。这些策略是对美术教师从新教师逐步成为有特色的骨干教师的构想，是成长策略，也是美术教师教学校本化研究的过程策略。如课题组一教师从策略实施的常规做起，发挥动漫教学的特长，摸索小技能拓展成大能的策略。这位教师设计的动漫吉祥物被社会广泛应用，他的动漫优质课获省一等奖，他还不断积累案例进行推广，最后成为全国美术新教材培训专家。另一课题组教师也是从设计的特长出发，成了设计模块教学的全国培训专家。还有一课题组教师从摄影的特长出发，成了优秀的摄影师，成立的摄影社团全省有名。研究中出了人才、出了作品，充分体现了这一策略的有效性。

以上美术教学"36 策"的形成，说明了美术教学要考虑整体，既要规范，又要创意，不能是用一种倾向掩盖另一种倾向。"36 策"的研究是美术教学从大方向到细微处的落实，全面地考虑了美术教学问题，各个案例也证实了策略的可操作性。

四、实践成果与反思

（一）本土化策略的理论体系形成

完成高中美术模块本土化原则和策略理论构建，以教研和教学方式实践，产生的成果被不断整理成文本，公开出版 4 本专著，建立网络资料库进行交流。我国美术教育领域级别最高的《中国美术教育》杂志，刊登了 10 篇关于研究成果的论文。课题主持人的成果如下：

1. 以本土化的核心策略"地之缘"策略编写的《地之缘》一书，由湖南美术出版社出版。全书共 3 章，阐述了"同课异构"实验新教材、架构本土化通道、学生做"地之缘"小课题研究和实践等三大内容。

2. 以本土化原则编写的《示范与创意》一书，共6章，由宁波出版社出版。本书阐述了美术教学中"规范与创意"并重的原则和策略。

3. 以本土情境的300多个案例为基础提出的《美术教学36策》，共6章，由浙江教育出版社出版。按本书缩写的论文《感悟策略优化教学——谈美术教学36策的构建》，约7000字，发表在《中国美术教育》2012年第3期。

4. 以本土化推广策略编写的《中小学美术公开课的"秀"》共5章，由宁波出版社出版。研究在推广中怎样避免"作秀"，将课题推广中的公开课变成求知学生的优秀舞台。

5. 以本土化情感策略写的《寻找合适的话题》论文，发表在《中国美术教育》2008年第1期。本文用具体的实例阐述了模块教学中运用本土化情感策略时，怎样才能有针对性、现实性、情景性、幽默性和创造性。

6. 以本土化图式研究写的《生活、情感、心智与图式的融合：我对油画创作的思考》论文，发表在《美术大观》2008年第12期。本文从作者的美术创作入手，阐述了作者本土化个性图式寻找的历程，给教师专业发展以启示。

7. 以本土化发展策略写的《创意活动实现教师教学行为的变革》论文在《中国美术教育》2009年第4期发表。本文主要点评了课题组成员在鉴赏模块教学中运用创意活动策略，实现了教学从"接受式"到"活动式"的转变。

8. 《中国美术教育》杂志2012年第1期发表了访谈稿《以课题研究促进教师专业发展的宁波市美术教育》，全面介绍了这一课题在全国产生的重大影响。

9. 精选百余个高中美术模块本土化教学案例制作了光盘资料库，内容包括各模块内容，及在本土化策略主题下，教师设计的活动式、体验式、感悟式、研讨式等教学方案。资料库促成了教师教学方式的转变。课题主持人受邀在全国各地进行了30多次推广。

（二）教师的研究意识和能力增强

各子课题完成了各研究方向模块的校本化策略研究。实践课题组共精选了30多个子课题，共有100多位高中美术教师参加研究，已结题22项。有多项子课题在全国、省、市级获奖，课题组成员均获得全国高中美术新教材培训专家证书。课题成员和子课题负责人的突出成果如下：

1. 设计模块教学策略的论文《对高中美术中公益海报设计教学的初探》获2010年全国一等奖。

2. 绘画表现策略的论文《激活高中生美术表现潜力的"波普"教学实践》在《中国美术教育》2009年第6期发表。

3. 创意策略的论文《纸质空间创意教学的研究与实践》在《中国美术教育》2009年第6期发表。

4. 模块整合策略的课题《主题性高中美术模块整合教学探究》在《中国美术教育》2010年第3期发表。

5. 发展策略的论文《成长与蜕变》在《中国科技博览》2009年第28期发表。

6. 感悟式教学策略的案例《战争与和平》在《书画教育》2009年第9期发表。

7. 情感策略的论文《景的预设 美的生成》在《书画教育》2010年4月发表。

8. 摄影模块教学策略的论文《走近经典走进生活》在《中国美术教育》2008年第3期发表。

9. 鉴赏模块教学策略的案例《〈新的实验〉教学案例》在《中国美术教育》2009年第4期发表。

10. 技能策略的多篇案例在《中国美术教育》《中小学美术》发表，并获省一等奖。

11. 教师发展策略的论文《浅议高中美术教学的"低效课堂"》在《中国美术教育》2009年第1期发表，并获省艺术节二等奖，全国三等奖。

12. 资源构建策略的论文《当美术教研踏上网络的快车》在《中国美术教育》2011年第2期发表。

13. 子课题绘画模块《线描创意》获市政府基教成果一等奖。

14. 子课题"本土化模块走班，社团组建"的课题"让美成为全体学生的生活方式的研究"2009年被教育部立项为重点课题。

(三) 学生艺术个性得到发展，学校美术特色多元呈现

课题组成员所在的某高级中学是课题研究基地。这是一所新办的高中，学校实施了"艺术模块走班、艺术社团"的校本化策略，极大地丰富了学生

的校园艺术生活，学生学习积极性提高，教育质量提升。第一届毕业生本科率达 90% 以上，重点率达 50% 以上。校长高兴地说："想要学习好，先要心情好，艺术模块的有效开设，使学生有了情感表达的平台，促进了学生的全面发展。"2008 年举行了省本土化艺术模块走班教学现场会，全省 300 多位艺术教师参加活动，10 个模块课堂都获得了很高的评价。主持本土化模块走班课题研究的美术老师，在《中国美术教育》杂志发表了两篇摄影模块和鉴赏模块的论文。另一些基地学校的美术教学也呈现多元特色，如线描、设计、版画、蜡染、意象水彩、陶艺、动漫等，成为我市校本化的品牌模块。

（四）不断反思，继续深化

虽然本课题的总结成果获得浙江省人民政府教学成果一等奖，但随着浙江省课改的深化，选修课程的创建与教学开始实施，本研究需要与时俱进。目前课题主持人的《区域推进美术兴趣特长类选修课程的探究》论文和 4 个实验基地的案例在《教学月刊》2013 年第 5 期进行了专版介绍，说明本课题成果具有延续性和长效性。也感悟到在国家课标下，教研部门要不断提出因地制宜的策略，学校在落实中才能有"田忌赛马"的效果。

五、成果特色、创新和推广价值

（一）经验转化成理论成果：出版 4 本专著，理论有建树

理论成果上的创新点是整体性、系统性和可操作性相结合。经过专家论证和 30 多个实验基地的探究，形成了完整的本土化策略的理论体系，既有大的原则与策略，又有各模块具体操作的"36 策"，编辑成 4 本专著正式出版，课题负责人在海南、云南、湖南、西安、义乌等地召开的全国会议上，全面推广介绍这一课题的研究方案和实践方法。在基层研究层面已全国领先。

（二）实践成果：受邀十余省推广，在全国有普适性，影响重大

本实践成果的创新点是可选择性、现代性和普适性相结合。实践产生的"三案合一"教学资料库因采用同课异构的方式，具有可选择性；课程开发关注与未来结合，举行了"未来美术教学发展论坛"等活动，课程意识具有现代性；课题组成员受邀到黑龙江、辽宁、内蒙古、山西、湖南、湖北、云南、福建、

海南、江西、陕西、四川、贵州、广西、重庆和浙江等省市级高中参加美术新课程培训会,做成果推广讲座和教学展示40余次,影响重大,课题具有普适性。

（三）教研方式:课题、教研、教学"三位一体",先进独特

本课题成果的创新点是互动性、自主性和区域性相结合。课题组有效发挥了教研员和子课题成员的积极性,使课题、教研、教学"三位一体"。形式上从个体的草根式研究,到子课题小区域的研究,再到大区域的研训,互动性很好。研究成员都是志趣相同的教师,有很大的自主性和自觉性。现有多个子课题成果陆续发表和获奖,这反映了这种教研方式的独特性与有效性。《中国美术教育》用7000多字的访谈稿《以课题研究促进教师专业发展的宁波市美术教育》介绍了这种方式的先进独特性。

二、调查报告的撰写

1. 调查报告的文本结构

（1）标题

调查报告的标题通常有三种表达形式:

①论文式标题。这种标题不表明文本的性质,只提示文章想表达的内容,如《学习策略教学:课堂教学改革的新趋势》。

②公文式标题。类似政府公文的标题,由三部分组成:调查对象的名称、调查报告的主要内容、文种的名称,如《初中学生校园攻击行为的调查报告》。

③正副式标题。由正、副标题组成,正标题通常揭示调查报告的要旨,副标题标明调查的对象、内容与范围等,如《培养手脑协调的学生——××市实验小学开展劳动技术教育的实践调查》。

（2）前言

调查报告的前言也称导语,是调查报告的开头部分。这部分是对调查的背景、对象、地点、范围、方法和过程等,用简练概括的文字做大致的介绍和简要说明,以给读者一个总体的印象。

(3) 正文

正文是调查报告的主体。它对调查得来的事实和有关材料进行叙述,对所做出的分析、综合进行议论,对调查研究的结果和结论进行说明。

正文的结构有不同的框架。按照内容表达的层次组成的框架有:

● "情况 — 结果 — 问题 — 建议"式结构,多用于反映教育基本情况的调查报告;

● "成果 — 具体做法 — 经验"式结构,多用于介绍教育教学经验的调查报告;

● "问题 — 原因 — 意见或建议"式结构,多用于揭露教育问题的调查报告;

● "事件过程 — 事件性质结论 — 处理意见"式结构,多用于揭示教育案件是非的调查报告。

调查报告正文部分的写法一般有两种。

一种是把教育调查的基本情况按要素种类分成并列的几个方面来写。如对某一个区基础教育发展状况的调查,可以分成该区社会经济发展水平、社会文化水平、学校教育发展历史与现状等几个方面;学校教育发展现状又可分为学校规模(数量)、教育经费投入、课程设置安排、教学设备保障、师资队伍素质等不同项目,再将有关研究资料分别加以整理汇总与组合,使问题的研究分析相对聚焦,形成专题调查报告。

另一种是将教育调查的基本情况按照某一教育现象的产生、发展、变化过程加以排列,分成互相关联的几个部分,一层层"剥洋葱"般来写。如总结先进典型等。有的是对调查问题的一个说明,可以先摆明观点,然后用调查得来的事实材料进行说明、分析和推论,最后得出结论。

(4) 结语及建议

结语是调查报告的最后总结部分。可以是对正文中已经得出的结论做进一步强调,也可以是对所调查的某一教育现象发展进行展望等。某些供决策参考的教育调查报告,在对调查内容进行总体的定性、定量分析,抽象出教育的内在联系和规律的基础上,还应提出有效的解决教育教学问题新方法与新建议等。

(5)附录

在调查报告完成后,根据需要,可以把调查工具(如调查问卷、访谈提纲、测量题目)或部分原始材料附在报告后面,以便让读者鉴定研究者收集调查材料的方法是否科学,材料是否可靠,数据是否可信,并供其他研究人员参考。附录包括各种调查问卷、原始数据、研究记录等。

2. 撰写调查报告需要注意的问题

(1)充分占有研究资料

调查报告的撰写,一定要以事实的调查研究为基础。占有材料有两种途径。一是要广泛收集、查阅现有的国内外文献资料、各项教育政策制度与规定,以及已有的同类教育研究成果。这样可以节约研究时间,把握研究方向,更有利于在原有的研究基础上形成新的观点与结论。二是要主动深入一线做调查研究,通过亲自观察、感知与体验,了解事情的全过程,直接掌握第一手材料,这样得到的材料更生动,更具体。

(2)揭示教育教学规律

调查报告要通过对收集到的各种信息的研究分析,去揭示教育现象的本质与规律,从而更好地指导实际教育教学工作。因此,要对调查到的大量"碎片化"的资料,经过一系列"去粗取精、去伪存真、由此及彼、由表及里"的思维过程,得出合乎教育实际的正确结论,揭示教育规律。

(3)要用事实与数据说话

写调查报告固然要有理性的思考,但主要还是要用一系列事实与数据来说话。要尽量用大量的数据材料去完整地阐述一项教育工作、一个教育问题、一项教育政策或一种教育现象的来龙去脉,向人们揭示它的本质与规律。写调查报告时,要学会从事实和数据中概括理论与策略,用鲜活而丰富的材料来阐明观点。

3. 优秀调查报告例选

中学生学习压力与其心理健康水平的相关性调查研究[1]

【摘要】目的：通过对中学生的学习压力及其心理健康水平等现状的了解，分析两者的相关性。方法：运用 SCL-90 症状自评量表和自编的中学生学习压力调查表做问卷调查与访谈。结果：中学生学习压力普遍较大，主要压力源为考试、作业、家长等因素，其中英语、数学等学科给中学生造成较大的压力；而中学生的心理健康水平总体上随着年级的增长而降低，中学生的学习压力与其心理健康水平之间存在较大程度的负相关。结论：学习压力对心理健康水平有显著的影响。

【关键词】学习压力；心理健康水平；相关性

1. 问题的提出

虽然我国目前正在全面推进素质教育改革，但受改革时间和周期的影响，中小学教育还不可能完全摆脱应试教育的束缚。因此，学生，尤其是中学生的学习压力问题以及由此产生的心理健康问题仍不容小觑。

对于不少青少年而言，家庭、学校乃至于社会要求他们唯一的任务就是读书。学习负担过重，常给中学生带来沉重的心理压力。因为学习压力而陷入痛苦的青少年屡见不鲜，这其中不乏重点学校成绩优秀的学生。他们的思想压力常来源于他们对学习现状的不满和不恰当的比较，这使他们不能接受自己的现状，过分注重结果，体会不到学习的兴趣。当然，社会、整个学校都在比较的氛围中，要学生真正做到放弃比较、接纳自己的确不易。考试焦虑、厌学及学习过程中的注意力、记忆力问题等颇为常见。这些情况在期末、期中、中考、高考、周围环境发生重大变化时更为集中和突出。

北京儿童青少年卫生研究所最新公布了一项全国性的调查结果：中学

---

[1] 吴伟强，孙黎黎．中学生学习压力与其心理健康水平的相关性研究[J]．中小学心理健康教育，2008（4）：14-16．本文收录时有删改。

生5个人中就有1个人曾经考虑过自杀,占样本总数的20.4%,而为自杀做过计划的占6.5%。

现在全社会都在呼吁给学生减压,也具体出台了一系列措施,但效果到底如何呢?这也是本调查研究的主要目的之一,希望在此过程中能探讨出一些行之有效的方法。

中学阶段是决定一个人今后发展的关键时期,所以中学生尤其是重点中学学生会面临来自各个方面的压力,如何才能帮助他们正确面对种种压力,尤其是学习压力,并且保持一个良好的心境,是我们急需探讨的。

2. 研究的对象与方法

2.1 研究方法

2.1.1 文献法

通过各种途径查阅国内外相关研究资料。

2.1.2 问卷法

自编中学生学习压力调查表,并检测其信度与效度,做适度修改。调查问卷由两部分组成——SCL-90症状自评量表和自编的中学生学习压力调查表。

2.1.3 访谈法

拟定面对面个别访谈题目若干个。

2.2 研究对象

2.2.1 问卷调查对象

以整体随机抽样的方法,抽取奉化区两所初中(初一至初三年级各一班)学生,两所高中(高一至高三各一班)学生。两份问卷的有效回收率均较高,分别为:SCL-90症状自评量表,发放289份,回收有效问卷276份,有效率为95.2%;自编的中学生学习压力调查表,发放289份,回收有效问卷280份,有效率为96.9%。

2.2.2 访谈对象

随机抽取初中、高中学生若干名,及相应的学生家长。

2.3 研究工具

SPSS10.0 数据统计处理软件包。

3. 研究结果与分析

3.1 学习压力的现状分析

从调查数据看，重点中学学生普遍感到自身的学习压力较大（见图1）。

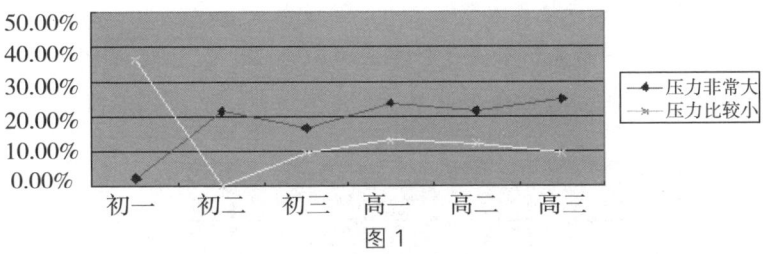

图1

有超过65%的学生自认压力较大，甚至非常大。而认为学习压力较小的比例数呈现明显的倒置。其中初二年级最具有代表性。就是说，没有一个学生认为学习压力比较小。这一方面说明目前初中教学竞争的激烈程度，也从另一方面说明了初二年级学生身心发展的特殊性。需要说明的是，初一年级所表现出的没有学习压力的现象，是由于本测量在新学年刚开始的时候，初一新生还没有感受到中学学习的真实情况。他们所反映的是代表小学教学的现状。在高中阶段，学习压力相对表现出持续性，高一年级由于学生对高中教学的不适应，造成压力水平反而高于其他年级。

从具体学科上看，中学生在各学科学习中的压力也有一定的差异。其中给中学生造成的压力从大到小依次是英语（40.41%），数学（37.58%），理科综合（物、化、生）（35.50%），语文（24.43%），文科综合（政、史、地）（21.79%）。

中学生学习压力普遍过重，究其原因，一是学科教学内容太难（29.64%），二是对任课教师教学方法的不适应（20.71%）。此外，作业多，休息时间少，也是造成学生学习紧张、压力大的主要原因。据调查，中学生的睡眠时间和休息时间普遍不足。有超过半数的学生每日睡眠少于8小时。

有77%的学生抱怨作业太多,占去了他们原本可能休息的时间。尤其让他们无法忍受的是,一些教师的拖课,使学生不能正常如厕,从而产生极度的心理紧张与焦虑。

调查中发现,学生的学习压力来源呈现多渠道的趋势。主要来自考试和升学的压力。此外,来自家长压力、作业压力和老师压力也占有很高的比例(图略)。

3.2 心理健康状况分析

3.2.1 依据调查结果看,中学生的SCL-90总分总体随年级升高呈上升趋势,即中学生的心理健康水平总体上随着年级的升高而降低(见图2)。

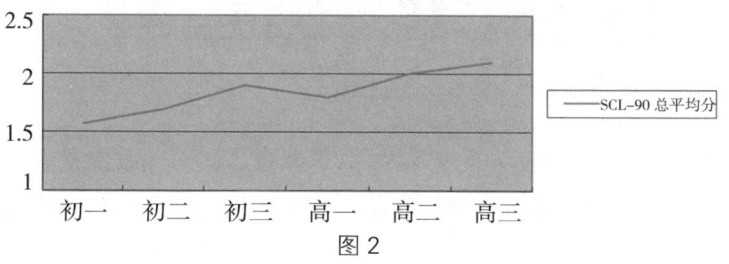

图2

在SCL-90量表的"总和"一因子中,从初一到高三,明显可以分为两个阶段:初一至初三呈现为一个下降的过程,高一至高三又是一个明显下降的过程。表现为$(x±t)$分数呈明显的上升。在这六年的连续过程中,初三至高一出现了一个转折,$(x±t)$分数出现下降。

研究发现,从初一到高三,中学生在抑郁和焦虑这两个因子上,一直呈上升的趋势;其他各因子水平在初三后出现明显的回落。这与中考后学习压力暂时性解除有很大相关。到了高二,由于压力的增加,各项因子又逐渐上升,在高三时出现最高点。

3.2.2 各年段心理健康水平之间存在显著差异。从下表看,整个中学阶段,多存在着一定程度上的差异性(见表1)。尤其是初一与初三、初一与高三,几乎在所有的因子上,存在显著性差异($P<0.05$)。

表1　中学各年段心理健康水平差异情况（t）

	初一与初二	初一与初三	高一与高二	高一与高三	初一与高三
躯体化	−1.78	−3.38**	−1.15	−1.05	−3.41**
强迫症状	−2.73**	−4.31**	−1.37	−1.82	−5.40**
人际敏感	−1.11	−2.59*	−0.43	−0.65	−3.84**
抑郁	−2.07*	−3.18**	−2.21*	−1.71	−3.97**
焦虑	−0.18	−2.67**	−1.87	−1.70	−3.37**
敌对	−1.60	−3.02**	1.01	−0.73	−2.89**
恐怖	−1.00	−1.39	−2.39*	−0.75	−2.02*
偏执	−2.36*	−4.04**	−1.05	−0.94	−3.79**
精神病性	−1.54	−2.88**	−1.85	−1.89	−4.11**
其他	−2.54*	−3.09**	−2.99**	−1.80	−3.32**
总和	1.91	−3.76**	−1.71	−1.58	−4.29**

*$P<0.05$　**$P<0.01$

从我校心理咨询中心的来访接待统计也可发现，2005年度共有178人次来访，其中初一年级为1人次，初二为7人次，初三为33人次，高一为21人次，高二为53人次，高三为63人次。总体上与测试的结果保持一致。

3.2.3 中学生心理健康水平的性别差异也较为明显（见表2）。

表2　男女中学生的心理健康水平差异情况

	男（$n=144$）	女（$n=132$）	t
躯体化	1.53±0.50	1.74±0.54	−3.33**
强迫症状	2.10±0.71	2.30±0.63	−2.47*
人际敏感	1.92±0.67	2.20±0.70	−3.45**

续表

	男（n=144）	女（n=132）	t
抑郁	1.73±0.64	2.08±0.69	−4.31**
焦虑	1.75±0.67	2.04±0.65	−3.62**
敌对	2.01±0.90	2.07±0.74	−0.54
恐怖	1.52±0.63	1.80±0.59	−3.69**
偏执	1.84±0.73	1.98±0.66	−1.73
精神病性	1.67±0.64	1.85±0.56	−2.39*
其他	1.71±0.58	1.83±0.60	−1.65
总和	1.77±0.56	1.99±0.53	−3.39**

*$P<0.05$　**$P<0.01$

中学生心理健康水平在性别上是否存在差异？这是一个有意思的问题。因为从学校心理咨询中心接待的来访者看，女同学要明显多于男同学。调查结果也证实了这一点，除了"敌对""偏执"这两项外，男女同学在其他各项因子上，均表现出显著的差异性。

3.2.4 不同生源中学生的心理健康水平差异主要表现在"躯体化""焦虑""偏执""精神病性"等因子上（见表3）。

表3　不同生源中学生的心理健康水平差异情况

	城市（n=179）	乡村（n=97）	t
躯体化	1.58±0.50	1.73±0.58	−2.06*
强迫症状	2.15±0.70	2.29±0.63	−1.73
人际敏感	2.00±0.70	2.16±0.71	−1.96
抑郁	1.90±0.68	2.00±.070	−1.29
焦虑	1.82±0.68	2.01±0.65	−2.23*

续表

	城市（n=179）	乡村（n=97）	t
敌对	1.98±0.80	2.15±0.86	−1.65
恐怖	1.61±0.61	1.75±0.65	−1.78
偏执	1.84±0.67	2.03±0.75	−2.09*
精神病性	1.70±0.58	1.87±0.65	−2.20*
其他	1.73±0.61	1.84±0.56	−1.57
总和	1.82±0.55	1.97±0.55	−2.18*

*P<0.05　**P<0.01

3.2.5 独生与非独生中学生心理健康水平的差异主要表现：在"人际敏感""抑郁""恐怖""焦虑"等因子上存在显著差异（见表4）。

表4　独生与非独生中学生的心理健康水平差异情况

	独生（n=211）	非独生（n=65）	t
躯体化	1.62±0.53	1.69±0.54	−0.97
强迫症状	2.15±0.68	2.34±0.69	−1.93
人际敏感	2.00±0.70	2.23±0.69	−2.36*
抑郁	1.84±0.68	2.08±0.68	−2.51*
焦虑	1.82±0.66	2.09±0.67	−2.89**
敌对	2.01±0.82	2.13±0.84	−1.01
恐怖	1.60±0.61	1.85±0.65	−2.79**
偏执	1.88±0.71	1.98±0.66	−1.05
精神病性	1.70±0.60	1.94±0.62	−2.88**
其他	1.72±0.58	1.92±0.60	−2.36*

续表

	独生（$n=211$）	非独生（$n=65$）	t
总和	1.83±0.56	2.02±0.54	−2.50*

*$P<0.05$ **$P<0.01$

3.2.6 调查中发现，高中文理科学生的心理健康水平除"恐怖"一因子外（1.89±0.52/1.66±0.63，t=2.28，$p<0.05$），其余都无显著差异。单亲与双亲家庭以及各成绩段的中学生之间的心理健康水平均无显著差异。

3.3 学习压力与心理健康水平的相关情况

3.3.1 中学生的心理健康水平大体与其学习压力呈负相关（见表5）。

表5 不同学习压力中学生的心理健康水平（$x±t$）

	学习压力非常大	学习压力较大	学习压力一般	学习压力较小
躯体化	2.23±0.44	1.68±0.42	1.27±0.25	1.81±1.11
强迫症状	3.00±0.45	2.27±0.46	1.73±0.53	2.06±1.32
人际敏感	2.76±0.55	2.12±0.51	1.62±0.60	2.05±1.32
抑郁	2.75±0.50	1.93±0.46	1.43±0.45	2.09±1.44
焦虑	2.71±0.41	1.90±0.46	1.47±0.53	2.05±1.37
敌对	2.83±0.83	2.12±0.62	1.55±0.64	2.15±1.46
恐怖	2.37±0.65	1.66±0.50	1.32±0.43	1.69±0.95
偏执	2.80±0.58	1.93±0.47	1.47±0.54	1.95±1.22
精神病性	2.49±0.54	1.80±0.43	1.35±0.44	1.83±1.08
其他	2.40±0.40	1.82±0.45	1.35±0.36	2.03±1.30
总和	2.63±0.26	1.92±0.30	1.45±0.40	1.97±1.23

3.3.2 将各种学习压力程度的中学生按其心理健康状况分为两种类

型——SCL-90 的总分大于和等于 3 分的中学生为"心理不健康者",SCL-90 的总分小于 3 分的中学生为"心理健康者"。不同学习压力的中学生中,心理健康者比例有所不同。总体而言,学习压力非常大对心理健康水平有较大的影响(见表 6)。

表6　不同学习压力的心理健康情况

	学习压力非常大	学习压力较大	学习压力一般	学习压力较小
心理健康者	(n=35)87.5%	(n=130)94.89%	(n=86)97.73%	(n=9)90%
心理不健康者	(n=5)12.5%	(n=7)5.11%	(n=2)2.27%	(n=1)10%

3.4 总体原因分析

任何一个现象的产生必然受一定因素的影响,学习压力大,特别是中学生的高学习压力,也有其特定的社会、自然等促发因素。

首先是社会对学业成就的推崇。我国历来是一个重学习的国家,在古代表现为"学而优则仕";到现代,则是有名校、高学历文凭就有高地位、高待遇。学校教育受高考这一指挥棒影响甚大,老师为升学而教,学生为升学而学,导致学生过分看重分数,看重成绩。正如调查结果显示的一样:有 76.79% 的中学生很在意自己的学习成绩,考试前总是担心会考不好,感到紧张不安与焦虑;考后一旦成绩下降,就更觉得自己无用,自信心受损。如果有几次考试持续失败,就会产生学习上的一种"习得性无助感";即使考得好,也有学生担心某一天会掉下来。有一次我们接待一位来访的脸色苍白的女同学。通过谈话,知其成绩在班上排名第三,而其担心的就是自己有一天成绩会考差,于是茶不思,饭不想,课听不进,作业不想做,整天心事重重,甚至担心自己得了"精神分裂症"。

其次是家长对子女的过高期望。一些家长由于种种原因,自己的学习经历十分坎坷,就把希望寄托在子女身上。同时,在社会舆论的影响下,家长以各种形式向子女施加压力——进入高一级重点学校、成绩进入班级或年级前几名、成绩有所提高等,这些都对中学生造成了较大的压力。有些家长还惯用"棍棒政策",使子女满负荷地学习,脱离了孩子自身的实际情况。有13.93%的同学反映,家长对自己的期望过高,加重了他们的学习负担和心理负担,使他们时常处于紧张和焦虑之中。

另外,从中学生自身发展看,一方面,随着年龄的增长,他们会自觉地领悟、体会到社会、家庭对自己的期望,以及自己应该担负的责任与义务,这些都会对他们造成一定的压力;另一方面,正处于青春发育期的他们,心理承受力差,性情多变,对于学习、生活中的各种挫折的应对机制不健全,不能很好地调节和控制自己,一旦出现问题,即使是小小的问题,也难以承受,容易出现自我否定等消极情绪。人际关系紧张、情绪不稳定及学习适应能力差等问题都是由学习压力等因素引发的心理问题。

4. 研究结论与建议

4.1 结论

问卷调查以及个别访谈结果显示,中学生普遍感到自身的学习压力较大,主要压力源为考试、升学、家长等因素,其中英语、数学等学科给学生造成较大的压力。中学生的心理健康水平总体上随着年级的升高而降低,且除成绩和家庭两项外,不同年级、性别、生源、独生与非独生、文理科等中学生之间的心理健康水平都存在不同程度的显著差异;中学生的学习压力与其心理健康水平之间存在较大程度的负相关,学习压力非常大对心理健康水平有较大的影响。

4.2 建议

要减轻中学生的压力感,首先应从源头上采取措施。学校、家庭与社会都要相应地转变观念,真正落实素质教育的各项要求,尤其是在"减负"问题上落到实处,改变对学生(孩子)的评价机制。

其次,家庭、社会与学校要对中学生心理健康教育给予足够的重视。把中学生心理健康教育设为当前中学教育的一项专门课程。教师和教育工作者应把学生的心理健康作为全面发展教育的重要内容来看待,充分认识到培养健全的人格、良好的情绪和适应能力对学生的重要作用。把日益增多的中学生的心理障碍问题同思想品德问题加以区别，采用心理学的方法和技术解决学生日益增加的心理困扰。

现代医学证明，拥有一个健康的心理，对一个人的一生有着十分重要的意义。青少年时期是精神疾病的多发时期，更是不健康行为的孕育期。由于中学生心理活动状态的不稳定、认知结构的不完备、生理成熟与心理成熟的不同步、对社会和家庭的高度依赖等，使得他们比成年人有更多的焦虑，会遭遇到更多的挫折，因而更容易产生心理障碍。若暂时性的心理障碍得不到及时排除，便会产生不良的反应，很可能影响将来心理的健康发展，甚至会酿成难以挽救的心理疾病。所以许多心理学者认为，中学阶段是容易滋生心理异常的温床期。

但遗憾的是，国内相关研究结果显示：中学生感到的压力越大，他们的成就需要越低。相反，中学生感到的压力越小，其成就需要越高。由此看来，是学习压力压"跑"了成就需要。压力大多是因为感到不成功，如果学生总感到不成功，他们就不会有一种对学习活动的胜任感，没有胜任感也就难以有持久的自信心，到这种时候，学生就难以产生主动获得成就的心理需要了。当压力大到一定程度时，他们甚至会选择逃避。成绩较差或压力较大的学生喜欢看电视、玩电子游戏或沉迷计算机网络，其实这在很大程度上就是一种逃避，是一种本能的自我保护。相反，如果学生没感到太大的压力，自然会产生一种胜任感，胜任感将带给他一种强烈的自信和愉快的体验，这将大大提高学生的成就需要。

所以，我们提倡因人而异地给予或引导中学生自己形成适度的学习压力，以确保身心的健康发展。在调查中，中学生们纷纷表达了他们对学习压力的想法、建议和要求：应减少考试、减少作业；不排名次、不发成绩单；教学方法应征求学生意见，提高课堂效率；减少竞赛辅导和一系列补课活动、多安排课外活动；实行学分制，可在家自习……不难发现，现下的中学生对自己的处境有十分明确的认识，对如何使自己学得更好也有不少好的建议。因此，当不少专家、学者为如何更好地开展素质教育烦恼时，不妨走出研讨圈，走进真实的学习环境，与学生进行交流，也许会有不少收益。

三、教育案例的撰写

教育案例是教育叙事研究常用的研究成果总结形式。教育案例是对某种教育教学具体情境的记录,是对"当前"教育现场(课堂)中真实发生的、具有典型性特征的情境的描述。案例描述的必须是具体发生的、有特殊与典型意义的、需要研究者去探索和解决的两难教育问题的紧张状态。案例不一定是十分完整的,也可以是为突出某个主题而截取的教育教学行为的片段,只是这些片段蕴涵一定的教育教学理论,使之有意义。

1. 教育案例的基本特征

(1)案例是一个事件

教育案例反映的肯定是一个教育事件。能够作为案例的教育事件必须满足两个基本条件:一是在教育事件中必须包含一个或多个疑难教育问题,同时也应该包含解决这些教育问题的方法策略;二是这个教育事件应该具有一定的代表性与典型性,通过这个教育事件的描述与分析,可以引发读者思考,对今后遇到同类事件时应如何正确应对带来一定的借鉴意义。

(2)案例是一则故事

教育案例讲述的肯定是发生在校园中的一个教育故事,并且一般情况下这个故事是生动有趣的,其中包含着一些特别生动的情节、鲜活的人物、出人意料的结局等。但并不是说所有的教育故事都可以作为案例来写。作为教育案例的故事构成至少要具备以下两个条件:首先是这个教育故事必须是真实发生的,不能是虚构、杜撰出来的,即不是真实发生的故事不能作为一个教育案例;其次是这个教育故事要有一个从开始到结束的相对完整的情节,断裂破碎的、无法给人以具体感受的所谓故事不能作为教育案例。

(3)案例是事例的描述

一个教育案例的叙述,还要满足以下条件:一是事例的描述要明确、具体,不应是对某一教育现象的笼统描述及概括化的说明;二是事例的描述要包含一定的情节及人物之间的冲突；三是描述要说明故事发生的时间、地点等，即事例的描述要能反映出故事发生的特定背景，要把这一教育事例置于一个时空框架之中；四是通过对这一典型事例的描述，能反映学校教育教学工作的动态复杂性，揭示教育人物的内心世界变化，如态度、动机、需要、信念、价值观的转变等。

2. 教育案例的文本构成

一个完整的教育案例应该包含背景介绍、主题聚焦、细节描绘、结果总结、评析建议等五个部分。

(1) 背景介绍

教育案例与故事小说一样，需要具备时间、地点、人物、事情的起因等要素。如介绍一次班级组织的主题班会活动，就有必要说明这次主题班会活动是在什么背景情况下发生的，是什么学校哪个年级，班级的基本情况如何，班主任是有经验的优秀教师还是年轻的新教师，是经过精心准备的"公开活动"还是平时的"家常活动"，等等。当然，背景介绍并不需要面面俱到，可以根据需要有重点地说明。

(2) 主题聚焦

教育案例必然会有一个主题。那么我们在撰写教育案例时首先应该要思考这些问题：我准备要写的这个案例究竟是想反映什么教育教学问题？是想说明怎样去转变"差生"，还是强调怎样通过设计问题情境去启发学生的思维？或者是如何组织学生开展项目化学习？动笔前要有一个比较明确的想法。比如开展以小组合作学习为特征的项目学习活动时，不同的研究主题、研究小组，在不同的研究阶段，都会面临不同的问题情境、研究经历等，每个课题小组的成员都有自己独特的个性，这些个性是如何表现在学习活动中的？教育案例撰写应该从最有启发与教育意义的角度切入，聚焦问题并确立主题。

(3) 细节描绘

主题明确后，案例撰写时不要有闻必录，而是要对收集到的原始资料进行筛选，特别是关键问题、有重要价值的细节问题等，都要进行具体且有针对性地叙述。比如想叙述的是如何帮助辅导某一学习困难学生转变，就要把该学生从"不想学、不会学"到"我要学、我会学"的变化过程,特别是关键性的细节,交代清楚。

(4)结果总结

任何一个教育教学案例,最后必然有一个结果产生,如行为的改变、目标的达成、障碍的克服、问题的解决等。这就需要在叙述时进行分析,把问题产生的原因揭示出来,把教育成效形成的方法与策略概括出来,把教育问题最终解决的事实与结果总结出来。

(5)评析建议

在撰写教育案例时,案例中所反映的教育主题和理念、教育目标与内容、教育过程与结果等,对其中出现的利弊得失,研究者要有自己的思考分析与价值判断,也就是说研究者要对该教育事件进行评析。评析是在客观案例基础上的主观议论,可以进一步揭示这一教育事件的意义和价值。比如同样一个学困生转化的教育事例,我们可以从心理学、教育学、社会学等不同的角度切入,揭示转化成功的原因和学生心理发展的规律。评析不一定是"高大上"的,也可以是就事论事,就"生"论"生",发有所感,情有所动,以引起读者的共鸣,给人以教育启发。

3. 优秀教育案例选

"鸡尾酒法"辅导学校恐惧症的个案例析 [1]

鸡尾酒是西方人推崇的一种饮酒方式,将几种不同风格的酒调在一起,品尝起来则有别一番特别的感受。美籍华裔教授何大一先生在治疗艾滋病时,将他的这种治疗方法形象地命名为"鸡尾酒"疗法,其含意就是同时使用3—4种药物,每一种药物针对艾滋病毒繁殖周期中的不同环节,从而达到抑制或杀灭艾滋病毒,治愈艾滋病的目的。

学校恐惧症是通过明显的焦虑和躯体症状的结合而体现出来的对上学的非理性的紧张和恐惧。焦虑的症状表现为:心神不安,面色苍白,全身出冷汗,心率加快,呼吸急促,甚至有呕吐、腹疼、尿频和便急等。

导致学校恐惧症的因素极其复杂,伴发症也很多。所以单一的辅导方法,

---

[1] 吴伟强."鸡尾酒法"辅导学校恐惧症的个案例析[J].中小学心理健康教育,2011(6):24-25.本文收录时有删改。

其结果可能是"按下葫芦掀起瓢"。只有对各种影响因子分别进行干预,才能从整体上控制当事人的转变节律,实现辅导的总体效果。在学校恐惧症辅导实际中,我就借鉴了艾滋病治疗中的"鸡尾酒"疗法理论,并取得了明显的效果。

案例描述

开学不久的一天,一位高三班主任带着一脸的焦虑来到咨询室求助,说是自己班上一位成绩非常优秀的女生不想来校读书了。我经过仔细询问,了解了大概的情况。

事情发生在上学期期末考试前,该女生电告班主任,说是自己生病不能来参加考试了,因女生成绩好,班主任也没有在意,只是嘱咐她好好休息。一个假期后,女生还是没有来学校,班主任急了,找家长谈了后,才知道情况严重。无论家长老师如何劝说,她都死活不肯上学了。更严重的是她不但不敢进学校、进教室,就是远远看到学校也会两腿发软,怕见到同学、老师……现在每天把自己反锁在家,除家人外,别的任何人都不见。

案例分析

由于当事人自我封闭,我一时无法与其沟通,在与女生家长面谈中得知,女生平时对自己学习要求很高,成绩每次都排名班级前三。由于上学期一次平时测验发挥失常,导致心态失衡,情绪焦虑。女生家长还透露了一件让他们极其担心的事:曾发现孩子手腕上有刀子的划痕。家长也坦言,近些日子,已经带她走遍了各大寺院,烧香念经做道场,用尽了各种方法,都不管用。

从其家长与班主任的描述中看,显然,女生已经由考试焦虑发展成了学校恐惧症,并伴有严重的抑郁症状。在其后的第一次面谈中,我用SCO-90量表与抑郁状态量表、心理健康诊断测验(MHT)对她进行了测试,其结果都验证了上述的诊断。

个案干预

了解基本情况后,我为之制订了一个"鸡尾酒式"的辅导方案:

> **基于问题的视角：**
> 教师如何做课题研究

    1. 接近法。针对她自我封闭不愿见人，但喜欢上网聊天的现状，我先加她的QQ号，在网上以陌生人的身份与她进行聊天。开始她也不是很有兴趣与我聊，经常不来理睬我。我一直主动与她打招呼，找她比较感兴趣的话题（她当时比较喜欢看动画片，我也特地找到一些片子熟悉起来）。聊了一段时间后，关系比较融洽了，她开始对我没有排斥感，也能对我倾吐一些心理上的抑郁情绪。我看到时机成熟了，就在一个合适的时机，告诉她自己心理辅导员的身份，如果她愿意求助，我可以与她面谈。她犹豫后同意让我去她家面谈。这是可喜的一步，说明她已经有了想走出封闭和改变自己的愿望。同时，能接纳我与她见面，也说明当事人社交恐惧的症状出现了缓解的倾向。

    2. 体育疗法。在面谈中，我发现该女生始终低着头，不敢与我直视，而且怎么引导她抬头都不管用。说明当事人有严重的社交恐惧倾向。在谈话中得知她从小就喜欢打乒乓球，于是我与她约好时间一起去某一体育俱乐部打乒乓球。此举有三个目的：一是因为打乒乓球需要抬头，不然就无法打球；二是可以让她走出家门，逐步适应外界环境；三是打球可以放松心情。

    通过两次的体育活动（时间是一周），当事人有了明显的变化，一是虽不敢与陌生人接触，但已经能与家庭其他的成员进行生活上的交流；二是已经能与我进行正常的目光交流，信任度也明显增加，这为后续辅导打下了良好的基础。

    3. 系统脱敏法。如何让当事人走进学校，走进教室，这是辅导的关键。这里，系统脱敏法还是主要的辅导方法。依据当事人的恐惧程度，我为她制定了"六级脱敏表"。一级：看见学校围墙心不慌；二级：能走进学校大门；三级：在校园行走并敢于抬头望教室；四级：能走进教室；五级：能坐在教室听课；六级：能参加考试。脱敏分为"想象脱敏"与"实地脱敏"两个阶段。"想象脱敏"阶段主要由辅导员负责引导，每次脱敏训练后布置练习；"实地脱敏"前两级主要由家长陪同进行，第三级由辅导员陪同完成，第四、五级由班主任陪同进行，第六级脱敏先在心理咨询室模拟考试情景进行，再由任课教师负责，从小测验开始，在教室进行实战训练。整个过程，大概用了两周时间。

    4. 放松法。为进一步巩固前期辅导的效果，每次脱敏后都对当事人进行呼吸放松、肌肉放松等训练，解除脱敏时产生的紧张心理，并让她在家或者教室里进行自我放松。

效果评估

通过近一个月的辅导，当事人出现了一系列积极的心理变化：一是封闭的内心开始向外开放，能正常地与家庭成员进行交流，也能与老师同学正常相处；二是抑郁的情绪得以缓解，自杀的心理倾向基本消失；三是正常的学习与生活基本恢复，恐惧症状基本消失。三个月后，该生参加了高考，取得了一本上线的好成绩，被省内一所重点高校录取。

四、成果推广报告的撰写

通过教育科研取得的成果还只是一种潜在的"生产力"，这种潜在的"生产力"如果不加以推广应用，就会成为一种远离教学实践的闲置理论，其实践价值就难以实现。要使教育科研成果由潜在的"生产力"转化成为实际的"生产力"，就需要在教学实践中进行成果推广。推广的效果如何，就需要成果推广报告来总结。

1.成果推广报告的文本结构

成果推广报告的撰写与结题报告等在格式上有所区别。成果推广报告是在研究报告的基础上，再进行延续性与拓展性的总结。主要是以总结推广应用的做法与经验为主。其文本的格式一般包括以下要素：

（1）原研究成果概况

这部分内容主要是要让读者了解原课题研究的基本情况，包括原课题研究的缘起，原课题研究的主要内容与研究过程，原课题研究所取得的成果等。撰写时要求言简意赅，突出重点，不能是原课题报告的简单复制与粘贴。篇幅控制在成果推广报告总字数的五分之一之内为宜。

（2）成果推广的意义

这部分要说明原课题成果的推广有什么重大的价值。要在原课题研究成果的基础上,强调通过推广能更进一步体现突破与深入、示范与建树、改革与创新等,使原课题研究成果的生命力得以彰显与延续。

(3)成果推广的目标

这部分要明确希望通过原课题成果的推广与应用研究取得怎么样的成效。撰写成果推广目标时,可以用如下的句式:传播……,推进……,改变……,取得……,形成……,发展……,等等。

(4)成果推广的过程

这部分是成果推广报告的主体,要围绕"推广"两字来写。通过摆事实具体说明推广的对象、推广的内容、推广的途径、推广的策略与方法等。

(5)成果推广的成效

这部分要突出总结原课题的成果通过推广与应用研究后,一方面进一步深化与拓展了原课题的研究成果,另一方面,更重要的是使原课题成果在区域内外,在教育教学与管理等方面,产生了良好的教育效果与社会影响力。

2. 成果推广报告优秀案例选

小学数学探究性作业的推广应用研究[1]

一、成果推广的背景与意义

(一)成果推广的背景

1. 数学作业变革的需求迫切

国内外的作业研究已经积累了丰富的研究成果,却并未有效引发数学作业模式的变革——以模仿性、针对性巩固知识、训练技巧为主要目的的现成操练式数学作业仍在教学一线大行其道。探究性作业研究成果影响力辐射全国,更需要通过推广应用来推动数学作业方式的变革。

2. 核心素养培育的需求强烈

关注核心素养的形成,关注数学思维的发展,是当前数学教育的共识。思维可以培养和教授,探究性作业能助力思维的发展,助力数学核心素养的落实。

---

[1] 宁波市教育科研推广课题优秀成果一等奖。负责人:宁波市奉化区实验小学刘善娜。

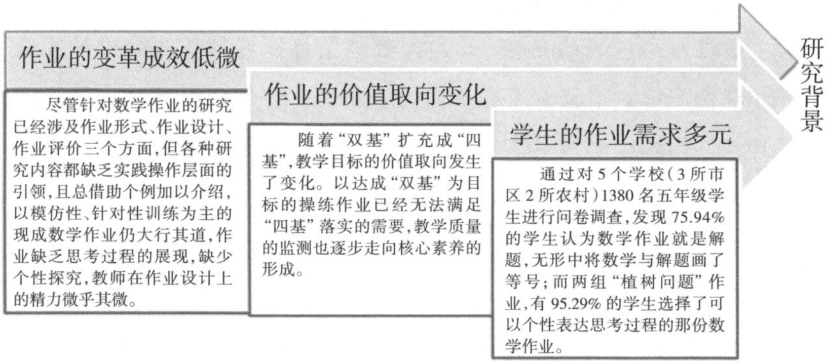

研究背景

作业的变革成效低微

尽管针对数学作业的研究已经涉及作业形式、作业设计、作业评价三个方面,但各种研究内容都缺乏实践操作层面的引领,且总借助个例加以介绍,以模仿性、针对性训练为主的现成数学作业仍大行其道,作业缺乏思考过程的展现,缺少个性探究,教师在作业设计上的精力微乎其微。

作业的价值取向变化

随着"双基"扩充成"四基","教学目标的价值取向发生了变化。以达成"双基"为目标的操练作业已经无法满足"四基"落实的需要,教学质量的监测也逐步走向核心素养的形成。

学生的作业需求多元

通过对5个学校(3所市区2所农村)1380名五年级学生进行问卷调查,发现75.94%的学生认为数学作业就是解题,无形中将数学与解题画了等号;而两组"植树问题"作业,有95.29%的学生选择了可以个性表达思考过程的那份数学作业。

图1 推广背景

(二)成果推广的意义

1. 传播探究性作业设计理念

通过本课题的推广研究,在全国各地建立更多的实践基地学校,带动全国范围内的广大一线数学教师去关注探究性数学作业。在模仿与实践的过程中,一些教师逐渐地不再囿于原有的思维定势,自然而然地激发教师的改革动力,进而调整教学理念和教学方式。

2. 指导一线教师改革作业方式

通过本课题的推广实施,把探究性数学作业的文本和具体的实施、推进、评价策略分享给更多学校的数学教师,使广大一线数学教师能够比较方便地进行模仿和实践,从而让广大学生有接触探究性数学作业的机会,使他们在探究数学的过程中真正爱上数学学习。

3. 优化学校的作业生态模式

通过本课题的研究,优化实践基地学校长期单一的作业模式,在学生多样化的作业表达中,发散学生思维,增强学生分析、综合、抽象、推理、创新等方面的能力,进而优化整个学校的作业生态模式。

4. 发展学生的学科核心素养

探究作业致力于以儿童化的视角对数学知识体系进行自我建构,展示数学知识发生、发展和应用的过程,提高学生问题解决的能力和创新能力,发展学生分析、综合、抽象、推理等高阶思维能力。

5. 提供草根教师的科研范式

通过对本课题的研究，让广大教师掌握探究性作业的设计策略、推进策略和评价策略，并能在原有研究的基础上，结合自己学校的实际情况，因地制宜，因材施教，形成具有自身特色的探究性作业。

二、原课题研究成果概述

自 2010 年开始，刘善娜老师开始对小学数学探究性作业进行探索。从 2012 年起，她带着一部分学校的骨干教师开始进行系统研究与实践。通过坚持不懈的研究，成果丰富，陆续获得了宁波市教育规划课题研究成果一等奖、宁波市规划课题推广成果一等奖、浙江省教育规划课题研究成果一等奖等。具体研究成果概括如下。

（一）完成了高阶思维理念下的探究性作业分类设计

以发展学生的核心素养为理念，以高阶思维的培养为目标，以学生的生活经验为支架，以问题解决为导向，寻求探究点，并从分析、评价、综合和创造这四个层面实现作业的具体设计。

```
                  ┌─ 分析 ─┬─ 生活描述型·数学与生活需要·数学与生活差异·数学与生活模型·数学与生活应用
                  │        ├─ 概念表征型·基于判断的表征·基于解释的表征
                  │        ├─ 问题分析型·难度改变类问题·补充分析类问题·模型抽象类问题
                  │        ├─ 读题分析型·读图分析·画图分析·图文转化
                  │        └─ 推理分析型·举例证明·比较分析
                  │
                  │        ┌─ 自我评价·错例反思评价·识错、用错评价
分类设计 ─────────┼─ 评价 ─┼─ 评价他人·典型错例评价·作业评价
                  │        └─ 角色转换评价·玩游戏：评价胜负策略·当教师：评价学习过程·做医生：评价难点要点
                  │
                  │        ┌─ 学科知识综合·语文中的数学·科学中的数学·美术中的数学
                  ├─ 综合 ─┼─ 学科形式综合·阅读分析题·实验操作题
                  │        ├─ 单元复习整理·表格式整理·块面自由整理
                  │        ├─ 单元卷命题·猜题式命题·评比式命题
                  │        └─ 期末复习梳理·块面梳理·点状分析梳理
                  │
                  └─ 创造 ─┬─ 绘本创作·单元知识绘本·综合绘编本
                           └─ 微视频创拍·作业描述型微视频·动态演示型微视频
```

图 2　数学探究性作业的分类设计策略

(二)探索了基于数学核心素养发展的探究性作业推进策略

小学数学核心素养集中体现在数学人文、数学意识与数学思想等方面。具体地说就是在数学思想的引领下,提升思维品质,提高数学学习的效能,成为会学数学的学生。探究性作业的应用与推进策略研究,为发展学生的数学核心素养打开了可操作之门。

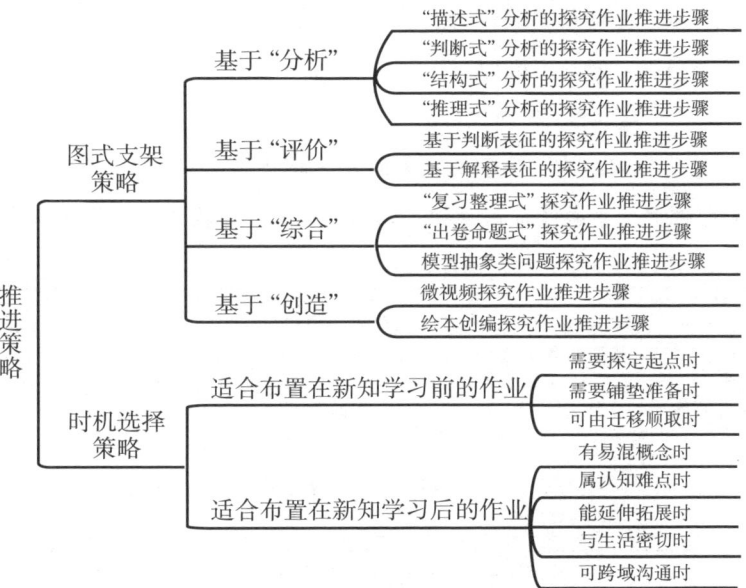

图3 数学探究性作业的推进策略

(三)进行了小学探究性数学作业的实践应用研究

1.作业设计有意思:从"要我做"到"抢着做"

(1)加浓儿童化味道——抢作业、讨作业

探究性作业把游戏、竞赛、故事、演说、美术、表演等元素移植进来,充分激发了小学生好胜、好奇、好玩与好动的天性,使得以往单调重复的作业焕发出新鲜的生命力。每次的作业布置,课堂上往往会出现学生"抢作业、讨作业"这样让人不可思议的场景。

(2)注重个性化表达——画作业、说作业

探究性作业关注的是每个学生的发展水平与特点。所以在作业设计与布置中，教师充分尊重孩子的个性意愿，把作业的选择权交给孩子，给孩子作业表达与创作的自由空间。

（3）拓宽探究性思域——用作业、创作业

小学生学会数学的显著标志无疑是能运用数学知识解决生活问题。探究性作业把传统的作业使命从巩固知识拓展到问题解决等能力培养，并进一步指向发展学生的创新思维，这是一个颠覆性的作业革命！

2. 作业实践有挑战：从"数学日记"到"绘本创作"

（1）数学日记：把探究的过程写下来

以前的作业模式中，孩子们更多的是机械性地完成练习，很少有思考、尝试、探究的空间。通过尝试让孩子写数学日记，开展积极的思考及主动的探究，极大地培养了孩子的创新思维。

> 刘老师，经过我的苦心钻研，终于发现了圆面积公式更好的推导方式，不用再拼成长方形。将圆形等分成若干扇形，将底取名为 A1、A2、A3……然后由于扇形像三角形，而且它的高就是 R，可得 S1=A1×R×0.5，S2=A2×R×0.5……利用分配率可知 0.5R=（A1+A2+…+An），又因为 A1+ 到 An 是 C，C=2πr，式子就变成了 0.5R×2πr，也就是 πr 的平方。
>
> 简儿
>
> 老师回复：你通过自我钻研得到了全新的结论，好厉害。你把整个过程再写得具体些，配上图，让我们好好学习学习。

图4　探究性数学日记（师生对话）

（2）分层作业：让每个孩子都能做

通过减少批量作业，腾出了一些作业的空间，为分层作业的运转提供了可能性。分层作业一般分两个层面实施，称为每日一作业和小组周作业。

每日一作业，即布置"每日一算""每日一读"和"每日一题"。而小组周作业，靠的是两本接力本，一是计算接力本，二是难题接力本。

（3）数学绘本：用美术来做数学题

利用图形表征的作用，让孩子发展艺术才能，用美术创作的形式来做数学作业。

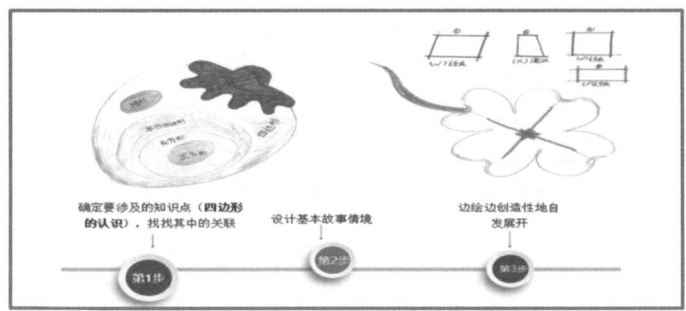

图5　绘本作业创作步骤

（4）视频创拍：你不懂我说给你听

利用微信的视频录制功能，让孩子们根据自己选的题，把思考与解题过程说出来，录制完成后再发到班级的作业群上进行展示。

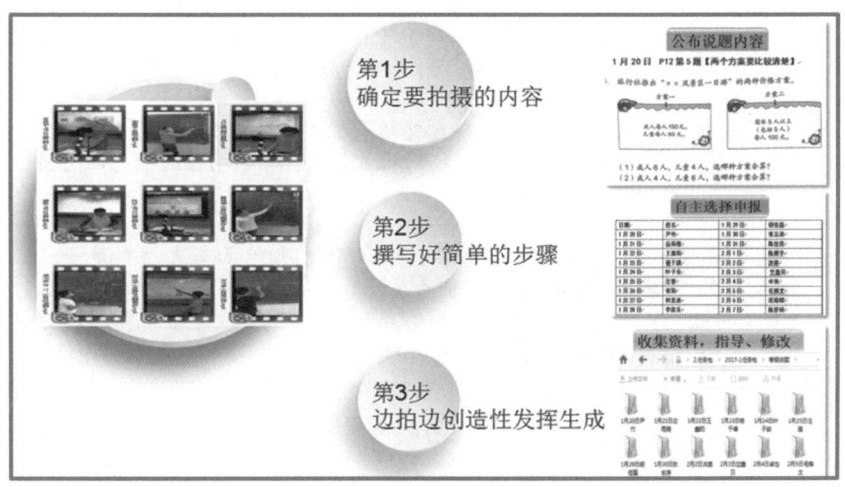

图6　视频作业创作步骤

3. 作业推进有策略：从"分析推理"到"评价综合"

在作业应用推进中，从分析、推理，到评价、综合等方面，教给孩子学习的方法与策略。

推进策略	推进步骤
描述式探究作业推进	第一步,让学生描述自己对这一知识的大概理解;第二步,呈现大量的例子进行说明,必要的时候可以借助图表;第三步,设计这一知识的典型题目,可以是常见题,也可以是难题、易错题。
判断式探究作业推进	第一步,判断题目到底是完全正确、完全错误,还是可能正确;第二步,可以画一画、写一写,说明什么情况下会正确或者错误;第三步,用讲故事或编题的方法举一个正确的例子。
结构式探究作业推进	第一步,解答两题以上同数据、同结构但不同内容的常规巩固题;第二步,发现并指出几个问题的共同点,并详细说明;第三步,用画图等方式归纳总结问题的结构。
推理式探究作业推进	第一步,呈现难题;第二步,解决与难题相关的浅层次递进题(从知识、方法层面都有利于迁移解决的题目);第三步,发现几道题目之间的联系,抓住共同点,明确迁移的落脚点。
评价式探究作业推进	第一步,摘录单元错题或经典好题(一般由教师指定范围);第二步,旁注正解,撰写错因,记录妙处;第三步,撰写避免此类错误的对策和解决此类问题的良策。
综合式探究作业推进	复习整理:第一步,罗列所有的知识点,有联系的连一连;第二步,编写"难题岛"和"重点屋";第三步,撰写自己学习这块知识的秘诀。 出卷命题:第一步,抄记好题型、题数、题目来源;第二步,筛选好题、编好题;第三步,制作标准答案。

4.能力培养有方法:从"读图绘图"到"错误利用"

《义务教育数学课程标准(2011年版)》(以下简称"课标")指出要培养"四能",即发现问题、提出问题、分析问题、解决问题的能力。那么,具体怎么在探究性作业落实与提升呢?我们根据它们彼此之间的关联,提取出相对独立的三个关键能力培养块面——读图绘图能力、推理分析能力、错误利用能力。

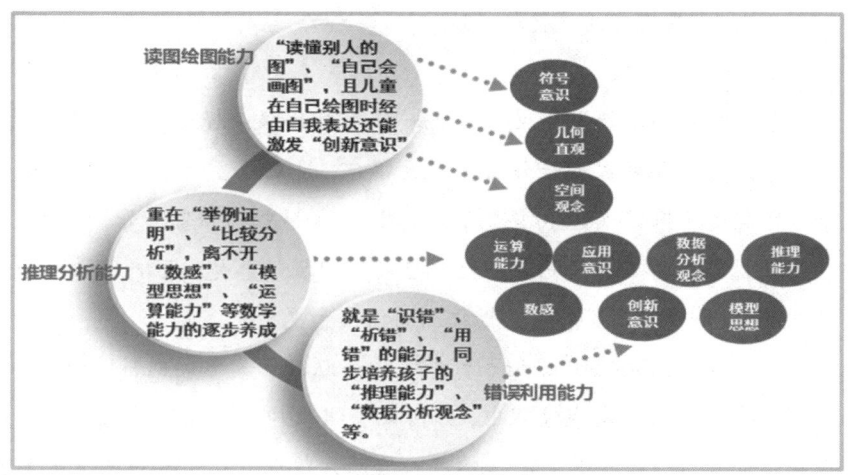

图 7　绘本作业创作步骤

三、成果推广的基本阶段

课题边实践边研究边总结推广,从研究起步到现在,共经历了四个阶段:

第一阶段 探究作业 蹒跚起步	2010 年 9 月~2012 年 7 月,开始关注习题设计,探究性作业的研究起步。《正迁移能力练习设计方略》发表于《现代教育报》,《"家常课"练习设计新探》发表于《中小学数学》,《练习题的"一题多用"》发表于《教学月刊》,并被人大复印资料转载。
第二阶段 点上突破 骨干扶植	2012 年 9 月~2014 年 7 月,从"数学日记"起步,开启"师生共写数学日志"。负责人初步完成探究作业设计,边实施边改进。著《爱上我的课堂——一位小学数学教师的教学反思日志》《这样的数学作业有意思——小学数学探究性作业设计与实施》出版,十余篇相关论文发表。
第三阶段 线上成链 辐射区域	2014 年 9 月~2016 年 12 月,学生的"探究性作业专版"刊发,课题获 2016 年度宁波市教育科研优秀成果一等奖,浙江省教育科研优秀成果一等奖。课题成果多次在省、市、区级进行讲座和现场观摩、推广活动,得到省教研室的关注与好评。
第四阶段 面上开花 走向全国	2016 年 12 月至今,受邀在全国各地进行专题讲座 100 多场,并在全国吸收 16 所成果推广基地学校参与研究。"探究性作业"微信公众号受到全国各地 5100 多名小学数学教师的关注。《小学数学教师》专版刊发以"研究作业 发展专业"为题的封面人物专题文章。课题获 2018 年宁波市教育规划课题推广奖一等奖。

四、成果推广的过程与方法

(一) 成果推广的内容

1. 更新小学数学作业改革理念 —— 从冷眼旁观到积极主动

通过近几年探究性作业课题的推广，越来越多的老师在眼见为实的情况下接受了探究性数学作业的设计理念，并从模仿借鉴开始，逐步展开了对探究性作业的二次研究。广大参与实践的教师感受到了自己学生的进步和改变，进一步确立了对探究性作业的信任和支持。

2. 授受探究性作业的设计方法 —— 从模仿学习到创新设计

在课题推广实践过程中，如何让一线教师学会探究作业的设计是一个关键的环节。以下是从新知学习前后两大维度让推广单位的老师掌握设计的时机与方法。

（1）适合布置在新知学习前的探究性作业

当教师需要探知孩子学习本课真实的起点时，当学习新知需要一些铺垫准备时，当新知可通过迁移顺利获取时，我们就可以设计布置在新知学习前的探究性数学家庭作业。

（2）适合布置在新知学习后的探究性作业

当然，大部分的探究性数学作业是布置在新知学习后的，起着及时、有效地巩固所学知识的作用。常见的巩固性练习有模仿练习、运用练习、提高练习，而探究性数学家庭作业能在知识的巩固性层面加深理解、灵活运用、拓展提升。

3. 内化探究性作业的指导策略 —— 从亦步亦趋到灵活运用

在课题推广过程中，让教师熟悉各种类型探究作业的基本图式与指导策略是非常必要的，它将有助于学生较快地适应这种新颖的作业形式。

针对探究性作业的五大类型，教师可以分别指导学生掌握相应的探究步骤。如概念表征型作业中的基于判断的探究作业，其指导顺序可以如下。

第八章
风姿花传：课题研究总结报告的撰写

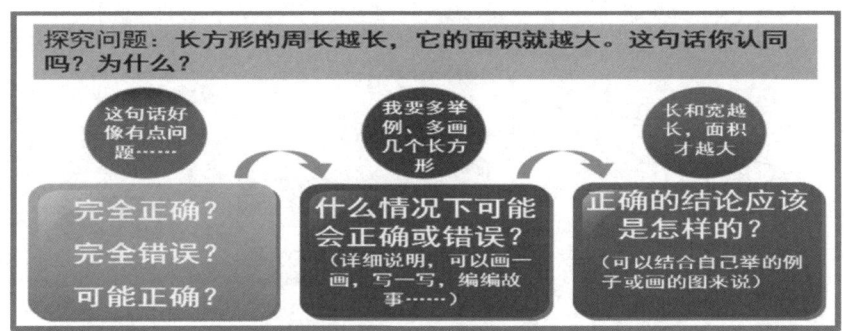

图8 基于判断的探究作业

4. 丰富探究性作业的评价形式 —— 从冰冷分数到情感共鸣

（1）家校互动式评价

当探究作业部分替代了解题练习，需要得到家长的鼎力支持和肯定，让家长产生情感共鸣。

①空间的日志 —— "晒晒"：把学生的探究作业拍下来写成图文日志，让家长感受到学生思考的迸发力，惊讶儿童的创造力，感受触摸孩子数学学习状态的喜悦。

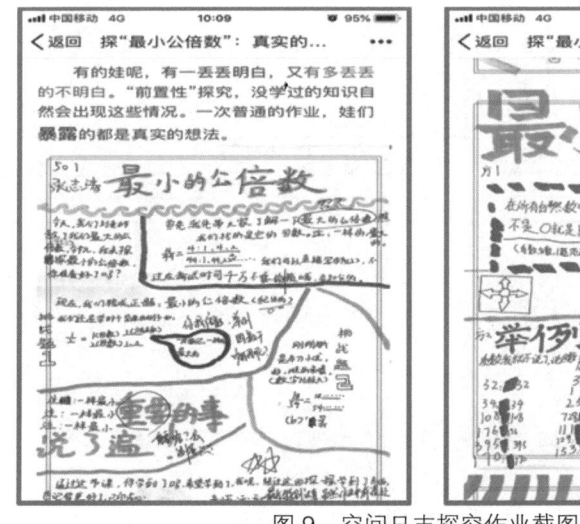

图9 空间日志探究作业截图

②群组的交流 —— "互动"：探究作业的重点、难点，好的教学资源……

281

发在 QQ 群里共享。

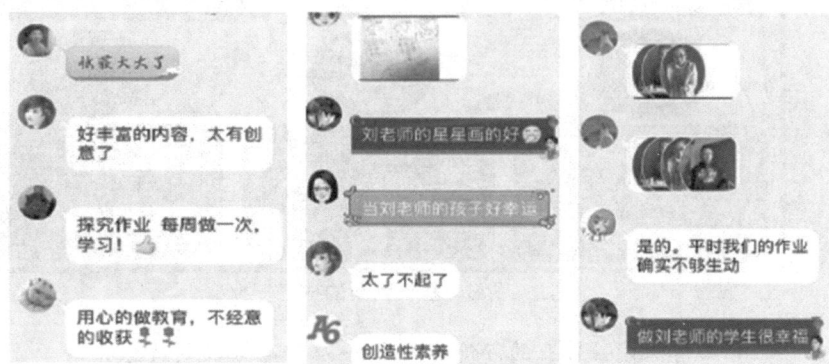

图 10　探究作业群组交流截图

③奖状的激励——"共享"：当学生的探究作业获得 10 次三星文的时候，下发"探究作业小明星"表扬单，让学生既受老师表扬也得到父母的表扬。

④书信的来往——"合力"：最原始的交流手段能感受到教师的格外重视，在这样的前提下，可以更好地引导家长认识到探究作业的重要性。

（2）引导激励式评价

在不断的实践与探索中，课题组不断优化原有评价方法，逐渐形成以评价刺激学生全面投入的激励模式：

明目的理解尝试 → 剖思维交流互学 → 分层次欣赏互促

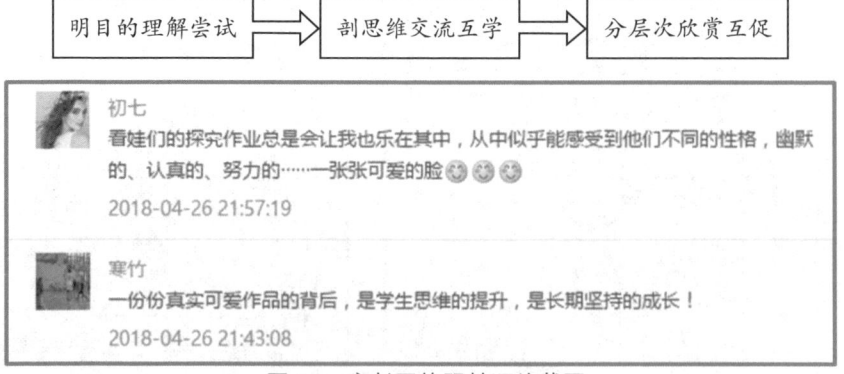

图 11　家长网络跟帖评价截图

（3）讲评课中再探究

如,分析合格作品的特征;肯定作品后面的思维;欣赏作品中的创意。同时也特别关注不同学生作图的方法,描述、分析的步骤。

5. 完善探究性作业的多元模式——从品种单一到形式多样

学生的多样性、差异性、个体性,决定了作业多样性的必要。在推广研究中,我们进一步设计开发了常规解题作业、小量恒定作业、每周探究作业、寒暑长假作业等类型。作业的形式也更加丰富多样,如数学步道等。

(二)成果推广的路径

在近几年的推广实践过程中,以下六种推广路径取得了较好的效果:专题讲座、网络交流、专题展示、专著分享、基地学校、纸媒征稿。

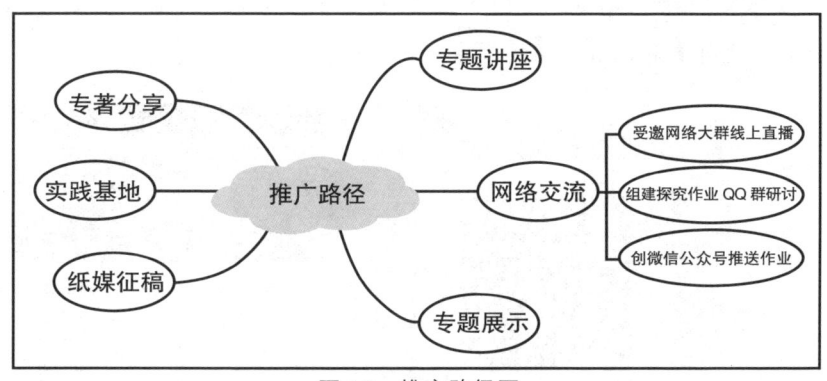

图12 推广路径图

1. 专题讲座——传播探究性作业的崭新理念

课题负责人受邀于各地分享经验,推动作业改革。海峡两岸"核心素养"研讨会、浙江省中小学作业改革会议、千课万人核心素养理念下小学作业改革专题研讨会、浙江省小学数学疑难问题研讨会等平台的主题发言均反响热烈;受各地教研室等邀请所做的讲座都得到一线教师的肯定,使得探究性作业的理念得到了广泛的传播,课题研究赢得了影响力,扩大了实践面。

2. 网络交流——激发广大一线教师立志改革

相关的网络学术平台也频频邀请刘善娜老师进行线上交流。在网络的强大力量的感召下,探究作业的粉丝迅猛扩张,一线实践者已经从市内扩到市外、省外。

图 13　网络直播新闻报道截图

教育科学出版社在出版专著的基础上，为了进一步推广小学数学探究性作业，增加受众群，专门制作了"小学数学探究性作业读者圈"，以便更好地沟通作者和读者之间的联系。

图 14　教育科学出版社专门制作的探究性作业专题分享专栏

课题负责人刘善娜老师组建了"小学数学探究作业群"，群内560多名同行遍及各省；个人微信公众号"教书的日子to刘善娜"持续不断地推送有关探究作业的思考与实践，关注者高达5100多人，每篇推送的阅读量也在1000以上。

3. 专著分享——近距离触摸探究性作业面容

教育科学出版社出版的学术专著《这样的数学作业有意思》成为2016年度"影响教师的100本书"之一，销量达到了惊人的20000多册。大销量的背后，必定是一群有志于探究性作业研究的一线教师的认知阅读，这些一线教师又影响着他们所在学校数学组成员,因此专著的辐射人次保守估计在10万人。

4. 专题展示——展现探究性作业的丰厚成果

为有效推广探究性作业的丰厚成果,课题组专门组织开展各种形式的专题展示活动。宁波市教育科学研究所为了进一步总结探究性作业课题的经验,专门举办"小学数学探究性作业的实践研究"课题成果推广展示研讨活动,活动获得了省教研员斯苗儿老师、省师干训中心卢真金教授等专家领导的高度赞扬和充分肯定。

5. 基地学校——深入实践丰富探究作业内涵

到目前为止,全国各地已经有17所学校成为本课题的研究基地。通过学习消化,再经过个别交流和线上指导,学校把原成果内化为自己的东西,整合出自己的作业特色。

宁波市奉化区莼湖镇中心小学开发了实践操作型探究作业。如:测量一块鹅卵石的体积,估计教学楼墙面的瓷砖块数,估计校园内一棵树的树叶数量,还有研究窨井盖圆心,等等。

图15 借助渔网估算一棵树的树叶数量

宁波国家高新区外国语学校开展了"假期说题"的实践研究。在寒暑假等长假中布置探究作业,实践教师在题目来源、学生动员、视频评价等方面进行了深入的思考和有效的实践。

余姚第一实验学校重点研究了反思评价型探究作业。在学习的过程中,孩子经常会出现各种各样的错误,这就需要孩子经历回顾梳理、搜罗错题、分析评价的过程。表达这一过程的作业就是反思评价型探究作业。

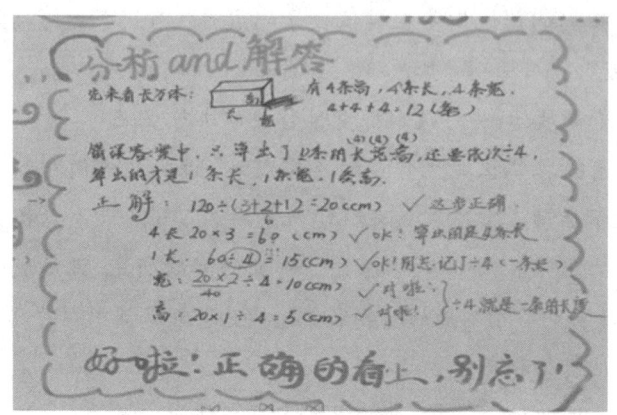

图 16　探究性作业之反思评价型探究作业

6. 纸媒征稿——专业平台激发学生作业欲望

《奉化日报》开辟了一个名叫"数学开心农场"的探究性作业专栏,每周都有课题组老师专门设计相应的探究作业题目,向区域内对应年级的学生征集探究作业作品。

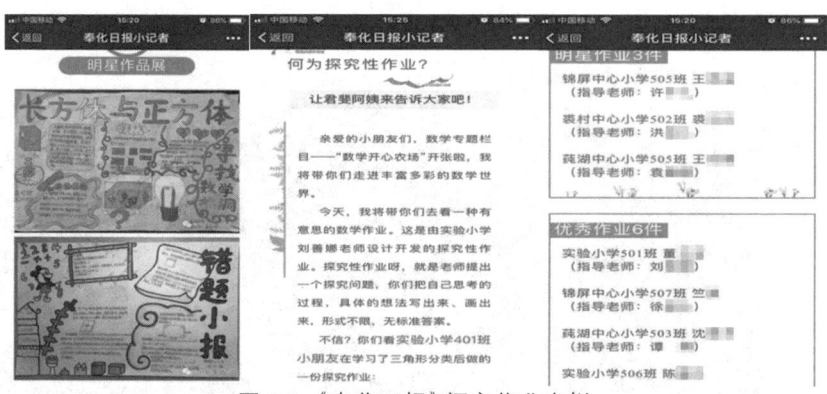

图 17　《奉化日报》探究作业专栏

（三）成果推广的策略

1. 点上突破,骨干扶植,形成羊群效应

首先是立足班级进行试验,不断总结经验与教训,待有一定的成效后,就以研修项目的形式在年级组进行试点,然后扩展到全校开展实践研究。其次,通过名师带徒等形式,重点培养、扶植骨干教师参与研究,提升他们的教学设计能力,从而形成羊群效应。

2. 线上成链,辐射区域,发挥剧场效应

点上取得突破后,通过举行以探究性作业为主题的区教研协作组活动,把前期获得的实践经验与研究成果转化为方法与技术,慢慢地在区域内辐射共享,从而扩大影响。然后,在有意向参加研究的学校中,选择部分学校作为研究基地,一起进行推广应用研究。这样,一旦剧场效应形成,连锁反应便会产生了。

3. 面上开花,走向全国,打造品牌优势

面上开花是通过多种途径开展的:一是《这样的数学作业有意思》出版后深受欢迎,重印三次,销量达到20000多册;二是探究性作业的成果通过纸媒的广泛传播,影响力从区域波及全国;三是探究性作业研究的微信公众号的关注度增加到了5100人,这些来自全国各地的数学探究性作业"粉丝",又成为扩大影响的宣传员与实验员;四是各地学校或者上门取经,或者邀请刘老师前去讲学指导,具有鲜明标签的探究性作业品牌越来越响亮。

4. 从仿到创,由做到研,提升自我效能

探究性作业的设计方法与策略,有它独特的"招数"。在推广过程中,首先要有一个模仿阶段,但是推广决不能是简单的复制。所以,创造性的应用研究是课题推广的必然趋势与目的。事实上,很多学校与教师在借鉴应用过程中,结合自己的教学对象特点与本人的教学风格,都进行了创造性的改造,使得探究性作业的内容、形式不断推陈出新。在此基础上要求参与者进行子课题的研究,进一步提升了教师们的自我效能感。

五、成果推广的成效

(一)研究队伍:从"单兵作战"到"千人参与"

自2010年起,刘善娜老师就开始对小学数学探究性作业进行尝试与探索。2012年,刘善娜老师在校内组织课题研究组进行实践研究。2014年起,区内部分学校的骨干教师感受到了探究性作业的魅力和价值,开始在各自的学校内引入探究性作业,进行模仿与实践。到今天,探究性作业课题研究队伍已经扩大到全国各地。课题负责人刘善娜老师组建的"小学数学探究作业群",群内560多名同行遍及各省;个人微信公众号"教书的日子to刘善娜"持续不断地推送有关探究作业的思考与实践,关注学习者高达5100多人。

图18 探究作业设计、反馈交流平台

(二)素养提升:从"爱做作业"到"思维发展"

在作业研究实践中,学生所获得的发展,可以借用课题负责人刘善娜老师的两部专著来形容,就是从"爱上我的课堂"到真正让学生感受到"这样的数学作业有意思"。通过探究性作业,不仅激发了学生学习的兴趣与主动性,实现了从"要我做"到"我要做"的转变,更促进了以思维为核心的学科素养的发展。

1. 提升了学生数学学习特别是做数学作业的兴趣

对实验班学生和对照班学生进行"你觉得做数学作业有意思吗?"问卷调查,发现实验班学生认为作业"有意思"的百分比大大高于对照班学生,对数学作业的功能也有更深刻的认知。

表1 "你觉得做数学作业有意思吗？"调查情况对比表

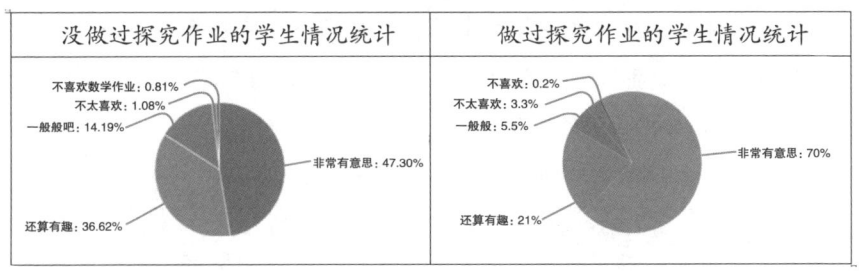

可见，长期探究性作业使学生积累下积极的情感体验，由原来的被动写作业变成了主动尝试和探究，形成了综合发展自身能力的正确作业观。

2.发展了学生高阶思维和解决问题的能力

各层级的学业测评逐步以能力为重，关注数学思想的落实和综合能力的提升。小学数学毕业卷关注综合素养灵活运用的问题，实验班得分率明显占据优势。

表2 实验班与平行班利用高阶思维解决问题的得分率对比表 2017.6

题型特征	主要考查能力	甄湖镇校实验班	甄湖镇校平行班
题目信息量较大，通过图文结合的方式提供大量信息	阅读分析能力，理解判断能力和抽象概括能力	得分率69%	得分率45%
		实验班学生能够从整体着眼，快速收集信息，并进行抽象理解。	
题型特征	主要考查能力	余姚市第一实验小学实验班	余姚市第一实验小学平行班
没有提供标准题型，而是让学生在变式的情况下梳理知识本质	综合分析能力和创造能力	得分率71.3%	得分率36.8%
		实验班学生能够比较准确地说出测量步骤，并用草图进行表征。	
题型特征	主要考查能力	高新区外国语学校实验班	高新区外国语学校平行班
要求学生表达过程性知识，写出梯形面积公式的推导过程	作图能力和分析能力	80.5%	35.8%
		实验班的学生大多能够想出一至二种推导方法。	

3. 促进意义学习,提高了学生的学科学习成绩

实验班学生在数学毕业考试中总成绩在全市也名列前茅,与其在三年级第一学段全市统一检测的成绩对比,均有大幅度提升。学生能较好地适应灵活度高、思维性强的测试。

表3 实验班与平行班在三、六年级全市统测中的成绩对比表 2017.6

班级	前测平均分与年段平均分	后测平均分与年段平均分	前测优秀率与年段优秀率	后测优秀率与年段优秀率
301	−2.21*	3.66**	−2.57*	3.17**
302	−3.02**	2.99**	−3.69**	2.87*

*$P<0.05$ **$P<0.01$

(三)专业发展:从"普通教师"到"特级教师"

随着研究的深入与成果的不断丰富,研究者的专业发展步伐也在加快。如课题创始人刘善娜老师在研究起步时还是一个普通的一线教师,现已成为浙江省特级教师。这一切都离不开课题研究带来的专业生命力。

图19 刘善娜老师专业发展成长图

课题组其他成员与基地学校的研究成员的专业水平也随着课题研究的深入不断提高:

表4　参与课题研究的部分教师荣誉列表　2018.9

学校	姓名	获得荣誉
奉化区莼湖镇中心小学	任宁	2016.06 宁波市学科骨干,2018.08 浙江省春蚕奖
奉化区西坞街道中心小学	丁玉成	2017.09 高级教师,2017.11 奉化区学科骨干
奉化区江口街道中心小学	王来波	2017.09 高级教师
奉化区教师进修学校	竺君斐	2017.09 奉化区数学教研员
奉化区莼湖镇中心小学	王敏烽	2017.11 奉化区学科骨干
江苏省泰州市许庄中心小学	李军	2018.07 江苏省特级教师
绍兴市皋埠镇中心小学	范建萍	2017.06 绍兴市学科带头人
宁波国家高新区外国语学校	严佳琪	2017.05 高新区优质课一等奖,宁波市优质课二等奖
余姚市第一实验小学	朱震绯	2018.06 宁波市教师基本功一等奖,余姚市学科骨干

（四）成果荣誉：从"区级一等"到"省级一等"

研究十年，刘善娜老师主持的课题组公开发表各级论文50多篇，获奖论文不计其数。研究成果连续获得奉化区、宁波市、浙江省教育科研成果一等奖。

（五）研究影响：从"辐射区域"到"走向全国"

自2016年专著《这样的数学作业有意思——小学数学探究性作业设计与实施》出版至今，重印三次，累计发行20000多册，影响扩大到省内外。各地学校及教研室纷纷邀请刘善娜老师前去讲学，向各地教研员、学校校长、骨干数学教师等讲解关于对探究性作业的系统思考，传授实践过程中的经验，展示精彩纷呈的学生探究作业作品，这激发了广大一线教师的实践欲望，在全国范围内引起了极大的反响。

随之，区域内外，及至全国各地，诸多学校纷纷要求与刘老师联合开展研究。目前成为本课题推广研究的基地学校有16所。

思考题

1. 结合自己的教育工作，尝试撰写一篇教育案例。

2. 按照立项课题的时间要求，按时完成一个结题报告。

基于问题的视角：
教师如何做课题研究

请写下你对本章的想法和建议

参考文献
reference

[1] 袁振国. 教育研究方法 [M]. 北京：高等教育出版社, 2000.

[2] 高慎美. 教师成为研究者："教师专业化"问题探讨 [J]. 教育理论与实践.1998（3）.

[3] 高尚刚, 徐万山. 中小学教师课题研究指导 [M]. 北京：中国轻工业出版社, 2008.

[4] [美] 玛丽·路易丝·霍莉（Mary Louise Holly），[美] 乔安妮·M. 阿哈尔（Joanne M. Arhar），[美] 温迪·C. 卡斯滕（Wendy C. Kasten）. 祝莉丽, 张玲, 李巧兰译. 教师行动研究（第三版）[M]. 北京：中国人民大学出版社, 2014.

[5] 王铁军. 中小学教育科学研究与应用 [M]. 南京：南京师范大学出版社, 2002.

[6] 联合国教科文组织总部中文科. 教育——财富蕴藏其中 [M]. 北京：教育科学出版社, 1996.

[7] Bandura A. Self-efficacy. Toward a Unifying Theory of Behavior Change[J]. Psychological Review, 1977, 84（3）.

[8] C.E.SNOW. Academic Language and the Challenge of Reading for Learning about Science[J].Science, 2010.

[9] 卜菊梅. 说明性讲述活动与幼儿学业语言发展 [J]. 幼儿教育研究, 2018（3）.

[10] 宁虹. "教师成为研究者"的理解与可行途径 [J]. 比较教育研究, 2002（1）.

[11] 吴伟强. 高中地理学习策略教学的设计与应用 [M]. 上海：上海三联书店出版社, 2011.

[12] 吴伟强. 高中生研究性道德学习的探索与实践 [M]. 北京：教育出版社, 2005.

[13] 吴伟强. 教师参与教学改革的障碍分析[J]. 宁波教育学院学报,2003(01).

[14] 吴伟强. 谈高中地理的学习策略教学[J]. 教学月刊,2009(12).

[15] 吴伟强. 孙黎黎. 中学生学习压力与其心理健康水平的相关性研究[J]. 中小学心理健康教育.2008(4).

[16] 吴伟强."鸡尾酒法"辅导学校恐惧症的个案例析[J]. 中小学心理健康教育.2011(6).

[17] 吴伟强. 让心灵晒晒太阳[J]. 思想理论教育·新德育,2006(5).

[18] 张学军. 地方教育科研的方法探索(二)[J]. 当代教育论坛,2007(11).

后记
Epilogue

2014年,我主持的"基于问题解决的跨学科主题协作教学研究"这一课题结题,我也刚好时届知天命之年。对我来说,笔耕毕竟也是劳神费力的事,就借口给年轻教师的发展挪出位置,主动要求离开学校的教科研管理岗位,其实就是给自己找个偷懒的理由——封笔也就有了所谓的"正当性"。

但是,尽管已经不在其位,也不再亲自做课题研究,但是教育科研还是与我如影随形。电子邮箱里会不断被"塞进"教研论文、课题方案、研修案例、开题报告、结题报告等形形色色的文章,面对教师那无助又求助的"眼神",我其实逃无可逃。再加上,两年前奉化区教育局领导又突然把我调去主持区里的教育科研工作,可以说,封笔已经名存实亡了。

三十多年来,我一直在教育科研这一园地上耕耘着,在行将退居之年,这一拙作的面世,真的不敢言为他人师,纯粹是聊以自慰而已。

一位好友说:写后记就是感谢。一路走来,我确实有许多同道中人,有一线研究的合作伙伴,尤其在这次书稿的撰写中,得到不少同事、同行的帮助与支持。

感谢奉化中学的孙黎黎老师,主动帮我承担了本书部分章节内容的撰写,让我能在自我设定的时间内完成此书稿。

感谢刘善娜老师与任宁老师,帮我第一时间通读书稿并提出一些语句表达上的问题。也感谢骆建钧、林良富、刘善娜等老师,他们的研究成果在书中作为优秀的案例被引用。

感谢奉化区教师进修学校校长、省特级教师周道义先生,奉化区高级中学校长、宁波市名校长方松先生等一众多年的老朋友、老领导,他们对我再次动笔给予了的极大的支持与鼓励。

  书稿能顺利出版,还离不开宁波出版社陈静主任、邵晶晶编辑等的热忱工作,在此一并感谢。

吴伟强

2019 年 12 月